Wszystko pod słońcem

STANISŁAW PYSEK PRUSIŃSKI

Pod światłem Słońca w blasku jasnych dni
Wędrują myśli w marzeniach promieni
Wszystko pod Słońcem w księdze życia znanej
Zaczynamy podróż co nam darowane.

Los ludzki tworzy niezwykłe pasma
Wszystko pod Słońcem od radości do łez
W blasku promieni czas płynie jak rzeka
W wierszach opowiem co w moich myślach czeka.

-    Stanisław Pysek Prusiński

Szanowni Państwo:

Zapraszam Państwa do przeczytania
Nowego wierszy teraz wydania
I nowe myśli zawierające
"Wszystko pod Słońcem"

Bardzo dziękuję.

Stanisław Pysek Prusiński

Harmonia czasu

W życiu trwania dni i nocy nieustannie
Miłość jest melodią prawdziwą
Jesteśmy aktorami na ziemskim padole
Gramy na scenie życia planowane role.

Przechodzimy przez trudności i rozterki
Sensem w wędrówce przez lata wytrwale
W tajemnicy życia niemałym uroku
Uśmiechów i łez wylanych muzykalnym szale.

Na polu marzeń w promieniach słońca
W cieniach przeszłości nas samych
Obrazy dni złotych malowane wierszem
W ruchu życiowym ciągle o coś gramy.

Gwiazdy nadziei płoną nieprzerwanie
Życie jest piękne w sercach słowa żyją
Co jutro przyniesie jeszcze nieoczekiwanie
A miejsca w przestrzeni już zaplanowane.

Życie to taniec w czasowej pielgrzymce
Ścieżki pełne zakrętów przyszłości nieznanej
W tajemniczym ogrodzie gdzie czas mierzy kroki

I w każdej chwili czasem trwale budowanym.

Życie jest podróżą upadków i wzlotów
Każdy dzień nowym rejsem na rzecznej fali
A serca biją w rytmie składanego tańca
W każdym momencie na nowe oddali.

Nauczyło mnie życie

W życia labiryncie biegam jak dziecko
Między błędami szukając przyczyny
Próbuję zatrzymać czasu ślady słońca
A życie płynie jak rzeka bez końca.

Nauczyło mnie życie - że czas płynie szybko
Że marzenia gasną gdy nie dążymy do nich
Musimy trwać w biegu choć się potykamy
Bo tylko w wędrówce prawdy odkrywamy.

Zrozumiałem że miłość to nie tylko słowa
To gesty to czyny to wsparcie w każdej chwili
To wysiłek by być lepszym w wytrwaniu
I dzielić się między sobą bez żądzy w posiadaniu.

Nauczyło mnie życie - że sukces to nie wszystko
Bo prawdziwe bogactwo jest w sercu człowieka
Że wartość nie leży w pieniądzach i złocie
Ale w chwilach szczęścia i ludzkiej wspólnocie.

Gdy patrzę wstecz na wszystko co minęło
Wiem że nauka to nieustanny proces
Chociaż czasem jest trudno i boli
To dzięki mądrości stajemy się silniejsi.

Tak więc idę do przodu z wiarą i nadzieją

Kolejne dni przynoszą nowe lekcje
To czego nauczyło mnie życie
To rozwój w drodze do spełnienia prawdy.

Byłem w niebie

W krainie światła gdzie czasu nie ma
Nie ma granic i żadnych barier
A każdy oddech lekko płynie
Niczym wspomnienia w minionej godzinie.

Byłem w niebie gdzie cisza trwa
Tam słońce wschodzi bez końca dnia
A chmury tańczą w rytmie snów
I serce śpiewa bez żadnych słów.

Kwiaty kwitną których nie znamy
Milion kolorów i zapachów
W każdym płatku życia treści
A w dotyku prawdy gesty.

W złotym niebie nie ma bólu
Serca biją w rytmie pulsu
Tam miłość panuje łzy zmywają
Wszystkie troski w nicość zmieniając.

Spotkałem w niebie twarze utracone
Ich oczy pełne spokoju bez cienia troski
Rozmowy nasze były jak wiatru muzyka
Proste a jednak głębokie nieskończone.

Widziałem rzeki z wody kryształowej
Lśniące w blasku wiecznej miłości
Lasy gdzie liście tajemnice kryją
I wiatry co w szeptach nadzieją żyją.

Byłem w niebie lecz musiałem wrócić
Z powrotem do świata który znam
Lecz wspomnienie niesie mnie przez dni
Byłem w niebie i wciąż o tym śnię.

Nie cofnę się

W krainie marzeń gdzie światło drży
Niebo jasnością promiennie lśni
Tam serca biją melodia trwa
Nie cofnę się przed życiem ja.

Wiatr unoszący pieśni gra
Przenika duszę jak woda żywa
W słowach przyszłości trwa
Nie cofnę się przed życiem ja.

Choć czasem burze z gór przychodzą
A zimny deszcz ramiona rosi
Wciąż się podnoszę idę w dal
Nie cofnę się przed życiem ja.

A każdy dzień to nowy początek
Nowa nadzieja nowy świt
Choć czasem w sercu smutek trwa
Nie cofnę się przed życiem ja.

Życie jest darem niezwykłym skarbem
Wartości życia w sercach drzemią
Nic mi tam burze i gęsta mgła
Nie cofnę się przed życiem ja.

Radość w codzienności

Radość się skrywa w najmniejszych gestach
W codziennych marzeniach i wolności
W blasku słońca szumie drzew
Światłach uśmiechu budzącej radości.

Magiczna moc tkwi w codzienności
W spojrzeniu bliskich ciepłych słowami
W kawy aromacie chwilach spokoju
Wszędzie tam gdzie się spotykamy.

Radość to chwile gdy wschodzi słońce
I kwiaty tańczą na letnim wietrze
To uśmiechy dziecka wspomnienia z wakacji
I drobne cuda chwile najpiękniejsze.

W codzienności życia w prostych gestach
Radość ukryta wciąż na nas czeka
Wystarczy pomyśleć i dostrzec jej blaski
Radość codzienna jest nagrodą dla człowieka.

Nie martwmy się na zapas

Nie martwcie się na zapas drodzy przyjaciele
Bo życie niezmiernie jest kruche i chwilowe
Czas pędzi jak wicher nieustannie
Zapominając że nic - to coś końcowe.

Żyj każdą chwilą - szkoda czasu na zmartwienia
Uśmiechaj się na słońcu tańcz w deszczu
Niech serce bije w rytmie melodii losu
A oczy patrzą w nieznanej przyszłości.

Nie martw się na zapas - gdy mrok w oczy patrzy

Gwiazdy nadal świecą choć czasem znikają
Przetrwamy burzę myśli bo po niej jest cisza
I nowy dzień nadchodzi radości garściami.

Życie jest podróżą wzlotów i upadków
Ale się nie bójmy na tych niespodziankach
Bo każdy krok choć niepewny
                             ale nas doświadcza
A każdy błąd jest lekcją uczącą mądrości.

Nie martwmy się na zapas
               Cieszmy się każdym dniem
Bo życie jest darem które warto celebrować
Zaufajmy sobie i innym
               Idźmy odważnie w świat
A nasze serca bez przerwy będą się radować.

Człowiek kontra życie

W kręgu czasu światła dnia
Człowiek żyjąc myśli tka
Życia labirynt wchłania go w dal
W sercu niepewność a w duszy żal.

Za każdym zakrętem nowy los
Góry życia czasu kros
Człowiek walczy w krótkim czasie
W próbach życia ile da się.

Ciągłe wzloty i upadki
Praca rozrywka życia zagadki
W sercu nadzieja a w oczach błysk
Życie duma ciosy i krzyk.

Człowiek w blasku życia gra

Czasem zwycięstwo bywa że klęska
Ale w sercu trwa niezłomność
Nadzieja wytrwałość i godność.

Życie płynie myśli nurtem
Człowiek kontra w sercu buntem
I chociaż los niepewny droga niezbadana
Człowiek walczy by żyć wierzyć marzyć i kochać.

Żyję chwilą

Wędruję przez życia twarde labirynty
Wśród marzeń zdarzeń i rzeczywistości
Wiem że czas płynie wciąż nieubłaganie
Żyję chwilą trwam w życia karawanie.

Żyję w uśmiechach zrodzonych z miłości
W gestach co mówią więcej od słów dźwięku
W chwilach spokoju biegu czasu taktu
W każdym oddechu i wzroku kontaktu.

Patrzę na świat przez pryzmaty szklane
Gubiąc się w czasie przestrzeni snach
Podziwiam jasno słońce świecące
A każda chwila to niepowtarzalny fakt.

Żyję w miłości która serca łączy
W nadziei promieni co ciemność rozprasza
Tam gdzie tylko istnienie buduję
Tam jestem i wyraźnie to czuję.

Nie znam planów przyszłych nie znam dróg
Wędruję marzeniem w słońca blasku
Czas jak rzeka nieustannie płynie
Ja za nim podążam w myślowej gęstwinie.

Życie mi mówi - że szczęście to tutaj i teraz
A ja odbywam wędrówkę nie przypadkiem
Ze wschodem i słońca zachodem
Odkrywam życiową istnienia zagadkę.

Cel urodzenia

W ciszy nocy gdy gwiazdy migocą
Pytam siebie czym jest moja droga
Jaki cel ma mój byt na ziemi
Czy to ma znaczenie czy to tylko sen?

Czy urodziłem się by kochać i tworzyć
By spełniać marzenia i duszę wznosić
Czy jestem zwyczajnym pionkiem
W grze losu który nie ma znaczenia?

Kiedy patrzę w oczy tym których kocham
Wiem że cel mojego istnienia jest w nich
W ich uśmiechach szczęściu i nadziei
Czuję sens i swoją rolę.

Nie jesteśmy wielkimi - świata nie zmienimy
Ale możemy sprawić by świat był lepszy dla innych
Może nie znamy odpowiedzi na wiele pytań
Ale możemy być wsparciem dla poszukujących dróg.

A więc życie nasze niech będzie poświęcone
Miłości dobru i szukaniu sensu
A każdy dzień będzie wyzwaniem nowym
By odkryć cel naszych narodzin.

Kim jestem

Kim jestem naprawdę teraz i tutaj
W głębinie myśli gdzie słowa się rodzą
Kroki mijają jak cienie dnia
Świat w sercu noszę
     czy to naprawdę jestem ten ja?

Czy jestem historią zapisaną życia
Może myślą co w ciszy przemija
Czy tylko tym co widzę w lustrze
Czy marzeniem co w sercu drzemie.

Jestem barwą co życia płótno maluje
Ciszą co w huku świata szumi
Muzyką co w sercu melodię gra
Tajemnicą co kryje się w głębi.

Co się mną nazywa gdy przemijam
Kim jestem gdy nikt nie patrzy
Czy to co zostanie będzie pamiętać o mnie
Kim będę gdy zniknę gdy powrócę do ziemi.

Jestem podróżą przez świat pełen pytań
Wspomnieniem co kształtuje czas
Snem co się w nocy spełnia
Odpowiedzią na to co się nazywa mną.

Starość mądrością wieku

W mądrej starości zawartej w bycie
Czas tkwi we włosach srebrzystych
Gwiazdy migocą wspomnieniem blasku
Na krętych zaułkach darowaną łaską.

W sercach starości tajemnicze moce
Zmęczone oczy tryskające blaskiem
Opowieść zawiera tajemne przetrwania
O dniach co minęły powielane łaską.

Starość jak wino z wiekiem dojrzewa
W czasie hołduje kołacze przytomnie
Warkocz siwizny na głowie starca
W oczach zostaje tak wiele wspomnień.

Za dniami młodości tęsknota w sercu
Pamięć w mądrości faluje cicha
Choć nogi słabe i ręce zgrzybiałe
Pieśń młoda płynie i żywo oddycha.

Staruszek podąża ścieżką swego losu
Jak drzewo korzeniami wrastające w ziemię
W osłonie czasu wymowne oblicze
Trwały jak skała żywiołu natchnieniem.

W zachodzie słońca graniczącym z ciemnią
Staruszek oddala się do nieskończoności
Zostają tylko wspomnienia w pamięci
Nieprzerwane myślowo dozgonnej miłości.

Głupota wojenna

Wojny od zawsze sieją zniszczenia
Serca braterskie zamieniają w kamienie
Krew na ulicach łzy na twarzach
Wojenny dym snuje się w snach.

Ludzkie marzenia legły w gruzach
Echo tragedii w domach rozbrzmiewa
Matki bez synów wdowy bez mężów

Krajobraz pustki i żalu wszędzie.

Ziemia kiedyś żyzna owoców pełna
Teraz jest martwa spopielona bólem
Każdy krok przypomina o stracie
Każdy dzień jest cieniem krzywd chórem.

Głupota wojenna nie zna granic
Niszczy mostów nie buduje
W mroku wojny giną dusze ludzkie
Serce świata traci swój blask.

Niechaj pamięć o tych co zginęli
Będzie nam na przyszłość przestrogą
I mądrość w sercach zawsze króluje
A pokój wieczny stanie się planem.

Takie nic to jest coś

Prawdą jest że w krótkich chwilach
Kryje się nasz cały świat
W spojrzeniach pełnych ciepła
W blasku gwiazd i szeptach traw.

W kroplach rosy o poranku
W uśmiechach i śladach stóp
W zapachu pieczonego chleba
W powiewach wiosennych zbóż.

Drobne gesty krótkie chwile
Nikłe mało zauważalne ślady
Niczym strumień z gór wysokich
Jak ukryte w lasach sady.

Nie potrzeba wielkich słów

Ani drogich złotych snów
Tylko w prostocie liczy się moc
Takie nic a jednak coś.

W cieple dłoni w kruchym śnie
W nieznajomego uśmiechu
W serca biciu cichej chwili
Samych siebie odnajdujemy w tle.

Nie lekceważmy małych rzeczy
Nie przegapmy co w nich tkwi
Bo w tej codziennej prozaiczności
Można znaleźć to co się śni.

Wszystko to co mamy blisko
To wszystko co w rękach masz
W prostym jakże zwykłym błysku
Kryje się ten jasny blask.

Takie nic a jednak coś
To nasze życie to miłość to my
Doceniajmy każdą chwilę
Bo w niej kryje się cały świat.

Nie samym chlebem

O świcie życia ze wstaniem dzionka
Człowiek się budzi w dziennych marzeniach
W sercach tkwi prawda i żywa tęsknota
Więcej niż chleba samego znaczeniach.

Nie samym chlebem dusza się bogaci
Lecz miłością co serca otwiera
W dotyku ciepła w spojrzeniu miłości
Człowiek odnajduje prawdziwe wartości.

Głodny nie tylko chleba ale i uczucia
I prawdy która życie ożywia
Bo istnieje głód który nie dla brzucha
Lecz dla serca umysłu i ducha.

Dążności do wiedzy pragnienie miłości
Głód sztuki piękna sensu mocy
To są chleby których szuka człowiek
By swój los uczynić bardziej mądrym.

Bo chleb zboża daje siłę ciału
A chleb myśli podnosi ducha
W tych chlebach leży siła i sens życia
To niezwykłe dary dla człowieka.

Na polach duszy życie zbiera żniwo
Za płotem czasu snuję marzenia
Wiosną nadziei i siewem serca
Latem wyschnięte żniwa wydania.

Nie samym chlebem żyje człowiek
Lecz miłością i wiarą w siebie
Bo życie to nie tylko chleb na stole
A współistnienie w sercach i potrzebie.

Wielki reset ludzi

W krainie świata gdzie płynie czas
A ludzie tkwią w wirze codzienności
Życie i marzenia ciągłe snują
W świecie rzeczywistym zmienności.

Wielki reset niesie wiatr zmian
Zegar od nowa czas kręci

Ludzie patrzą w oczy prawdzie
Z tym co kryje się w pamięci.

Góry burz i morza fal
W sercach wielu reset trwa
Stary świat w dali odchodzi
Nowy świt na nowo wschodzi.

Wszyscy ludzie bracia ziemi
Wielki reset w naszej mocy
Uczyńcie to dla poprawy życia
To co teraz w waszej mocy.

Reset ludzi nie jest końcem
To początek nowej drogi
Zaufajmy sobie i braciom
Byśmy mogli razem świat budować.

Wierzę w miłość

Wierzę w miłość jak światła promienie
Co ciemność rozprasza i duszę otula
Wierzę w jej moc co serca splata
I miłość która trwa wiecznie.

Wierzę w uśmiech co ciepło niesie
I drobne gesty pełne zrozumienia
W słowa które tworzą nową rzeczywistość
I w dotyk co serca rozpala.

Wierzę w miłość która przetrwa burzę
I siłę która pokonuje przeszkody
Wierzę że serca zawsze się znajdą
W miłości która nie zna granic.

Niech miłość płynie niezmiennie jak rzeka
A każdy dzień będzie świadectwem wiary
Wierzę w nią jako moc niezwykłą
W miłości która nas wszystkich łączy.

Matka Ziemia

Ziemia jest Matką każdego stworzenia
W jej objęciach są zawarte życia tajemnice
Wiatrowe szepty i nurty rzeczne
I gwiazdy rozświetlające matczyne oblicze.

Matki łono ziemskie wyścielają kwiaty
W leśnej harmonii śpiewają ptaki
Morza szumią góry wznoszą się dumnie
Matczyne jest to dzieło wielkie i rozumne.

W każdym westchnieniu i kropli deszczu
Kryją się mądrości i dary nadprzyrodzone
Miłością nas otacza i pociesza w bycie
Utwierdza w zgodzie narody zwaśnione.

Płeć żeńska

Świat w sobie obie płcie ma
W każdej z osobna cel trwa
Czy to żeńska czy to męska
Każda płeć ma rodzaj piękna.

Żeńska dusza ma swój blask
W sercu delikatność i wdzięk
Niebywale rozkwita w miłości
Mocy świadomej nieskończoności.

Męska płeć niezłomna silna

Walczy twardo z przeciwnością
Serce płonie w niej zapałem
Do walki gotowa na chwałę.

Która płeć jest najważniejsza
Czy żeńska czy męska
To nie kwestia płci lecz kim jesteś w środku
Siła jest w tym jak żyjesz z trudem i miłością.

Jaką najlepiej mieć płeć
Pytanie nie musi mieć końca
Każdy z nas unikalny jest
W sercu ma własny życia sens.

Nie bądź mądrzejszy

Nie bądź mądrzejszy od samego siebie
Nie szukaj mądrości tam gdzie jej nie ma
Czasem w ciszy oddechu
Znajdziesz odpowiedź która się uśmiecha.

Nie bądź mądrzejszy od samego siebie
Bo choćbyś poznał wszystkie księgi świata
Nad prostym życiem się nie wyniesie
Człowiek co własny rozum miłował.

Zbyt wielka wiedza ciężarem stać się może
Gdy serce w zgiełku rozumu się gubi
Człowiek pokorny w spokoju trwający
W sobie największe skarby odkrywa.

Nie bądź mądrzejszy od samego siebie
Pokora w duszy cenniejsza od złota
Wiedz że w mądrości ukryta jest zieleń
Która jak drzewo rodzi owoce żywota.

Nie bądź mądrzejszy słuchaj i patrz uważnie
Życie jest mistrzem co cicho uczy
W prostych chwilach codziennym zgiełku
Odkrywamy prawdę która nas uczy.

Nie bądź mądrzejszy od samego siebie
Gdyż mądrość prawdziwa w prostocie się skrywa
W miłości do bliźniego ciepłych spojrzeniach
W dobroci serca co w ciszy się odzywa.

Nie bądź mądrzejszy od samego siebie
Bo życie jest krótkie a pycha jak burza
Opuść swoje ego otwórz serce w potrzebie
I w prostocie szukaj drogi która nie zaburza.

Nie bądź mądrzejszy od siebie
W sobie znajdziesz to co jest najważniejsze
W harmonii myśli w ciszy serca
Życie cię w końcu doprowadzi do mądrości.

Nowy dzień

Nastał kolejny majowy dzień
Słońce wstało mgły odeszły
Światło wkracza cienie znikną
Nadzieja się budzi smutki przeszły.

Drzewa się budzą ptaki śpiewają
Życie pulsuje niczym fale rzeczne
W powietrzu zapach kwiatów tańczy
Kolejny dzionek nowy bezpieczny.

Nasze marzenia stają się silniejsze
A każdy krok odwagą

Nocne gwiazdy nam ścieżki wskazują
Kolejny dzionek czasu życia magią.

Władza

O zgubna władzo mrocznych ciemności
Dusze złowrogie w ognia płomieniach
Prawdy korzenie grabisz w zazdrości
Krocząc po ziemi niszcząc wolności.

Władcy - to często ludzie chciwi
O sumieniach głuchych i ślepej zazdrości
Tylko siebie widzą w nadania uroku
 A w bitewnym szale kryją się w mroku.

Władza jest krzykiem w niezgłębionej dali
Sprawiedliwość w śpiączce łzy ciurkiem płyną
Zło w ciągłym triumfie a ofiary giną
To co najstraszniejsze jest władzy przyczyną.

Lud zagłuszony krzykiem nieznośnym
Korzenie władzy zgniją niebawem
Złowroga władzo wkrótce upadniesz
W historii świata zdradliwa zgaśniesz.

W sercach ludzi gorycz pozostaje
Niewinnych krzyki słychać codziennie
Bezsilność rośnie z upływem czasu
Władza króluje bez żadnych granic.

Niech w sercach ludzkich iskra zapłonie
Nastanie opór przeciwko zdrajcom
Mocą słów jak ostre obosieczne miecze
Musimy walczyć o wolność własną.

Obudźmy się z letargu w oporze
Bez strachu w obliczu zagrożenia
A z każdym naszym rozsądnym aktem
Upadek złej władzy stanie się faktem.

Maj się kończy

Maj się kończy czerwiec wita
W letnich szatach zieloności
Radość w naszych sercach puka
Dłuższe dni a krótsze noce.

Ptaki pieśnią maj żegnają
Jaskółki mijają się w locie
Czerwiec się zbliża czas dojrzewa
Lato kusi w każdym krocie.

Maj ostatnie niesie deszcze
By ugasić ziemi pragnienie
Za dwa dni będziemy witać
Czerwcowe gorące tchnienie.

Maj się kończy czas przemija
Lecz w pamięci pozostaje
Każda chwila która mija
Budzi w sercach nowe raje.

Jak być jak się nie chce żyć

W mroku powstają ciche myśli
A w duszy już brakuje sił
Popatrz jak słońce wschodzi rankiem
Choć w sercu ciemno nadzieja się tli.

W samotnej ciszy usłyszysz głosy

Wołające z głębi twojej duszy
Zagubiony samotny w przestrzeni
Proszę o siłę i kroki następne.

Deszcz beztrosko na ziemię spada
Każda kropla ma w sobie życie
Tak i w nas serca biją
Pomimo bólu co trawi w środku.

Trudna jest walka z czymś niewidocznym
Ze złem co w myślach tkwi
Pamiętaj że każdy dzień jest podróżą
A każda chwila nową lekcją dziś.

Codzienność to radość oczekiwana
W uśmiechach przyjaciół śpiewie ptaków
W ciepłych dotykach dłoni bliskich
W chwilach spokoju zapachu kwiatów.

Jak być gdy chce się odejść i zniknąć
To w małych krokach trwać powoli
A my jesteśmy ważni choć o tym nie wiemy
Pozwólmy sobie pomóc podzielić się nadzieją.

Dzień Matki

Wiosenny świt majowym ciepłem wita
Wiatr niesie zapach kwiatów delikatny
Słońce wzeszło na dalekim horyzoncie
Dziś dzień szczególny - Święto Matki.

Dłonie matczyne we świat nas wprowadzały
Pełne opieki troski i czułości
Uśmiechem łzy nasze osuszały
Jesteśmy dla nich w centrum radości i miłości.

A więc dzisiaj Córki i Synowie
Wyrażają wdzięczność w prostych słowach
Dziękujemy naszym Mamom za wszystko
Za czuwanie w słońcu i burzach.

Za słowa pociechy za bajki na dobranoc
Za dni radości i noce pełne snów
Za kroki z nami wspólnie stawiane
Za mądre porady dla nas dawane.

Składamy Mamom bukiety kwiatów w darze
Aby wyrazić jak bardzo Nasze Mamy kochamy
Dla Mam żyjących i tych które już odeszły
Całym sercem jesteśmy z Wami.

Mamo w tym dniu szczególnym Święta Matki
Niech każdy uśmiech Twoje serce ogrzewa
Niech miłość nasza jak słońce Ciebie wspiera
Jesteś dla nas najdroższa i najważniejsza.

Niechaj dni Twoje Mamo będą pełne blasku
Jak poranki majowe pełne kwiatów
Niech szczęście towarzyszy Tobie w każdej chwili
Jesteś perłą życia najcenniejszą Mamo.

Zęby

W starej buzi strach królował
Zęby zgrzytały w ciemności
Jadły mięso i słodkości
Często w niepewności.

Bo jeden ząbek miał dużą dziurę
A drugi był gruby jak brzuch

Trzeci piąty sterczał w mroku
A dziesiąty giął się na boku.

Wtedy zjawił się dentysta
W rękawiczkach ze szczypcami
Rachu ciachu nasz bohater
Rozprawił się ze złymi zębami.

Zęby poszły w wielkiej trosce
W buzi nowa siła rośnie
To że gęba się nie uśmiecha
Ktoś tu miał niezłego pecha.

Radość zagubiła kształty
Wargi oparte mówią z rosą
Bez zębów jak bezstronne szepty
Wciąż wierzą że zęby wyrosną.

Jak kamienie ziemia bez życia tkwi
Gdzieś spomiędzy szczęk odbiera dźwięk
Smak kawałków smaków straconych
Usta skazane na cierpienie.

A dziąsła jak przygnębione krainy
Bez chwały blasku nadziei w dali
Tęsknią za dniem gdy radość królowała
Gdy zęby jak żołnierze na bitwę wyruszali.

Lecz w mroku ciemnym w pustce
Iskra nadziei trwa i płonie
Życie się toczy chociaż po zębach
Nie pozostało żadnego znaku.

Witaj rano

Pobudka rano budzik dzwoni
Czas do boju się szykować
Wielki szturm na front codzienny
W trosk munduru się ubiera.

Obowiązki i zadania
Jak żołnierze stoją w rzędzie
Każdy krok decyzja szybka
Być dzień przetrwać w każdym względzie.

Praca dom i zadań moce
W kółko biegnie wir wydarzeń
W cieniu walki niewiadomą
Każdy krok ma wielką wagę.

Serce bije w rytmie dziennym
Zmęczone oczy dłonie znużone
Chwile przerwy moment spokoju
W cieniu pracy oddech cenny.

Bitwa trwa lecz w pewnych chwilach
Wspólne uśmiechy spojrzenia czułe
Odnajdujemy siłę i moc ukrytą
By dzień przetrwać i być w pełni.

Noc nadchodzi cisza senna
Odpoczynek w snach przychodzi
By znów wstać gotowy z chwałą
Stawić czoła życiu śmiało.

Losu nie wybieramy

W życiu każdy z nas
Losu ma swój czas
Który beztrosko gna jak rzeka
Nie przeprosi nie zatrzyma nie poczeka.

Czasem płynie łagodnie
Innego dnia szorstko niesie
Nie pyta dlaczego i jak
Losu nie wybieramy to fakt.

Wędrujemy ścieżkami życia
Czasem z radością często z przykrością
Szkoda że kierunku losu nie znamy
Tylko w nim cały czas trwamy.

Czy to przeznaczenie a może fatum
Nikt tego nie rozstrzygnie
My po prostu istniejemy
Losu nie wybieramy lecz z nim płyniemy.

Problemy

W ludzkich sercach nurtującej dumy
Oczy wielkich miast zgiełk i tłumy
W codzienności bóle ukryte
Problemy szarpanina i szumy.

Trzeba walczyć nieustannie
By światło ludziom nie zgasło
Czy to walka o chleb czy o miłość trwałą
Problemy nasze stają się prawdą.

Problemy duże i inne drobne

Ale każde dla człowieka ważne
Czasem burze nasze myśli trzęsą
Ale odwaga w siebie zwycięży.

Poemat ten w słowach wyrażany
Dla walczących będzie wsparciem okazanym
Bo życie to radość i próba jednocześnie
Mimo trudności wierzymy w siebie.

Wesoły poranek

Wesoły poranek jak ptaszki w locie
Słońce się śmieje na błękicie nieba
Budzą się miasta i wioski pełnią życia
W powietrzu zapachy porannego tchnienia.

Przyjemny chłód wiatru szepty błogie
Po nocy świat przybiera kolory
Na ulicach szum i śmiech dzieci
Świat pełen nadziei życie się zaczyna.

Wesoły poranek i nowy dzień
Pełen możliwości i marzeń
Radość niech nam towarzyszy na każdym kroku
Wesoły poranek przyjemnych wydarzeń.

Pokój przyszłością

Pokój jest drogą co wieńczy marzenia
To nasza przyszłość i życia los
Buduje w sercach spokój i szanse
Bez niego świat tonie w mrokach nieszczęścia.

Gdzie pokój na świecie tam życie kwitnie
Wojna jest nienawiścią co wszystko niszczy

Wszyscy ludzie bez względu na narodowości
W jedności tworzą nowe bytu możliwości.

W pokoju spełniają się nasze marzenia
Głos serca płynie harmonią tonów
Nie ma miejsca na zło i wojny
Pokój jest słońca promieniem boskim.

Tam gdzie jest zgoda tam życie kwitnie
Szczęście rozsiewa jak kwiatów łąki
Niech w każdym sercu pokój zapanuje
Bo w nim jest siła co szczęście buduje.

Lato w pełni

Lato w pełni słońce w zenicie
Ziemię rozgrzewa na morza błękicie
Zapach kwiatów unosi się w powietrzu
Ptaki śpiewają w zielonym teatrze.

Zieleń traw bose stopy wita
Ciepły wiatr niesie śmiechy w oddali
W złotych łanach kłosy falują
Ptaki radośnie na niebie śpiewają.

Jeziora lśnią jak kryształowe lustra
Woda ciepła rześka niebieska
Lato w pełni radość w sercach
Uśmiechy dzieci beztroska w plenerach.

Wieczór spływa z zapachem nocy
Księżyc wznosi się na niebie w mocy
Cykady grają koncerty świetne
Lato w pełni piękne i wielkie.

Wolność myślenia

Wolność w umyśle jest darem życia
W świecie idei rzeczywistych zdarzeń
Myśli falujących na przestrzeni czasu
Wolnych od zawirowań możliwych skojarzeń.

Idealne myśli uniesień skrzydlatych
Kwiatami usłane wyrazem miłości
Każda strona umysłu czasowo otwarta
Horyzontem wolności zapisana karta.

Wolności myślowe przetrwania
W świetle nad górami falujących marzeń
Symfonia szczęścia ogarnia umysły
W uczuciach melodii wspaniałości darze.

Świat nowy się kształtuje każdego poranka
W umysłach wolnych niepojętą siłą
Nasze myśli płyną swobodnie w przestrzeniach
Wolnością w umyśle na szczęście się zmienia.

Wolność jest wiatrem co marzenia nosi
Uczestniczy wielkością dla skrzydlatej duszy
Pozbawiona kajdan szarego pognębienia
Ujęte barwami życiowe marzenia.

Wolności prawda niech w sercach zakwitnie
Odkrywa horyzonty nieznane duchowo
Napełnia nasze myśli mądrości płomieniem
Aby życie bez wolności nie stało się cieniem.

Skutki picia wódki

Skutki picia wódki gorzkiej jak żal

Wypełniają dni czarne jak dym
Zaczyna się radością a kończy przemocą
W kieliszku błękitnym w duszy ciemnej nocą.

Pierwszy łyk jak słodki pocałunek
A potem trucizna rozlewa się w żyłach
Zapomnienie jarzące w oparach alkoholu
Ale pamięć wraca bolesna jak szpilki.

Zapomniane obietnice złamane słowa
Życie się kurczy jak skóra na dłoni
Rodziny rozdzielone miłości zdradzone
Wódka jest katem niszczącym domy.

Szukasz ukojenia w kolejnej butelce
Ale znów budzisz się samotny i zły
Bo skutki picia wódki na chwilę uśpią
Na końcu zniszczą jak burza bez litości.

Tak oto kończy się ta opowieść gorzka
O skutkach picia - wódka sponiewiera
Niech będzie to przestroga dla każdego
Bo wódka nie daje lecz tylko zabiera.

Co dalej

Obudziłem się rano co dalej
Słońce jasnością nas wita
Przed oczami dzień nowy
Przed sercem tajemnice do odkrycia.

Świat czeka na nas pełen możliwości
Wstaję z łóżka pierwsze kroki stawiam
Wiatr delikatnie mojej skóry dotyka
Zapach kwiatów unosi się w powietrzu.

Każdy dzień jest szansą na zmiany
Na odkrycie czegoś nowego
Bywa że zdarzają się trudności
Z determinacją stawiam czoło wyzwaniom.

Życie jest podróżą pełną przygód
Obudziłem się rano co czuję
Chociaż nie wiem co przyniesie każda godzina
Jestem gotowy na to co los mi zaserwuje.

Wiosna

Na wiosnę nasze serca się radują
Słońce ochoczo wysyła swe promienie
Kwiatki w ogródkach główki unoszą
A życie nowe w sercach się rozwija.

Ptaki śpiewają pieśni w takt radości
Na jasnym niebie snując loty
Wiosenny wiatr gałązki drzew rozchyla
A serca ludzi tańczą piękne nuty.

Ziemia zbudzona ze snu głębokiego
Przez pola łąki traw kwitnących kroczy
A w oczach ludzkich widać blask nadziei
Na wiosnę serca otwierają szczodrze.

Kto to jest człowiek

W mroku nocy świetle dnia
Duma w człowieku wciąż gna
Pytanie ciągle tak brzmi
Kto to jest człowiek?

Czy to myśl czy może ciało
Czy to dzieło czy to błąd
Człowiek to marzenie tęsknoty
Światło niczym w mroku ślad.

To serce bijące w piersi
To spojrzenie pełne tęsknoty
To siła w chwilach zwątpienia
To nadzieja w przyszłości.

W sercu swoim tajemnice nosi
Nadzieje marzenia czasy wiosny
Człowiek istota niezrozumiała
Szuka sensu w codzienności.

Człowiek jest sumą dwóch wyborów
To walka cienia ze światłem
To wieczne pytanie bez odpowiedzi
Kto to jest człowiek
                    tajemnica sama w sobie.

Dobroć w poezji

W ciepłym świetle serca dobroci tańczące
Miłość w oczach i uśmiech jaśnieje jak gwiazdy
Jesteś od zawsze darem w sercach naszych
W słowach że kochać - to nigdy nie tracić.

W promieniach dobra harmonii uczucia
Wspólne podróże i drogi prościejsze
Spotkanie przyjacielskie i jarzące świece
Spotkanie z bliskimi schronienie przed burzą.

Dobroć jak kwiaty w ciepłym uśmiechu
Z serca promieni wydobywająca

W melodii dźwięku czynów codzienności
Miłości się tworzy we wierze trwająca.

Ze wschodem słońca świergotem ptaszyny
Czuła w dotyku słowami przyjazna
Umacnia więzi między sercami
Magicznie leczy dźwięku słowami.

Dobroć to przyszłość lepsza piękniejsza
Ukrywana w gestach promieni światła
Uściskiem dłoni mateczki rodzonej
Zostanie z nami do końca świata.

W sercach natchnienia jak wiosenne blaski
A oczach dobroci iskry migające jasno
Na ścieżce miłości czułej i wyśnionej
Ukrytej w tajemnicy i nieodgadnionej.

Otyłości odejdź

Otyłości ciężarem mroczna
Odejdź zniknij w środku nocy
Odbierasz radość z życia
W zdrowiu jest nadzieja skryta.

Wybieramy zdrowe i mądre kroki
Przez jedzenie sport i nawyki
A serce bije w rytmie zdrowia
Otyłości odpłyń do morza.

Otyłości odejdź precz
W zdrowym ciele chcę chęci mieć
Siły w mięśniach odnowione
Lekkość ducha wiatrem przegonią.

Chcę biegać po łące wśród polnych kwiatów
Oddychać pełnią życia bez smutku
Czuję jak w sercu budzi się nadzieja
W nowym świetle ścieżka zdrowia dojrzewa.

Ścieżką zdrowia ku światłu dni nowych
Idę z wiarą wśród zmian gotowych
Każdy krok w przód bliżej marzeń blasku
Otyłości żegnaj w dni pełne śmiechu i wrzasku.

Niechaj moc zdrowia napełnia mnie samego
Czuję w sobie siłę do przetrwania wszystkiego
Otyłości twoje dni są policzone
W blasku słońca moje zdrowie ukojone.

Idę naprzód z głową podniesioną wysoko
Otyłości pozbyłem się swojego cienia
W nowym dniu z nadzieją i siłą
Żyję pełnią w zdrowiu bez lęku i cierpienia.

Nadzieja

W promieniu słońca w blasku poranka
Nowy dzień wschodzi i nowe szanse
Wiatr cichym szeptem powiela słowa
Że przyszłość niesie obietnic moce.

Choć drogi kręte i pełne cieni
W sercach tli się płomień co rozprasza mroki
Wystarczy jeden uśmiech i gest szczery
By z nadzieją przyszłość spojrzeć krok w krok.

Nadzieja to ptak co w sercu śpiewa
Niesie melodie niezłomne trwałe
To ona pozwala wstać z upadku

I ruszyć dalej z nową siłą.

Niech nadzieja nas prowadzi
I wspiera jak upadamy
Bo nasza przyszłość jest nieznana
Z nadzieją w sercu wszystko jest możliwe.

Niedziela

Niedziela niesie spokój na skrzydłach
Słońce zerka w nasze okna
Cisza snu blednie w świetle poranka
Dzień rozkwita w barwach wdzięków.

W sercach ludzkich tlą się płomyki nadziei
Śmiech dzieci w ogródkach rozbrzmiewa
Życia radość miłość i szanse
Niedziela to czas na nowe marzenia.

Zegary biją w rytmie serc naszych
Niedziela wierszem pełnym czułości
To czas na odpoczynek i refleksję
W blasku dnia odnajdujemy piękno.

Bitwa pod Grunwaldem 1410 r.

Na polach Grunwaldu 15 lipca 1410 roku
Tłumy wojska szum i trwoga
Krzyżacy i polacy starli się orężnie
Rozegrali bój i pamięć o nim trwa.

Czy warto pytam skrzyżować miecze
Gdy śmierć i cierpienie wszędzie posiane
Czy wojna cokolwiek buduje
Gdy ludzkiej krwi w ziemię wsiąkanie.

Czyny chwalebne w historii trwają
Lecz czy nie lepiej by spokój panował
Gdyby dialogi i mądrość były wdrażane
I nikt broni nie podnosił.

Legendy rosną i wspomnienia bitwy
Czy człowiek rozpatruje sens wojen ukryty
Czy człowiek się zmienia i mądrość rozwija
Czy w kręgu wojen i bólu jest niepojętym.

Na polach Grunwaldu panuje cisza
Duchy wojowników w powietrzu się unoszą
W szeptach pytań czy warto było walczyć
Czy w wielkim boju jest sens bytu człowieka.

Bezsens głupoty tak to bywa z wojną
Człowiek zapomina co naprawdę ważne
Honor chwała ziemia to tylko słowa
A życie jest jedno kruche jak marzenie.

Chęci

Są chęci i życie się kręci
W sercach iskry nadzieją żyją
Świt budzi marzenia dniami biegną
Każdy krok w tańcu się snuje.

Myśli biegną w szepcie wiatrowym
W sercach budzą się nową potrzebą
W trudzie radości świtu i mroku
Jak gwiazdy rozświetlają niebo.

Choć czasem drogi bywają kręte
W naszej duszy zawsze iskry płoną

Bo w chęciach tkwią siły do życia
Z wiatrem w żaglach tworzą przyszłość wymarzoną.

Cykle życia

Cykl życia nie ma początku i końca
Nowe nadchodzi ze wschodem słońca
Każda pora jest przeżyciem codzienności
Dzień zawiera nowe czasowej inności.

Zima jest łonem rodzącej się wiosny
Życie prysnęło światłem promiennym
Jak piękne róże kwitną młodości
Czas się rozwija cyklowym brzmieniem.

Płomienie ognia w lato gorące
W sercach postępu żar miłości płonie
Na ścieżkach życia drgające rytmy
Czas jakże miły kwiaty rozkwitły.

Dojrzałe plony jesień przynosi
Liście pokryły stronice księgi
Historia wiatrem pisana w czasie
Doświadcza zrywu Boskiej potęgi.

Nadeszła zima świat w sen się wtula
Cykl się ochładza w spokoju drzemie
Nic nie zatrzyma cyklicznych zdarzeń
Wiosna nadejdzie nowe ukaże.

Historia świata

W początkach czasu gdy świat był młody
Historia swój pierwszy wyraz uczyniła
Ziemia kręciła się w tanecznym wirze

A ludzkość pierwsze kroki stawiała.

Od starożytnych wielkich cywilizacji
Po epoki ciemności które przemijają
Rosnące imperia wzloty i upadki
Historia świata w etapie zagadki.

Wojny rewolucje wielkie odkrycia
Wszystkie zapisane na dziejowych kartach
Cierpienia i nadzieje wędrówki i marzenia
Historia trwa a świat ciągle się zmienia.

W tchnieniu renesansu artystyczna eksplozja
Naukowe odkrycia zmieniają oblicze świata
Promień oświecenia kształtujący umysły
Historia się rozwija w nowe perspektywy.

Wojny światowe burzliwe okresy
Ale i pokoju chwile się zdarzały
Dążenia narodów marzenia o jedności
Historia świata na wzór doskonały.

W erze nowoczesności technologiczny skok
Świat globalnymi połączony nićmi
Wyzwania się zmieniają dążenia są te same
Historia świata trwa wiecznie w życiowym programie.

Na wesoło

Wesoło dzisiaj będzie
Gdy słońce się uśmiecha
Ptaszki będą śpiewały
A w sercach grać nam będzie.

Radość w powietrzu czujemy

Kiedy chmurki wiaterek rozwiewa
Śmiech niech nam towarzyszy
I wszędzie niech się rozlewa.

Wesoło w życiu być powinno
Radość na twarzy niech się mieści
Śmiech rozbrzmiewa jak dzwon wesoły
Zapominamy o smutku i zmartwieniach.

Niech nasze życie stanie się baśnią
Pełne uśmiechu i szczęścia
Niech trwają chwile wesołe
W naszej pamięci wiecznie.

Przemijanie w czasie

Ze świtem przyroda się budzi
A cienie odchodzą w mroki
Myśli nasze jak lotne ptaki
Wzbijają się na czasowe progi.

Co dalej - dni mijają cicho
Zegary tykają bez ustanku
Czy odnajdę sens w każdej chwili
Czy zgubię się we wiecznym szlaku.

Życie płynie jak kręta rzeka
Bez kompasu mapy bez celu
Wspomnienia jak liście na wietrze
Wirują w tańcu pełnym żalu.

Czy warto biec za cieniem marzeń
Gdy czas się ciągle zmienia
Czy znajdę spokój w chwale wiecznej
Czy zginę w mrocznej kipieli.

Co dalej gdy serce ustaje
A oczy patrzą w przyszłości
Czy jest coś więcej po tej stronie
Czy pustka i stany wieczności.

Idę dalej i wciąż siebie pytam
Odpowiedzi brakuje mi znów
W nadziei że gdzieś tam daleko
Odnajdę początki nowych dróg.

Trwanie

W świetle dni i cieniach nocy
Czas uparcie wije ścieżek kroki
Chwile znikają niepostrzeżenie
Pozostawiając ślady w mroku.

Życie mija w tle bajecznie
Szepty wspomnień krzyki marzeń
Każda sekunda jest darem
Każdy oddech pełen znaczeń.

Przeszłości trwają w pamięci
Radości i smutki na co dzień
Światło z cieniem w jednym splocie
Nie zawsze ku własnej wygodzie.

Życia trwanie wiecznym biegiem
Jest pieśnią co nie ma końca
W każdym dniu odnajdujemy
Cząstkę siebie w nutach słońca.

Powołanie człowieka

W ciszy poranka gdy słońce wschodzi
Człowiek wyrusza w życia dążenia
W nadziei jego serce bije
W duszy rodzą się marzenia.

Światło dnia wypełnia oczy
Przestrzeń otwiera nieznane drogi
Każdy krok to strona nowa
W księdze życia cele chowa.

Czy to powołanie czy losu gra
Co sprawia że człowiek wciąż trwa
Czy to w sercu w głębi duszy
Cichy głos co marzy w ciszy.

Myśli twórcze praca rąk
Każdy dzień to nowe odkrycie
Człowiek marzy tworzy buduje
W powołaniu utrwala życie.

Wierny marzeniom dąży do celu
W uśmiechu geście radach przyjaźni
Leży prawda o jego istnieniu
O sensie życia i spełnieniu.

Idziemy przez życie otwarci sercem
W poszukiwaniu prawdy miłości i celu
W powołaniu człowieka kryje się tajemnica
Którą odkrywa w każdym dniu istnienia.

Taniec w polityce

Polityczna małość - normalności szarość
Obietnice gołosłowne mądrości zwodne
Walka o władzę brak w sercach tchnienia
Brakuje skruchy - dusze jak z kamienia.

Prawda jest chwiejna stwarza pozory
Honor zatraca się w każdym geście
Co obiecują nie dotrzymują
Rzeczywistości w barwach szkalują.

W kłamstw labiryncie ścieżki niezgody
Dobroć nie liczy się w sercach zimnych
A losy ludzkie jak mgielna szarość
Rzeczywistości malują dziwne.

O głosy tłumów partie wojują
Stwarzają rządy w kierunku złudy
Prawda się mija z rzeczywistością
Na wodzie tańca powierzchownością.

Głoszący równość i sprawiedliwość
Skorumpowani władcy pokusą
W kamerach uśmiech uścisk szatani
Liczne intrygi za kulisami.

Świat polityki jest dramatem i farsą
Ślad niedorzeczności pozostawia ślady
Nadzieja o zmianie w naszych sercach gości
W politycznej walce tracimy godności.

Walentynki - 10 luty 2024 roku

Piękny wieczór zimowy w świetle gwiazd uroku
W Ambasadorze 10 lutego 2024 roku
Na balu karnawałowym Walentynek wiosny
Zakochani się spotkali w klimacie miłości.

Sala balowa lśniąca romantycznym blaskiem
Podniosła atmosfera muzyka rozbrzmiewa
Miłość się unosi wiosennym zapachem
Wszyscy jesteśmy radośni i pod jednym dachem.

Zakochani tańczą wdzięk w ruchach wiruje
W oczach iskierki w sercach miłość płonie
Walentynkowej nocy radości rosną
Wesołe twarze i splecione dłonie.

Panie w pięknych sukniach, panowie w garniturach
Na parkiecie jak gwiazdy serc w rytmie tańczących
Wzrokiem uśmiechem gestem i słowem
W historii miłości i spotkaniu nowym.

Panie Walentynki w pełni serc uniesień
Panowie Walente w dżentelmeńskim jarze
Wiele par lecz jedno serce tętniące w miłości
Na balu walentynkowym radości marzeń.

Niech taniec par zakochanych trwa nieprzerwanie
W balowej atmosferze czaru wzajemności
Walentynkowego spotkania wieczornego szału
Rozpala płomienie wiary w nas samych polskości.

Watykan

W watykańskich posiadłościach nieprawości krążą

Na twarzach panów maski w ręku krzyże drążą
Kardynałowie w szatach utkanych ze złota
Ponoć - to nie jest zła i płatna robota.

Światło bije z ołtarzy - to coś dla pozoru
Brak szlachetności takt słabego wzoru
Nie wygląda to na Boże poznawanie prawdy
Kiedyś obłuda graczy w końcu się ujawni.

W świątobliwości tkwi wiara przestępcza
Wybryki panów zdarzają się częste
Watykan mury złote otaczają gęste
W niecnych interesach pulsują przestępstwem.

W kwestiach moralnego istnienia kościoła
Działalność hierarchów o pomstę woła
Zachwiana wiara rodzi plamy nieczystości
I nie ma nic wspólnego z potrzebą miłości.

Nurt czasu

W przestrzeni ciszy w świetle dni
Czas płynie pełen zdarzeń
Ważne że serca to rozumieją
I odnajdują sens swoich marzeń.

Mijają dni jak strugi wody
Czas płynie nieubłaganie
Lecz w jego nurcie są tajemnice
Czasem to sen a czasem życie.

Czas to nie zegar wskazówek kresy
To nurt płynący serca dotyka
Czasem wolno czasem szybko
Lecz czas przez życie nas prowadzi.

Jak to rozumieć kogo zapytać
Odpowiedź tkwi w sercu każdego z nas
W pracy miłości i spokoju
Znajdziemy sens jak będziemy chcieć.

O co tak naprawdę

O co tak naprawdę w życiu chodzi
Nasz czas bardzo szybko umyka
Czy w pogoni za marzeniami
Czy w prostocie codziennych dni.

Czy w miłości co wszystko wybacza
W chwili ciszy gdy serca drżą
Czy w blasku sukcesów
Czy w złocie co ręce nam plamią.

Może w chwilach gdy słowa sens tracą
A spojrzenie mówi więcej niż sto fraz
Gdy ktoś poda rękę w potrzebie
Ciepło dłoni łagodzi ból i strach.

Być może w życiu chodzi o to
By marzyć kochać być sobą żyć
Znaleźć piękno w każdej istocie
I cieszyć się tym co los chce darować dziś.

Może w marzeniach co rodzą się w nocy
I w czynach co spełniają się w dzień
W przejściu przez życie z odwagą i mocą
By każda chwila miała swój cień.

Może w uśmiechu dziecka rano
W zapachu kawy co budzi świat

W słońcu co znika z horyzontu ramą
W deszczu co spada na domy i sad.

Baterie z kosmosu

W bezkresnej ciszy nocnego nieba
Gdzie gwiazdy błyszczą jak marzeń ślad
Z kosmosu przyfrunęły baterie małe
Niosąc za sobą tajemnicy blask.

Joasia w ogródku zapatrzona w gwiazdy
Nie wiedziała jeszcze co los jej niesie
Gdy nagle z nieba wśród świetlnych smug
Spadły baterie jak śpiew aniołów.

Zamki stare zapomniane przez czas
Czekały na dotyk tych cudownych gości
Baterie pełne kosmicznej mocy
Przemówiły głosem tajemniczości.

Jesteśmy z dalekich krańców wszechświata
Przybyliśmy tutaj by otworzyć drzwi
Nie tylko te z żelaza ale i z serca
Bo w każdej istocie życia magia tkwi.

Joasia zdumiona baterie podnosiła
Wsłuchana słowa co z nich płynęły
Gdy wkładała je w zamki cud się zdarzył
Drzwi się otwarły a w nich błysk nowej ery.

I tak dzięki Joasi kosmicznej podróży
Zamki przestały być zamknięte
Stały się bramą do nowej rzeczywistości
Gdzie każdy głos każda myśl ma znaczenie.

Do przyszłości

Codziennie wychodzę naprzeciw przyszłości
W sercu mam wiarę i nadzieję
Przekraczam progi nowych możliwości
A każdy dzień nowym światłem sieje.

W dłoniach dzierżę klucze marzeń
Które każde drzwi otworzą
Czuję jak w duszy budzi się tęsknota
Za tym co nowe przyjdzie mi.

Oczy wpatrzone w horyzont daleki
Krok za krokiem niebo jasne
Przeszłości za mną zamknięte
Przede mną ścieżki nieodkryte.

Nie boję się burz wichrów deszczu
Każda przeszkoda jest lekcją w drodze
Stawiam czoło życiu wreszcie
Wiem że przyszłość mnie poprowadzi.

Na niebie gwiazdy jaśnieją
Każda z nich to skryte obietnice
Wychodzę naprzeciw przyszłości
Z wiarą że każda chwila będzie znakomita.

Bezsens wojen

Wojny bezsensowne krwawe wydarzenia
Głuche strzały martwe spojrzenia
Czy warto tracić drogie życie
W imię chwały czy w imię szaleństwa.

Skrzywdzona ziemia odłogiem leży

Zaklęte krzyże na polach bitew
Czy jest sens w nienawiści złej łasce
Gdy serca trawią wojenne pętle.

Ludzkości czy nie czas już zmienić
Zło na dobro nienawiść na miłość
Bo w beznadziejnym wojen tchnieniu
Ginie nadzieja i otucha.

Wojny bez sensu czarne pieśni
Wichry nienawiści się nasiliły
Czy kiedyś ludzkość zrozumie
By bronić pokoju z całej siły.

Wiosenka

Wiosenko wysłuchaj prośby naszej
O ciepłe promienie prosimy
Niech słońce w nas wiarę wzmacnia
A w sercach nadzieję rozjaśnia.

Prosimy o więcej ciepełka
By wiatr znikał jak mgiełka
Niech kwiaty kwitną zielenią się łąki
A w sercach ludzi rosną radości.

Wiosenko płynąca strumieniem
Ogarniaj nas swoim światłem
Niech uśmiech Twojej obecności
Rozwesela dni szarej codzienności.

Tak prosimy naszą Wiosenkę
Niech trwa jak najdłużej bez mroku
W obecności piękna życie kwitnie
Czujemy się znakomicie.

Radość

Życie płynie niczym śpiew
W blasku słońca cieniach drzew
Największy skarb ludzkiej miłości
Jest radością w codzienności.

W dniach pełnych barw i cieniach nocy
Radość jak ptak wolny lekki
W szumie fal i wietrze cichym
Unosi serca ponad troski wszelkie.

Niech nasze serca radością biją
A każdy dzień jest nową siłą
Radość jest w życiu najważniejsza
To ona sprawia że miłość jest wieczna.

Uwaga

Zło ciągle się czai i plany snuje
Wszędzie na całym świecie nienawiść buduje
W fałszywych przekazach i podstępnej grze
Skrada się blisko cel osiągnąć chce.

Uważnie czujnie patrzymy wokół siebie
Zło może wejść w każdej chwili
Do serc ludzkich pełnych miłości
Potrafi wprowadzić wiele zaborczości.

Musimy walczyć opierać się pokusie
By światłość dobroci nie uległa złu
Normalność w życiu jest dla ludzi ważna
Szczęśliwa dumna miła i odważna.

Niespodzianki codzienności

W codzienności jestem i znikam
Gdzieś chwilami tkwiąc wśród marzeń
Życie przebiega w rytmie konieczności
A ja wciąż nowego szukam w osobowości.

Cuda w małych rzeczach są skrywane
W słońca uśmiechu szeptach wiatru
Niczym promienie złociste
Przybierają niespodziewane oblicza.

Życie to nie tylko wielkie gesty
To zwykła codzienność w swojej opowieści
Wszystkie drobne nieznane zdarzenia
Tworzą życie i wspaniałe wspomnienia.

Każdy dzień jest pełen niespodzianek
W codzienności skrywa tajemnice
Wystarczy tylko dokładnie popatrzeć
By odnaleźć się w cudownym świecie.

Żyję chwilą

Żyję chwilą nie cofam się wstecz
Płynę lekko czasu rzeką
Każdy dzień jest nową pieśnią
Świat się wokół mieni tęczą.

Życie wita nas promieniem
Wiatrem unosi w dal po niebie
W sercach naszych spokój i radość
W każdej chwili nowe tchnienie.

Cenię każdą jedną chwilę

Na sznur życia je nawlekam
Chwile są skarbem bezcennym
W mej pamięci wiecznie czekam.

Nie żałuję dni minionych
Nie planuję dalekiej przyszłości
Mój świat to tutaj i teraz
W każdym oddechu szukam radości.

Żyję chwilą cieszę się
Serce rośnie z każdym krokiem
W tej to chwili odnajduję
Sens istnienia szczęście proste.

Cień

Kim jest mój cień co ciągle za mną kroczy
O wschodzie słońca gdy mrok się roztoczy
Jest moim towarzyszem czy duszy odbiciem
Być może cieniem myśli przezroczy.

Cień bywa długi jak strażnik cichy
Gdy rankiem się budzę słyszę oddechy
Innym razem krótki blisko przy mnie staje
W południe się chowa czy tak się wydaje.

Czy cień jest ukryty w lęku i marzeniach
Które w dnia blasku nabierają kształtów
A może jest duchem czuwa bez wytchnienia
Pilnuje mnie samego wierny bez zająknięcia.

Cień jest świadkiem wędrowcem bez granic
Podąża za mną w moich marzeniach
Być może to gra i oczu złudzenie
Czy towarzysz żywota co mnie nie zawiedzie.

Kim jest mój cień pytam - odpowiedzi nie ma
Czy to ja sam czy tylko część moja
Pozostaje zagadką w tej życia wędrówce
A może w cieniu kryje się istota bycia.

Relaks

W ciszy wieczoru wśród szeptów drzew
Gdy gwiazdy tańczą nad moją głową
Odpływam w świat spokoju i snu
Żeby zapomnieć o troskach życiowych.

Wiatr delikatnie muska moją skórę
Niczym pieszczoty z dalekich stron
Odpływam w dal gdzie światło się snuje
A serce unosi się ponad dzień.

Zamknij oczy pozwól myślom płynąć
W krainę marzeń gdzie czasu nie ma
Tam gdzie harmonia tańczy z ciszą nocy
W relaksie odsuwając zmartwienia.

W tej ciszy gdy czas się zatrzymuje
Znajduję pewność i spokoju harmonię
W moim umyśle szumią marzenia
A dusza spokojna jak rzeka płynie.

Wśród ciszy spokoju siłę odzyskuję
Aby zmierzyć się z trudem codziennego dnia
Bo w relaksie ciszy i spokoju
Odnajduję szczęście które we mnie trwa.

Kłamstwa

Kłamstwa są echem pustych słów
Niosących fałsz w życia przestrzeni
Każde kłamstwo to same straty
Prawdy nie dają sieją nieszczęścia.

Kłamstwa - to ciężar co gniecie duszę
Przynoszą mroki cienie na duszy
W sieciach splątanych prawdy ginie
Człowiek co kłamstwa w ustach nosi.

Kłamstwo to mgła co mami wzrok
Jak kolce słowa w cienkiej skórze
Rozpraszają jasność myśli
W złudzeń labirynt prowadzą strugi.

Kłamstwo jest maską co twarz ukrywa
Mieni się fałszem w blasku wody
Za nią prawdziwie serca biją
Lecz wciąż od prawdy dzielą lody.

Kłamstwa wyrzucić trzeba precz
Zrzucić z duszy ten ciężar
Niech prawda świeci w sercu wiecznie
W przezroczach jak poranny świat.

Niechaj nasze słowa będą szczere
Jak promienie słońca w letni dzień
Wyrzućmy kłamstwa żyjmy prawdą
A czystość serc stanie się snem.

Przemijanie w czasie

Czas płynie wartko tak z konieczności
Zegar się sprawdza nie zna litości
Dzionki mijają jak łzy na twarzy
Nie zatrzymamy biegu wydarzeń.

Świat się zmienia w oka mgnieniu
Nie pochwala przedawnienia
Życie z wiatrem ulatuje
W pamięci jak sen pulsuje.

Czas jest iluzją zmyślonym stanem
Dymne zasłony przed pytaniami
A szukając śladów jak się cofamy
Dawnej przeszłości nie odzyskamy.

Czas to proces nieuchronny
Który działa nie pytając
Zdarzenia losowe na zawsze
W świadomości pozostają.

Życie trwa w niemałym trudzie
W cichym trwaniu czasu snuje
Przemijanie wolnym gościem
Tańcem w ruchu słowem czuje.

Wiara w przyszłość

W duszy naszych serc promienie płoną
Wiara w przyszłość jak gwiazdy migocą nad nami
W kręgach nieskończoności kruchym czasu łonie
Przyszłość jest tajemnicy nieznanym wytworem.

Na dni horyzoncie gdzie świt się budzi

Często przekraczamy własne progi marzeń
Wiatr niesie melodię nadzieja się chowa
Serca mocniej biją w żywych marzeń słowach.

Wiara w przyszłość w snach nadziei
Ogniwem łączącym marzeń drogi
Mimo burz i zagrożeń ukrytych
Wiara prowadzi ku przyszłości.

Wędrujemy razem w blasku nadziei
Ku ziemi obiecanej i spełnienia marzeń
W wierze tkwi siła która nas wznosi
Ponad przeciwności troski i zmartwień.

Emeryt

Emerycie życie krótkie
Czas ucieka nie bądź smutny
Szanuj zdrowie blask na twarzy
Ciesz się każdym dniem w takt marzeń.

Złoty czas i odpoczynek
Nie leż nie chowaj się w cieniu
Spacer ruch na świeżym powietrzu
To najepszy lek wierz w to szczerze.

By serce biło i kwitła dusza
Warzywa owoce i zdrowa dieta
Woda czysta herbata i zioła
Zdrowy umysł ciało woła.

Śmiech i radość niech ciebie strzegą
Każda chwila warta złota
Niechaj ciało sprawne będzie
Niech zdrowie zawsze kwitnie.

Dbaj o siebie drogi Panie
Czas na emeryturze stanie
Byś mógł cieszyć się pokojem
Drugim życiem dobrym zdrowiem.

Ukryta prawda

Gdzie jest ukryta prawda
W powietrzu wodzie kamieniach
Czy może w naszych myślach
W przyszłości przeszłości zdarzeniach.

Czy prawda to tylko sen
Czas całkiem nieodkryty
Czy może to jasna gwiazda
Wiodąca nas na szczyty.

Gdzie prawda się ukrywa
W milczeniu płaczu i śmiechu
Może w miłości i żartach
Znajduje drogę w pośpiechu.

Prawda jest w sercach bijących
I duszach życia płonących
W sensie naszego istnienia
Tak wielkie ma znaczenie.

Czy prawda jest tylko rzeczą
Która znika w mroku
Czy może jasnością światła
Wiodąca nas na szczyty.

Sens życia

Wędrujemy w czasie przestrzeni
Zagłębiając się w tajemnice istnienia
Pytamy o sens tej podróży
Gdzie szczęście kryje się w zwyczajnych chwilach.

Czy sens tkwi w miłości bliskości serc
Czy może w działaniu twórczym wysiłku
Odpowiedzi są ukryte w codzienności
A marzenia splatają się z rzeczywistością.

Życie to podróż pełna wzlotów i upadków
Każdy krok to nauka i doświadczenie
Sens tkwi w podróży nie docelowej linii
Bo życie to nie cel lecz sama podróż.

Tak więc bądźmy wdzięczni za każdy dzień
Z optymizmem z sercu i nadzieją w oczach
Sens życia tkwi w chwilach które tworzymy
W miłości pasji i każdej nowej przygodzie.

Wolność osobista

Wolność osobistą nam los użyczył
Zgodnie z prawem do życia natury
A nasze serca mówią niezależnie
O wolności co w naszych umysłach drzemie.

Wolność jest łaską niezwykle czujną
W naszych myślach i marzeniach trwa
Każdy krok i każde spojrzenie
To szacunek i do wolności dążenie.

Szanujemy wolność jak kwiaty na polach

Jak skrzydła ptaków co w niebo wzlatują
A nasze słowa czyny i myśli
Zawsze imię wolności swojej zachowują.

Wolność jest darem nieocenionym
W sercach ludzkich zawsze płonie
Szanujemy wolność jak największe skarby
Bo wolność osobista to życiu sens dany.

Niech zgasną płomienie nienawiści

W krainie serc gdzie króluje światło
W ciszy nocnej gwiazdy świecą
Nadzieja wznosi się wysoko
A płomienie miłości nie gasną.

Wiatr niczym płomień tańczy
Niosąc smutek i nadzieję
Gwiazdy spadają z nieba
A ludzie błąkają się po bezdrożach losu.

Bywa tak że mrok myśli ogarnia
A serca drżą w obliczu nieznanego
To płoną w nas iskry nadziei
Że świt nadejdzie z blaskiem promieni.

Ludzkości odłóż programy zbrojne
Niech zapanuje miłość i radość
Gdyż w jedności jest największa siła
A nienawiść prowadzi do zguby.

Niechaj zgasną płomienie nienawiści
Zapanuje pokój i współistnienie
A ludzkość odnajduje właściwe drogi do zrozumienia
A na świecie zapanuje miłość i jedność.

Byle co

Wszyscy czekamy na wielkie czyny
Na szczyty sławy na złote godziny
A życie nasze to codzienność mała
W której byle co jest tym co nas scala.

Byle jakie poranki kawałek chleba
Stukające krople deszczu w okna
Sznur rozmów spojrzenia w dal
W małych chwilach jest prawdziwy czar.

Jazda na rowerze z szybkością dźwięku
W byle czym się kryje wszystko co jest piękne
Proste gesty dotyk dłoni
W codziennej krzątaninie serdecznej rozmowie.

Byle co jest wszystkim co nas otacza
Nadaje sens życia i go wzbogaca
Doceniajmy każdy dzień i małe uciechy
Bo w tym byle czym są najpiękniejsze chwile.

Żyję w matriksie

Żyję w matriksie światłem dnia owiany
W sieci ukryty w kodzie zapisany
Moja rzeczywistość to mgła w cyfrowej normie
Przekształcone myśli tworzą wirtualną formę.

W matriksie czuję się prawie jak w raju
Wirtualne ścieżki losy moje układają
W wyobraźni myśli logarytmy płyną
Linią kodów komputerów moją limuzyną.

Niebo pikseli nad głową się snuje
Mój umysł w sieci promieni wiruje
Bit za bitem sprzęga wzorami w pamięci
Żyję w matriksie sztucznej inteligencji.

Czy jestem żywy czy jestem kodem
W mojej głowie moc pytań faluje
Światło jest prawdą czy urojeniem
Jestem inności cyfrowym cieniem.

Czy wolność to tylko iluzją jest w sieci
Czy ludzka natura zgodna z kodem w tłumie
Tam gdzie rzeczywistość się w zasłonie kryje
Po prostu jestem po mojemu żyję.

Polityczne utopie

Polityka - ach jakże to słowo brzmi
Gdzie sługusów gęsta towarzyszy chmara
Walczy się o władzę a co z tego wynika
Czy zmiana rzeczywistości czy typowe kłamstwa.

W polityce kłębią się liczne absurdy
Głupota otula jak mgła szara
Utopia wisi w obłokach marzeń
A rozumy błądzą w temacie skojarzeń.

Polityka - gra władzy gdzie rozum mętnieje
A głupota triumfuje beznadziejnie pieje
Uczciwość i mądrość gubią się w mroku
Liczą się interesy w finansowym skoku.

Polityka to najgłupsza rzecz w myśleniu
Zamiast mądrości chciwość w zaślepieniu
Wszyscy pragną władzy a czy wiedzą po co

Czy naprawdę troszczą się o wspólne dobro.

Każdy gest każde słowo to tylko intrygi
A prawda ginie w morzu fałszu i obłudzie
Czy można zaufać temu co w polityce tkwi
Taki dąży po trupach do własnego zysku.

Polityka jak sen co mami ludzkie umysły
Ale budzi się by zasiać klęskę i pustkę
Bo polityka to nie praca a darmowa taca
A co niektórym potężnie rozumy wywraca.

Niech więc nasze serca nie dla władzy tęsknią
Lecz dla wspólnego dobra miłości i pokoju
Bo polityka to bzdety tworzące niepokoje
Niech nie odbierze nadziei na lepsze jutro.

Ile jest warte życie

Ile jest warte życie pytamy
W blasku poranka ciszy mroku wieczoru
W jego pięknie bólu i cierpieniu
Znajdujemy odpowiedź w duszy.

Wartość życia jest w oddechu w uśmiechu
W każdej myśli i kropli deszczu
W miłości bez granic przyjaźni bez końca
W chwilach które w sercu jak diamenty zostają.

Ile jest warte życie - pytania bez odpowiedzi
Bo życie to cud który trwa w nieskończoności
To krew co płynie w nas to serce co bije
To śpiew ptaków o świcie to gwiazdy na niebie.

To wartość niezmierzona i skarb ukryty

Chwile które mamy chociażby ulotne
Marzenia i plany tęsknoty i sny
Wszystko co kochamy co w sercach chowamy.

Ile jest warte życie nie pytajmy więcej
Po prostu żyj i kochaj
Bo w każdym dniu w każdej chwili istnienia
Odnajdziesz wartość której nic nie zdoła zmierzyć.

Wolni w duchu

Wśród codziennych trosk i zgiełku
W sercach naszych wiernych w prawdzie
Rodzą się skryte marzenia
By być wolnym w duchu niezmiennie.

W wolności odnajdujemy ducha
Prawdę która duszę koi
Wiatrem słów niech nas poniesie
Tam gdzie spokój i pokój rośnie.

Niech każdy dzień nam przypomina
Że wolność w nas jest zaklęta
Nie w okowach i kajdanach
Lecz w wolnych umysłach i sercach.

Bez granic pod jasnym niebem
Spoglądamy z nadzieją w oczach
W wierze silni wolni w duchu
Zawsze właściwą drogę odnajdujemy.

Nie lękajmy się burz co nad nami szaleją
A krople deszczu hartują jak stal
Wolni w duchu jedności i sile
Bo wolność duchowa to nasza wieczna pieśń.

Wyszedłem z siebie

Wyszedłem z siebie i stanąłem zdziwiony
Na drodze życia gdzie czas szybko biegnie
W głowie mam mnóstwo myśli
Życia smak pełen radości i łez.

Przechodzę przez dni bezszelestnie
Szukam sensu i znaczenia w tym co mam
Bardzo często się gubię
Ale wierzę i mam nadzieję że osiągnę cel.

Stoję obok siebie widzę siebie z daleka
Jak obcy w lustrze nieznana postać
Czy to ja jestem czy może ktoś inny
Wędruję w dal tęsknię za światem.

Wyszedłem z siebie by odnaleźć nowy sens
Zapomnieć o bólu gniewie w cieniu zdarzeń
Stanąłem obok siebie by zrozumieć kim jestem
Jestem gotów na nowe zderzenia z życiem.

Piątek

W piątkowy dzień jak w baśniowej pieśni
O poranku wstało słońce złote
Świat obudził się z uśmiechem na twarzy
Kto wie co się dzisiaj wydarzy.

Promienie tańczą na rosie lśniącej
Ptaki śpiewają pieśni w radosnej mocy
Kwiaty w ogrodach podnoszą główki
W powietrzu czuć wolność której się nie da ukryć.

Piątek jest dniem pełnym nadziei
Tygodnia trud już jest prawie za nami
Czas na odpoczynek spełnianie marzeń
W tym dniu radość w duszach nie ma granic.

Piątek to dzień piękny i pełen magii
Zaprasza nas do świata gdzie sny się spełniają
Niech każdy piątek będzie wspaniały
Byśmy żyli szczęśliwie marzenia spełniali.

Dokąd zmierzamy

Ludzkość wędruje w poszukiwaniu światła
W czasie przestrzeni oceanie łez
Kroczymy w niepewności zasłonie
Przed nami ścieżki w bezkresie nieskończonym.

Dokąd zmierzamy jaka droga nas czeka
Pytamy w ciszy bez rozgłosu
Czy to postęp nas wiedzie czy nieznana groza
Czy to konieczność akceptacji losu.

W sercach budzą się nadzieje w umysłach twórczości
Cegła po cegle budujemy przyszłości
Przeszłość w pamięci doświadczeń księgi
By światło mądrości nigdy nie zgasło.

Ludzkość dąży krok za krokiem
Ku nowym światom i horyzontom
Niepewność z przeszłości kształtuje nasz byt
Idziemy z wiarą w sercach ku nieskończoności.

Granice normalności

W ciszy wieczoru szarości poranka
Granice normalności wciąż się przesuwają
Może to tylko aluzja co myśli spowija
Czy to prawda ukryta co codzienność odkrywa.

Co to jest normalność - kto w niej decyduje
Czy to jest znane w rytmie dnia płynie
A może to jest kłamstwo co umysł maluje
By w chaosie świata znaleźć wytchnienie.

Granice normalności jak cień wędrujący
Raz bliżej raz dalej w mgle się rozmywają
W każdym sercu i duszy sen wiecznie snujący
Co trzyma nas w ryzach i wolność zabiera.

Społecznych norm sztywne ramy
Nakazują zakazują prowadzą nas w tłumie
Lecz serce woła umysł się wyłamuje
Granice normalności wciąż się definiują.

Twórczość z szaleństwa z chaosu istnienia
Normalność w spokoju ciszy odnajduje
Granica delikatna niczym nitka istnienia
Która w słońcu się mieni w ciemności nie psuje.

Ile jest światów w próżni

We wszechświata pustce gdzie cisza trwa
A gwiazdy tańczą w nieskończonym blasku
Tam gdzie myśli snują własne tchnienie
Pytanie ile jest światów w próżni.

Czy istnieje tam inna rzeczywistość

Gdzie myśli tańczą w świecie bez granic
Czy może to tylko mistyczne marzenia
W umysłach ludzkich w języka transie.

Czy tam gdzie brak jest nawet światła
Światy są w innej materii skryte
Może tam życie tka w nieznanym tonie
I kwiaty kształtują nowe piękno.

Czy w próżni tęsknią samotne dusze
Szukając sensu w bezmiarze istnienia
Ile jest światów gdzie sny się spełniają
A myśląc o nich dusze wzlatują.

W próżni ukryta jest moc tajemnic
Gdzie nicość nie jest bez sensu bramą
Ile jest światów w bezmiarze próżni
Czy kiedykolwiek poznamy tę tajemnicę.

Jak powstaje życie

Od czego zależy moja przyszłość
Od słońca wschodu co wita rano
Z nadzieją wchodzimy w nowy dzień
By znaleźć w sobie przyszłość nieznaną.

Od marzeń sennych co wiodą mocą
Przez ciche ścieżki ku jutru wodzą
Od śmiałych planów co w głowie drzemią
Gdy nowe drogi przed sobą tchną ziemią.

Od pracy rąk co w trudzie się składają
Kamień po kamieniu losy układają
Od bicia serca która rytm wyznacza
Gdzie wiara w siebie granice oznacza.

Od przyjaźni i ciepła co duszę grzeje
W chwilach zwątpienia otuchę sieje
Od miłości co sens nadaje chwili
Gdy bliskość drugiej połowy ku nam chyli.

Od drobnych wyborów które czynimy
Które przyszłości nasze kreują cicho
Od losu zrządzeń co w tle czekają
I przyszłości klucze w ręce wkładają.

Od odważnych kroków co torują szlaki
Przez burze i mgły gdy nadzieję snują
Od pasji płomienia co w sercu płonie
Przyszłość nasza zależy w każdej życia stronie.

Taniec uszlachetnia

W blasku księżyca nocy
Taniec jaśnieje blaskiem uroku
Dusza tańczy w rytm muzyki
Z radością spełnieniem dotyku.

Kroki lekkie jak skrzydła w locie
Ku gwiazdom w górę się wznoszą
Światła lśniące na snu skrzydłach
W tańcu złoconym migocą.

Taniec duszę uszlachetnia
W tajemnicy serca miłości
W kręgu tańca w pulsie życia
Ciało i umysł do jedności.

W przestrzeni wzruszeń i emocji
W rytuale sens swój odnajduje

Słowa milkną gesty mówią
Odnajdują w tańcu miejsce.

Taniec duszę uświęca
W ruchu harmonii zmysłowym dziele
Muzyka gra i gwiazdy świecą
Taniec czyni duszę niepowtarzalną.

Świat po trzeciej wojnie światowej

Świat po trzeciej wojnie światowej zmęczony i smutny
Wojna zniszczyła wszystko co było piękne
Miasta leżą w gruzach serca w żałobie toną
Rozpacz i cierpienie ogarnęło świat cały.

Ludzie błąkają się po opustoszałych ulicach
Szukając nadziei w ruinach
Niebo zasnute pyłem atomowym
A czas płynie ociężale jakby zapomniał o zegarze.

Trzecia wojna światowa tak wiele żyć wzięła
Wojna atomowa bezlitosna i okrutna
Ludzkość stanęła na krawędzi rozpaczy
Ale z popiołów rodzi się nadzieja.

Świat po wojnie to nie tylko ruiny i cierpienie
To szansa na początek nowego i przebaczenie
To jest lekcja na przyszłość aby pokój strzec
Bo tylko w jedności tkwi nasza siła przetrwania.

Jak ułożyć życie

Wędrujemy w czasie i przestrzeni
Szukając szczęścia sensu przeznaczenia
Wizje marzeń cele wyznaczamy

By iść zdecydowaną drogą spełnienia.

Umiarkowanie harmonia w sercach
To są klucze do spokoju i szczęścia
Zakorzenić się w tym co jest ważne
By zawirowania losu nie były straszne.

Niech serce będzie do drogi kompasem
Roztaczając światło w mroku nocy
Zdobywać mądrość doświadczenia zbierać
By życia labiryntów nie bać się przerwać.

Wartości trwałe miłość i dobroć
To fundamenty pod nasze domy
Niech praca pasja i twórczość kwitnie
A marzenia niech wciąż z nieba korzystają.

Jak ułożyć sobie życie - pytanie tak wielkie
A odpowiedzi ukryte w nas samych
Mamy w sobie wiarę i idziemy naprzód
A życie się wypełni spełnieniem w cud.

Nagrodzeni do życia

W dniach gdy los składa na stole
By przeznaczenie zawiązać w węzły
Los nas przyciągnął ku łunie światła
Nagrodzeni do życia w krainie snów.

Przez burze i słoneczny blask
Ramię w ramię krok w krok
Serca nasze biją w takt marzeń
Nagrodzeni do życia pięknego tańca.

Przechodzimy przez cienie i krainę mroku

Wspierając się wzajemnie z nadzieją w sercach
Bo w naszych dłoniach spoczywa dar życia
Nagrodzeni do życia przez łaskę czasu.

Niechaj nam gwiazdy świecą na niebie
Niech spełniają się nam wszystkie marzenia
Bo jesteśmy nagrodzeni do życia
W krainie gdzie są cudowne chwile.

Bywa tak

Bywa tak czasem - żyć się nie chce
W sercu ból i duma mdleje
Jak mgła gęsta cienie smutku
Nadziei zasłania szelest.

Serce tonie w nocnej ciszy
Droga wydaje się niekończąca
Wiatr szepcze bezsensowne słowa
A życia barwa zanika.

W ciemnościach sen króluje
Iskry nadziei ciągle płoną
Światło jarzy wśród mroku
W sercu tkwi siła do walki kroków.

To nic że dni są często mroczne
A życia brzemię bywa zbyt mocne
Pamiętajmy że nadzieja jest zawsze
By odbudować marzenia łaskawsze.

Obłędny taniec

W kieliszku taniec mgielny powstaje
Wino tańczy dzikim pląsem

Pijany cień w seansie sennym
W kręgu zawiei rwącym głosem.

Radości szklana ciągu nałogu
W kroplach złotych jest zaklęciem
W wirze pijanego czasu
Tańczących sylabami hałasu.

Plączące się słowa stóp wygiętych
Pijane zwroty o nocnym mroku
Na ustach sepleń smaku rozpusty
W głowie zawroty śmiech szału pusty.

Tajemnic zatopionych w szklanej butelce
We śnie pijanym wiatrem w oparach
Winem obrazy namalowane
Koślawa radość jak sęp w konarach.

Nowe czasy

Nowe czasy nadchodzą już dziś
A zmiany na każdym kroku widać
Czy lepsze czy gorsze nie wiemy
Czekamy na łaskawsze nie srogie dni.

W kręgach czasu daleko w przestrzeni
Wspomnienia stare i mgliste
Czy z przeszłością w sercach zaczynamy
Mnóstwo pytań czy los jest z nami.

Czy trudności na szczyt nas wyniosą
Czy marzenia się spełnią czy też nie
W nowych czasach tkwi tajemnica wieków
Czy mrok za progiem czy świt zbliża się.

Nowe czasy nadchodzą w marzeniach
W sercach płonie niezniszczalny ogień
Światło ciemności jaśnieje w wyobraźni
Wraz z nadzieją która nigdy nie zagaśnie.

69

W Dniu 69 Rocznicy Urodzin
Dziadek Staś Pysek przeżywa radość wielką
Dziękuję wszystkim z serca głęboko
Za życzenia i uśmiechy w dniu tak uroczystym.

Życie przemija jak rzeka płynąca w dal
A miłość rodzinna to największy skarb
Dziękuje za każdą chwilę spędzoną w gronie rodzinnym
Za to że jesteście kochani ze mną.

Słowa otuchy jak promienie wiosennego słońca
Rozgrzewają serca dają siłę
Dziękuję wszystkim za miłość i wsparcie
Za każdy gest za każde miłe słowo.

Codzienność

W ciszy świtu dzień się budzi
Normalność krok za krokiem płynie
Słońce wstaje ożywia ziemię
W codzienności magię maluje.

Codzienność zwykła lecz pełna uroku
Normalność tkwi w małych rzeczach
Uśmiechy na twarzach drobne gesty wokół
Wszystko to w życiu ma sens głęboko.

Czasem zmienia się radość w smutek

Normalność dnia w zawieruchę wpada
Nie zawsze zgodna z praktyką teoria
A każdy dzień to nowa historia.

Tak płynie życie dzień po dniu
W rytm pieśni codzienności chwili
A każdy dzień przynosi coś pięknego
Normalność dnia w szczęściu tkwi.

Ludzkość się kończy

Światło gaśnie mrok obejmuje ziemię
Smutek i trwoga w dni wkracza cisza
Kiedyś brzmiał śmiech dzisiaj tylko cień
Nadzieja ginie ludzkość się kończy.

Ludzie w miastach jak mrówki w kopcach
Szukają ratunku lecz w próżni tkwią
Krzyczą w mroku lecz echo milknie
Ludzkość się kończy miłość marnieje.

Matka ziemia już wyczerpana
Oddech jest ciężki brak tchu i siły
Gdzie kiedyś zieleń - dziś kurz pustynny
Ludzkość się kończy nadzieje gasną.

Technologia co miała zbawić świat
Wznosi mury przepaście tworzy
Świat się kurczy zatacza kręgi
Ludzkość się kończy w płaczu i smutku.

Szukajmy drogi by los odwrócić
Czy z popiołów powstanie nowa era
Ludzkość się kończy ale w nas jest głos
By z iskry nadziei rozpalić nowy ogień.

Święta Wielkanocne

Wiatr niesie zapach kwiatów
Wiosna budzi się ze snu
W sercach ludzkich promienie nadziei
Święta Wielkanocne tuż tuż.

Barwne pisanki na stołach
Białe kurczaczki w koszyczkach
Dźwięk dzwonków słychać donośnie
Radość w naszych sercach rośnie.

Wzajemne życzenia piękne
Uśmiechy na twarzach pełnych blasku
Dla tych co w daleką drogę ruszą
Spotkać się z przyjazną duszą.

Alleluja zabrzmi w kościołach
Odpowiedź na echo w lesie
Zmartwychwstanie radość nam niesie
Dla wszystkich dla ciebie dla siebie.

Niechaj miłość pokój i zrozumienie
W sercach i na stołach zagości
Niechaj Wielkanocna magia
Przyniesie nam wiele radości.

Święta Wielkanocne czas nadziei
Zmartwychwstanie życia duma
Niech trwa w naszej pamięci
Ta świąteczna uroczysta suma.

Jak udowodnić

Jak udowodnić że życie ma sens
W gestach i codziennych uczynkach
Że w prostocie i uśmiechach
Kryje się prawda uczciwa.

Jak udowodnię że w ciszy nocy
Słyszę melodię co koi duszę
Że w każdej chwili i każdym kroku
Szukam harmonii co serce wzrusza.

Jak udowodnię że w moim sercu
Drzemie tęsknota za dniem słonecznym
Gdy deszcz za oknem składa hymn
A chmury ciężkie zakrywają tęczę.

Jak udowodnię że płomień marzeń
Płonie wewnętrznie choć gaszą go troski
Że mimo przeciwności idę przed siebie
Szukając światła w nocy ciemności.

Nie muszę dowodzić i tłumaczyć
Czyny mówią głośniej niż słowa
Wystarczy marzyć kochać i trwać
By szczęście mogło się spełnić od nowa.

Los pisze nam życie

Los pisze nam życie dzień po dniu
Porankiem się zaczyna a nocą kończy
Wplata nam w serca emocji wachlarze
Nadzieje radości i smutki w darze.

Nie wiemy co nas czeka za następną stroną

Czy światło poranka czy mroki wieczoru
Czy proste ścieżki czy może zakręty
To los nas prowadzi ciągle nieugięty.

Wskazówki zegarów czasu nici przędą
W rękach jest pióro co kręgi zatacza
Raz miękko jak jedwab raz twardo jak stal
Czas tka nasze losy jak Bóg swoje dzieła.

W tych liniach niepewnych co w nas się krzyżują
Ukryta jest magia co walczy z ciemnością
To los pisze nam życie my jesteśmy jego echem
Światłem i cieniem we wiecznym oddechu.

Nie pytaj o jutro nie żałuj za wczoraj
Żyj chwilą obecną jakby wieczność trwała
Los nam pisze życie my kreślimy sny
W tej księdze bez końca gdzie jesteśmy my.

Cieszmy się życiem

Życie to chwile pełne tajemnic
Wspomnień z przeszłości marzeń o przyszłości
Chwytajmy je mocno nie pozwólmy im umknąć
A nasze serca są pełne radości.

Życie jest chwilą co w oka mgnieniu
W blasku i mroku sieje uroki
Jak iskry wśród popiołów rozżarzone
Trwa krótko jest wiecznie wymarzone.

Cieszmy się słońcem co rankiem wstaje
Kochajmy deszcze co ziemię chłodzą
Każdy dzień jest nowym cudem
Każdy krok odwagą i niemałym trudem.

W niezmiennym rytmie dzień za dniem płynie
Ślad zostawiając w duszy i bycie
Radość i smutek bywa że trwoga
A wszystkie ścieżki prowadzą do Boga.

Życie przemija jak sny ulotne
W sercach wspomnienia cienie samotne
Chwytajmy zatem każdą sekundę
Życie jest chwilą w której się budzę.

Na co czekamy

Na co czekamy w życia biegu
Dni przemijają jak wiatr we mgle
Czy czekamy na znak z nieba
Byśmy odkryli własne przeznaczenie.

Czy czekamy na jutro które nie nadejdzie
Czy na sen co nigdy się nie spełni
Może na miłość by nas ogarnęła
Może na chwilę która zbliży serca.

Czekamy na czas co ucieka
Na miłość co serca oświetla blaskiem
Czekamy na chwilę by ją zatrzymać
Na słowa co w duszy grają.

Czekamy na czas i lepszy dzień
Na ciepło na nowe szanse na drogę
Na sens życia by się spełnił
Na coś czego się nie spodziewamy.

Czekamy na spełnienie na sens na cel
Na to co nam przyniesie szczęście

Czas płynie a czekanie trwa
Życie jest niespodzianką nieugięta gra.

Zwyczajne dyrdymały

Wśród szumu miasta i gwarów ulicznych
Gdzie życie biegnie czas leniwie płynie
Pewne są rzeczy które wiecznie trwają
Jak szmery liści w lesie i nurt życia cichy.

To są życiowe dyrdymały codzienności
Jak szmery rozmów w knajpie pod oknem
Jak kochanków szepty w parku o zmierzchu
Jak śmiech dzieci bawiących się na podwórku.

Nasze życie tkwi w małych detalach
W codziennych radościach i drobnych gestach
W słowach przelatujących bezszelestnie
A jednak pozostawiających ślady w pamięci.

Ot takie zwyczajne dyrdymały życia
Kryjące w sobie piękno i magię
Bo w nich tkwi istota naszej egzystencji
W tych drobnych i niepozornych zdarzeniach.

Z nastaniem świtu

Z nastaniem świtu dnia codzienności
W myślach szukamy radości
Pozbywamy się smutku i złości
Otwieramy serca na miłości.

Witamy jasne promienie słońca
Z każdą piękną chwilą
Pomimo deszczu powiewu wiatru

To w sercach wielka radość płonie.

Przeszkody to są tylko lekcje
Nie bójmy się powtarzać sobie
W trudnych chwilach znajdujemy moce
A najważniejszy w życiu jest spokój.

Nie ma ciemności co trwa wiecznie
Nie ma bólu co nie mija
Z wiarą w sercu idziemy
Mamy myśli pozytywne.

Wiara

Jak wytłumaczyć wiarę co w sercach się tli
W promieniach nadziei w mrokach nocy śni
Jak uchwycić jej istotę i promienny blask
Który w każdym dniu rozprasza wszelki strach.

Wiara jest oddechem co serca wypełnia
Czucie jest czymś więcej co życie ocienia
Wiara nie jest nauką co w księgach się kryje
Ani słowami mędrców co prawdą żyją żywie.

Wiara to małe kroki codzienne niepewne
To zaufanie w to co niewidzialne co pewne
To dłonie wyciągnięte do drugiego człowieka
To ciepło w sercu co ciemności się odnawia.

Wiara jest mostem łączącym z nieskończonością
To światło co w mroku staje się wiecznością
To cicha pieśń co sercach gra
To odpowiedź na pytanie po co żyć jak trwać.

Wiara to ręce wyciągnięte do Boga

Jest mocą zaufaniem że Bóg czuwa
Jest kroplą miłości w oceanie niewiedzy
To pewność że mimo wszystko ktoś nas prowadzi.

Wiary nie wytłumaczymy jak się tłumaczy księgi
To tajemnica co się w sercach mieści
To światło w mroku to spokój w burzy
Wiara co zawsze do prawdy nas zbliży.

Po co jestem

W ciszy poranka gdy słońce wstaje
Zadaję pytanie co serce rozgrzewa
Po co jestem co los mi daje
Jakie tajemnice w życiu skrywa.

Czy jestem tu po to by podziwiać gwiazdy
I w nocnym niebie szukać inspiracji
Czy po to by w trudnych chwilach
Odnaleźć w sobie siły i determinację.

Czy jestem by miłość rozdawać wokół
I w sercach innych ciepło wzniecać
Czy może by w ciszy kontemplować
Sens życia co wciąż umyka z daleka.

Czy moje istnienie ma cel ukryty
Który zrozumiem w czasie właściwym
Czy może to chwile ulotne
Tworzące razem życie niepowtarzalne.

Czy jestem po to by szukać i błądzić
By ścieżki życia nieznane przemierzać
I w każdym kroku nową prawdę odnajdywać
A w prostych rzeczach wielkość dostrzegać.

Po co jestem może po to bym pytał
I nieustannie szukał odpowiedzi
A w każdym momencie cieszył się istnieniem
By w tajemnicy życia trwać nieprzerwanie.

Nudne życie

W życiu bywają dni monotonne
W sercu znika barwa a głos się gubi
Bezbarwna rutyna owija nas we mgle
Nuda wdziera się cicho jak cień.

Czemu często życie staje się szare
A radość topnieje jak słoneczna strona
W brzemiennych chwilach kiedy dusza marzy
Nuda się czai żeby się adoptować.

W ciszy i spokoju gdy zmierzch się budzi
Myśli płyną leniwie jak rzeka
Marzenia więdną jak kwiaty bez wody
W miękkości letargu uśpione sny.

Jednak w tej nudzie ukryty jest sekret
Bywa że z cienia narodzi się nowe
W ciszy spokoju dusza odnajduje
Że życie nie zawsze jest czym się wydaje.

W nudzie ukryta jest siła tworzenia
W ciszy rozbrzmiewa pomysłów melodia
Gdy monotonia pogrąża siłę
Wtedy się budzą nowe nadzieje.

Życie czasem nudne ma swoje przeznaczenie
W ciszy ukryte są nowe aspiracje

Tak więc nuda jest darem
Bo w niej mogą czekać nowe sensacje.

Wszystko mi jedno

Wszystko mi jedno co się stanie ze mną
Gdy tylko serce me odczuwa spokój
Niech los wiatru kapryśnego nie wadzi
Gdy dźwięczny śmiech a niechęć znika z oczu.

Niech burze szaleją i leją deszcze
Będę stał nieugięty jak skała
Bo w głębi duszy mojego spokojnego domu
Jest moc pokory i siła mojego kroku.

Niech życie płata figle kręci się wokół
Ja trwam spokojnie niczym świata stożek
Wszystko mi jedno co się stanie ze mną
Niczego nie żałuję bo mam w sercu spokój.

Mercer County Park

W Mercer County Parku w uroczych zieleniach
Znajdujemy szczęście które dusze zmienia
Drzewa wysokie rozłożyste słońcem prześwietlone
Ścieżki wśród kwiatów troski zapomniane.

Wietrzyk delikatnie powiewa ptaków cudne śpiewy
Staw wodny lśni w blasku słońca spokój niezachwiany
Ławeczki w drzew cieniach skrywane wśród liści
Czekają na wszystkich co szukają ciszy.

Pagórki i doliny łąki i polany
Każdy zakątek parku kwieciem obsypany
Kroki stąpają miękko po krętych ścieżkach

Czas płynie mile w parkowych godzinach.

Kwiaty rozkwitają w barwach kolorowych tonów
Zachód słońca niczym bajka powieściowych tomów
Tutaj w Mercer County Parku gdzie natura święci
Każda chwila cieszy zostaje w pamięci.

Otwieramy serca chłonąc piękno w chwilach
Wszystkie świata troski w miejscu się rozpyla
W Mercer County Parku pośród głębi ciszy
Znajdujemy szczęście w sercach naszych myśli.

Ścieżki wśród drzew prowadzą ku ciszy
Tutaj śmiech dzieci echem odbija się ochoczo
Przy piknikowych stołach czas płynie niespiesznie
Rodziny i przyjaciele tutaj się jednoczą.

Każda chwila spędzona ma swoje uroki
Momenty ciche pełne magii w myśleniu wierne
W Mercer County Parku godziny ciekawe
To skarby serca wspomnienia bezcenne.

Gdy znowu powracam do miejskiego zgiełku
Wspomnienia wypoczynku ukojenie przynoszą
Bo piękne chwile w Mercer County Parku
Jak gwiazdy na niebie rozjaśniają duszę.

Sieć obiecanek

O świcie dnia gdy słońce wstaje
Wiatr rozsiewa obiecanki
Na polach myśli marzeń
Lecz prawda cieniem krąży.

Głupiec wplątany w sieci obiecanek

Pędzi we mgle co w dal odchodzi
W sercu jego radość jak ptak bez skrzydeł
Zawieszona na pustych słowach.

Obiecanki to cacanki szeptane słowa
Które rozpadają się w chmurze
A głupiec w ich objęciach spojrzeniem
Snuje się między światłem a cieniem.

Radość głupiego kroplą wody
Krótkotrwała ulotna chwila
Bo prawda czeka nieuchronna
Głupiec błąka się po niej bezsilny.

Natura i człowiek

Wśród drzew wiatr swój głos wznosi
Natura Matka w potędze rozkwita
W promieniach słońca ziemia się cieszy
Człowiek w naturze w pokoleniach śpieszy.

Góry lasy rzeki tętnią życiem
Stworzenia w świetle harmonię tworzą
W nocy ciszy szept natury niesie
I gwiazdy nad głowami migocą.

Człowiek istota zdolna do tworzenia
Wędruję drogą przez pola i lasy
Dłonie do pracy składa na ziemi
By z nią zachować zgodę w harmonii.

Lecz czasem człowiek dążąc do potęgi
W mieście tętniącym życiem betony funduje
Niszcząc naturę sam siebie rani
Zapomina że bez natury nic nie zbuduje.

Natura i człowiek dwa światy splecione
W dialogu trwale wiecznej podróży
Historia ta niech trwa wiecznie
W jedności jest nasze istnienie.

Odejście

Kiedyś mi przyjdzie odejść do innego świata
Tam gdzie czas nie liczy się już
Powędrować w nieznane przestrzenie
Pożegnać ziemię - powitać przeznaczenie.

Wzrokiem obejmuję barwy zachodu słońca
Słucham szmeru wiatru dalekiego
Światło w moich oczach nagle gaśnie
Odchodzę - i nie wiem dlaczego.

W pamięci ziemskiej zostaną ślady
Zrzucę kajdany i będę wolny
Odejście to nie koniec tylko zmiana stanu
Podziękuję światu powitam nieznane.

Pamiętajcie o mnie i naszej przyjaźni
We wspomnieniach i miłości sercem
Cisza mnie otoczy jak ostatnie wiersze
Odejście - znaczy w inne życie przejście.

Czas

Czas jest zegarem co wciąż bije
Bez przerwy w rytmie życia trwa
Przeszłość przyszłość teraźniejszość
W jego dłoniach jest cały świat.

Nasz czas jest bezcennym skarbem
Klejnot każdej naszej chwili
Niezmienny i nieubłagany
Wciąż w nas trwa choćbyśmy śnili.

Czas to mistrz co leczy rany
Jest mędrcem co tajemnice odkrywa
To towarzysz co kroki nam mierzy
Od czasu istnienie zależy.

Więc cieszmy się każdą chwilą
Choć nieustannie płynie w dal
A każdy moment jest nadzieją
Że można zacząć jeszcze raz.

Piękny czerwiec

Piękny czerwiec czas radosny
Kwitną sady pola łąki
Złote słońce dni upalne
Świat w kolorach idealnie.

Wiosna okryła ziemię zielenią
Trawa wiatrem się kołysze
W cieniu drzew odpoczywamy
W letnim cieple się zanurzamy.

Piękno czerwca tkwi w prostocie
W blasku słońca kroplach rosy
W szumie liści dzieci śmiechu
W sercach i codziennym szczęściu.

Czerwiec piękny miesiąc lata
Radość wszędzie cud natury
Niech ten czas w urocze trwanie

Na zawsze w pamięci nam pozostanie.

Wolny człowiek

Wolny człowiek w XXI wieku
Myślami otwarty na świat
Wolności słowa i informacji
Wyzwań dokonań i koncentracji.

Ogromny postęp w kierunku wiedzy
W dłoniach smartfony wolność wyboru
Łączenie z ludźmi coraz prościejsze
Podróżowanie dużo łatwiejsze.

Myśli swobodne widziane w kolorze
Wolność osobista jak ptak w ogrodzie
A każdy pogląd ma swoje szlaki
To są prawdziwej wolności znaki.

Serca każdego wolność jest prawem
Bezpieczna przystań podanie dłoni
Rozświetla przyszłość gdy mrok zapada
W prawdzie sumieniu zgodzie zasadach.

Życie budowlą na własnych myślach
Wolnością w sercach prawdziwe znane
W królestwie zasad wolności żywej
Życie jest proste i sprawiedliwe.

Biedak ulicy

Uliczna rzeczywistość tragiczny poemat
Na ulicy żebrak chory i samotny
Z bólem w sercu w oczach zatarte obrazy
Losem ukarany głodny bezrobotny.

Biedak na ulicy bezdomny i smutny
Pod gołym niebem o głodzie i chłodzie
W szarym płaszczu z dziurami ręce zmarzłe
Życie bez ciepła marzenia umarłe.

Na bruku twardym oblany cierpieniem
Z sercem bijącym w rytm brzęków ulicy
Oczy zapadnięte szarością nocy
Na ulicy skamle i wyciąga ręce.

Czasem przechodnie rzucą jakieś grosze
Na twarzy żebraka łzy kropliste płyną
Westchnienia ciche spojrzenia miłe
Smutna rzeczywistość niczyją winą.

Żebrak pod mostem śpi na zimnie
Bezdomny samotny w mroku nocy
Wzrok w dal utkwiony a serce bije
Świat o nim zapomniał to cud że żyje.

Nie bądź obojętny jeśli go spotkasz
To też jest człowiek i nie tylko cień
W każdym istnieniu trwa duchowe życie
Trudno zapomnieć a tak już jest.

Codzienność

Życie to są chwile ulotne jak wiatr
Minuty godziny nasz codzienny świat
W migawkach chwili przeżywamy świt
Każda z nich to skarb niczym senne dni.

Chwile szczęścia radości w pełnym blasku
Gdy serce bije mocniej o porannym brzasku

Spotkania uśmiechy radości i miłości
Tworzą piękno i szanse dobroci wolności.

Bywają chwile smutne cierpienie i łzy wylane
Które dodają siły pełne zrozumienie
W trudach i bólu rodzi się nasza moc
By przetrwać nawałnice by zajaśniał nowy wschód.

Każda chwila dana jest lekcją i darem losu
Bywa że świetlista czasem pełna mroku
Wszystkie dane nam chwile tworzą życie całe
W nich tkwią przyszłości marzenia niemałe.

Chęci

Mam chęci by życie rozumieć
Tajemnic świata dotykać wolności
By dusze w wietrze zasłuchać
A w gwiazdach odczytać przyszłości.

Mam chęci zatrzymać chmury
Marzenia rozwijać na jawie
By w oceanie się skrywać
I śnić w nieznanej sprawie.

Mam chęci by góry przenosić
By wiatrem się stać i morzem
By słońce w dłoniach unosić
Być nocą dniem i zachodem.

Mam chęci na zawsze być sobą
By w nocy stać się światłem
A dniem być w każdym blasku
Z nadzieją w sercu na zawsze.

Mam chęci żyć pełnią życia
Płakać z radości nie z bólu
I śpiewać jak słońce wschodzi
A każdą chwilę czuć jak sen.

Mam chęci by kochać bez granic
By serce w dłoniach podawać
By biegać po łące rankiem
I wieczność w chwili odnaleźć.

Światło mądrości

Mądrość jest skarbem i wiarą błyszczy
Jest światłem myśli rozprasza ciemności
Ukryta w księgach doświadczeniem wierna
Zakorzeniona w duszy prosta nieśmiertelna.

W mądrym słownictwie tkwi niezwykła siła
Mocą wyrażeń niezwykłością błyska
Słowa potrafią budować mosty
A także niszczyć ludzkie siedliska.

Mądrość przenigdy nie dotyczy wieku
Jest bezczasowa wieczności odcieniem
W spojrzeniu starca w dziecku iskierka
Mądrość jest podróżą zapisaną w księgach.

Zrozumieć życie w pełni jest niemożnością
Ważyć ideały zmierzając ku niebu
Nie we wszystkich słowach lecz w czynach ukryta
Mądrość - to droga niezwykle zaszczytna.

W umysłach głębi mądrość się rozwija
Jak perła muszli światłem jasnym świeci
Naturę szeptem mądrością napełnia

W sercu żywej istoty szczęśliwości spełnia.

Czego mi żal

Czego mi tak naprawdę żal
Gdy cofam się do przeszłości
W sercu wspomnienia fala za falą
Że czas mój minął jak sen.

Żal mi słów niewypowiedzianych
I chwil które zostały zmarnowane
Marzeń zaplątanych w sieciach snów
Zagubionych w mrokach jak w deszczu łzy.

Żal mi tęsknoty co cicho drży w sercu
Za miłością co dawno zgasła
Za dniem co minął bezpowrotnie
Za nadzieją co rozpłynęła się we mgle.

Czego mi żal tak naprawdę
Że życie ulatuje jak wiatr
A czasu nie da się zatrzymać
Ale w sercu pozostaje tęsknota.

Życie jest darem

Życie jest wędrówką niepojętą
Jest nagrodą czy może karą ciężką
Wśród radości smutku i łez
Szukamy sensu i tak już jest.

W blasku poranka słońca zachodu
Czytamy znaki szukamy urodę
Bywa że w ciszy w pustce bez dna
Pytam czy warto czy jest sens trwać.

Czy życie jest darem niepowtarzalnym
To pytanie w naszych umysłach trwa
Czasem jak gwiazda świeci nadzieją
A czasem jak burza niesie szare tła.

Lecz mimo trosk wątpliwości i znoju
Życie jest darem cennym w dążeniach
W nim odkrywamy prawdę istnienia
Siłę odwagę miłość i marzenia.

A więc wędrujmy pewnie i śmiało
Bo życie jest niezwykłą przygodą
Nagrodą i koniecznością jednocześnie
I wartością godną szacunku.

Starość i co dalej

Starość nadchodzi czas przemija
Droga życia prowadzi niczym fale
Zmęczone ciało wojna duchowa
Pytanie brzmi - co dalej?

Czy czeka nas jeszcze piękniejszy dzień
Czy tylko mgła i cień
Czy warto wierzyć nadal w życia sens
Czy siwe włosy i schyłku dzień.

Ale w sercach ogień płonie
Marzenia mimo zmarszczek żyją
Chociaż czasem jak piasek pod palcami
Nadzieja jeszcze w sercu się budzi.

Bo życie to nie tylko młodość
To starość doświadczenie i czas

W każdej chwili kryje się radość
Jeśli tylko mamy ją.

Niech więc starość nie będzie końcem
A nowym życiowym rozdziałem
Nadzieją mądrością spokojem
Bo każdy wiek jest urokiem.

Niedziela na wesoło

Witamy w niedzielę w spokoju i ciszy
W poranku wolnym bez zegarków tykania
Czas płynie wolniej w rytmie serc naszych
Promienie słońca tańczą na ścianach.

Piękna pogoda spacery w parku
Dzieci się śmieją zieleń zachwyca
Rozmowy miłe przy stołach płyną
Coraz weselej z każdą godziną.

Witamy w niedzielę w dniu pełnym uroku
Czas na refleksję na bycie tu i teraz
Każda chwila ma swój smak swój koloryt
Witamy w niedzielę niech trwa jak najdłużej.

Upadek Babilonu

Kraina Babilonu miasto potężne
Nad doliną góruje blaskiem zwycięstwa
Wieżowe iglice ku niemu wzlatujące
Wszelkie ludzkie marzenia przekraczające.

Wśród labiryntu ulic tętniącego życia
Wzloty i upadki w historii ukryte
Bogactwo i moc w murach potęgi

Babilon dumy moce niezdobyte.

Za zbrodnie i pychę w niemałym rozmiarze
Babilon płaci cenę upadł w chaosie
Narody wokół zgromadzone w gniewie
Zadecydowały o imperium losie.

Wód potop się wylał jak gniew boży niebios
Miasto runęło w pył jak słup soli z kamienia
Wież wzniesionych z pychy nie zachwyciły Boga
Bo pokora i miłość to wieczności droga.

Tak los niełaskawy zazdrosny i kruchy
Nad miastem zawisł jak miecz ostry
Zdrada i grzech w murach zaklęte
Upadek Babilonu jak fatum przeklęte.

Złoto i srebro jak piasek na rękach
Znikają jak sen niczym cień na płótnie
Wielkie dzieła rąk ludzkich w popiołach giną
Babilon z upadkiem historii przyczyną.

Wieki przeminęły a opowieść trwa
O miastach dumnych w proch obróconych
Jest lekcją dla ludzi co pychą się kuszą
Upadek Babilonu ostrzeżeniem niemocy.

Zbawienie nie w marmurze nie w złocie czy sile
Lecz w sercu co kocha w prawdzie co nie zwiedzie
Upadek Babilonu nauką przypomina
Że mocą jest pokora nie pycha.

Kto to jest człowiek

Człowiek jest istotą pełną sprzeczności
W sercu ma radość w umyśle ciemności
Kroczący ścieżką między światłem i mrokiem
Z nadzieją na lepsze jutro mimo niepokoju.

Człowiek to miłość szczęście i ból
Ślady cierpienia nosi w swoich oczach
W sercu ogień co namiętnie płonie
W rękach siła co kształtuje przeznaczenie.

Człowiek to pytanie bez odpowiedzi
Wieczny wędrowiec poszukujący sensu
W labiryncie życia gubi ślady siebie
Lecz zawsze pragnie znaleźć swoją drogę.

Człowiek jest opowieścią nigdy nie kończącą
Zapisaną w czasie w pieśni wszechświata
Każdy rozdział to życie i nadzieja
Odpowiedzi nie ma kim jest człowiek naprawdę.

Uroki czarnej nocy

W ciszy nocnej ukryte są tajemnice
Gwiazdy migocą jak żywe klejnoty
Księżyc blaskiem rozświetla ciemności
W serca ludzi wlewa spokój i tęsknoty.

Noc czarna otula świat cały
Nadzieją promieniuje w każdej gwiazdce droga
Magia w nocy krąży pełna czarów
Szeptem wiatru niesie tajemnice w mroku.

W ciszy mgielnej muzyka rozbrzmiewa

Dźwięki szeptów wchłaniają cienie i mrok
W sercach ludzi budzi marzeń poetyka
W czarnej nocy życie pulsuje krok w krok.

Zmierzch w ciszy zniknął gwiazdy świecą mocno
Urok czarnej nocy pozostaje w snach
Światłem księżyca jasno oświetlony
W czarnej nocy jest ukryty nasz duchowy dom.

Polityczne absurdy

W krainie gdzie słowa gubią się jak w dżungli
Polityka tańczy we mgle
Obietnic pełne kosze prawdy puste skrzynie
Każdy dzień nowy to stary błąd.

Gdzie prawda jak woda przemyka cicho
Kłamstwa jak skały ciężkie i twarde
Kręte ścieżki w labiryncie niezgody
Władzę dzierży ten co najwięcej kłamie.

Spory jak ognie palą mosty
W czarnych garniturach fałsz się stroi
Obietnice złote życie szare
Nadzieja w oczach ludzi blaknie.

Gdzie słowo uczciwość brzmi jak kpina
A służba to pusty wyświechtany frazes
Ludzie w kolejce stoją do nikąd
Czekając na jutro co nie przychodzi.

Absurd za absurdem maski spadają
A jednak tłumy ślepo podążają
Za władcą co w lustro nie spogląda
Bo tam prawdę ujrzy co go przeraża.

Drogi życia

Życie jest drogą niezwykle krętą
Każdy krok nas z wiatrem gna
Nieznane ścieżki wciąż przed nami
Wyzwanie co co sercu trwa.

Jesteśmy wędrowcami w czasie i przestrzeni
Zostawiamy za sobą liczne ślady
Odnajdujemy miłość nadzieję i marzenia
Na niekończącej drodze życzenia.

Idziemy z czasem płynącym
Na każdym zakręcie z nadzieją
Radości i trudności w tym tańcu
Życie to droga która się nie znudzi.

Bywa że piasek zgrzyta pod stopami
Nie traćmy wiary nie jesteśmy sami
To jest jedyna droga dla nas wybrana
To nasze życie opowieść nieznana.

Nic

Nic to coś więcej niż brak to oznaka pustki
Myśli się gubią w głębokiej próżni
Nic to cisza która w sercach rozbrzmiewa
Tworząc moc co w nieskończoność się wlewa.

Czy to tylko puste miejsce między znakami
Czy może więcej co w nas ukryte
Nic nie znaczy ale posiada moc
Co budzi marzenia i coś niezdobyte.

W słowie Nic tkwi siła stworzenia i zgorszenie
To początek i koniec i wieczność chwili
Bo to co czasem jest niczym jest doceniane
Życie i śmierć i cały świat zostaje ożywiony.

W Nic tkwi całe nasze bogactwo
Nieskończoność możliwości co w duszy drzemie
Nic to nie brak ale początek drogi
Który prowadzi nas ku nieznanej przyszłości.

Niepokoje życiowe

W naszym życiu jest wiele niespodzianek
Trudne dni bardzo często nadchodzą
Lecz w sercach i spokoju są tajemne siły
By unikać szaleństwa co burzom towarzyszy.

Spróbujmy poznać siebie i swoje granice
By nie być gonionym przez wiatry
Akceptujemy to czego nie można już zmienić
A spokój wewnętrzny przetrwa każdy test.

Otaczajmy się ludźmi dobrymi i mądrymi
Którzy w burzy staną u naszego boku
Ich wsparcie i mądrość to latarnia w mroku
Oświetlają drogę gdy trudności wokół.

Dbamy o równowagę i harmonię
W ciele umyśle i duchu
Zdrowy umysł i ciało to tarcza przed burzą
A siła duchowa przyniesie nam spokój.

Wiosna i co dalej

Wiosna niesie nadzieję i radość

Przez zielone lasy i kwitnące sady
Śmiech dzieci rozbrzmiewa w powietrzu
Na wiosnę serca biją mocniej.

Wiosna błyszczy w słońcu
Deszcze spadają na ziemię
Ptaki śpiewają wesoło
A kwiaty rozkwitają na polach.

Wiosną dusza się budzi
Światłem słonecznych promieni
Deszcze nowego życia przynoszą
Nadzieją serca napełniają.

Wiosna deszcze i coś jeszcze
To magiczny czas oczekiwany
Natura budzi się do życia
A serca ludzkie za radością tęsknią.

Muzyk ulicy

Na brukowanych ulicach muzyk
Głosem donośnym śpiewa o wolności
Melodia uliczna jak wiatr w powietrzu płynie
Opowieść o wolności układa się w rytmie.

Akordeon gra donośnie gitara wtóruje
Muzyka przenika dusze magicznym tekstem
Idea wolności jest snem o przyszłości
W ulicznych marzeniach budzących wspomnienia.

Dźwięki muzyki przenikają mury
Muzyk poeta ulicznego grania
Marzenia o wolności unoszą się w ciszy
W akordach muzyka tchnieniem powołania.

Plony życia

Ziarna w ziemi głęboko skryte
Losu naszego pola obsiane
Codzienność w naszych przemyśleniach
A w duszy marzenia poukładane.

Jesteśmy siewcy dni nasze orzą
Wiatry i deszcze nadziei nam sprzyjają
W czasie żniwa zbieramy owoce
Trosk i wyborów przeznaczeń moce.

Słoneczne dni deszczowe łzy
Wspólnotą w życia zmianach tkwi
Marzymy wspólnie w dali skryci
W marzeniach serca wiecznie żywi.

Zbieramy plony naszego życia
W mgnieniu chwili biegu dni
A każdy krok nas prowadzi
Ku spełnieniu tchnienia marzeń.

Pomyłka

Umarł przez pomyłkę
Zgasła w nim iskra życia
Nie ten czas nie ta chwila
Serce zatrzymało swój bieg.

Wśród ludzkich błędów które się zdarzają
Zniknął w cieniu nieświadomych decyzji
Czy to jest kara za słabość ludzką
Czy złudny kaprys losu.

Lecz po śmierci jak z ziarna zmartwychwstaje kwiat
W pamięci pozostaje ciepły uśmiechu blask
Pomimo dokonanych błędów
Pamięć o nim pozostaje w sercach w nas.

Czy odnajdzie drogę i spokój
W bezkresie wszechświata gdzie brakuje rozmów
Pytania te tkwią w duchowej istocie
Czy to koniec podróży czy to tylko sen.

Świat obraca się dalej o sens nie pytając
A my pozostawieni z pytaniami bez odpowiedzi
Czy śmierć to kres czy początek nocy
Gdzie światła promienie wiodą do wieczności.

Do dwunastu razy sztuka

W dwunastu rozdziałach sztuka ukryta
Jak kamienie w rzece i gwiazdy na niebie
Objęci blaskiem słońca w cieniu księżyca
By odnaleźć drogę która w sercu drzemie.

Pierwszy krok - jak tchnienie w nowy dzień
Jak promyk światła w mroku dnia żałobnego
W oddechach tajemnica nowego początku
Gdzie marzeń iskry rozkwitają w ogniu.

Drugi - jak strumień w nurcie wijący
Czas przemija a my na jawie snując
Ścieżką ku gwiazdom wiodącą
Wędrujemy by cel drogi osiągnąć.

Trzeci - jak wiatr co powiewem przemija
Rozchodząc się by potem znów się zebrać
W naszych dłoniach jak promienie zorzy

Pieśni życia na nowo wybrzmiewać.

Czwarty - jak fala co brzegi obrywa
Wzburzone serca łagodzić potrafi
Wspomnień krople w mrokach przeszłości
Odbijając się by znów nas ocalić.

Piąty - jak promień co z góry spada
Oświecając drogę ciemności nocy
Za nim idziemy w nieznane cele
Do gwiazd w marzeniach blasku.

Szósty - jak cisza co w sercu się rodzi
W skrytości chwili gdy słowa milkną
Tajemnice nosząc jak perły w głębinach
Wzruszeń gest co dotyka wiatru.

Siódmy - jak echo co w górach burzy
Przenosząc dźwięki gdzie serca biją
W promieniach marzeń co radość niesie
Jak anioł stróż co nad nami czuwa.

Ósmy - jak sen co mgłą się kroi
W świecie marzeń gdzie dusza odpoczywa
W promieniach nadziei co radość przynosi
Opatrzność Boską z wiernością zgrywa.

Dziewiąty - jak kwiat co zakwita
W kolorach życia wiosną tańczą
W jednym spojrzeniu w jednym uśmiechu
Jak słowo w serca dotykach.

Dziesiąty - jak lśnienie co w gwiazdach się mieni
W niebie wiecznym co czas gubi
W naszych sercach iskrach nadziei

Która płonie i światło prowadzi.

Jedenasty - jak za nami idzie
W każdym geście w każdym kroku czuwa
Wspomnienia niosąc jak skarb skrytości
W sercach gdzie życie pulsuje.

Dwunasty - jak zakończenie co nowe rozpoczyna
W cyklu życia gdzie koło się toczy
W marzeń blasku słońca promieniach
Do dwunastej sztuki jest ukryta.

Tak wędrujemy w krainie marzeń
Do dwunastu razy prowadzi nas sztuka
W rozdziale życia tajemnicach
W marzeniach dążeniach i wspomnieniach.

Odpoczynek i zmęczenie

W ciszy nocy odpoczywam w ciemności
Zmęczony ciałem w myślach osłabiony
W oczekiwaniu na błogi sen
By w duszy znużonej znaleźć ukojenie.

W cichym spokoju tonę w mocy snów
Marzenia splecione jak nitki rozwijam
Odpoczynek jest ucieczką od codziennych trudów
A dusza odpływa do krainy cienia.

W miękkości poduszki w delikatnym dotyku
Odczuwam ulgę gdy ciało odpoczywa
Odpoczynek równa się znalezieniem ukojenia
W obietnicy snu gdzie nie ma znużenia.

Tak odpoczywam w ciszy pod osłoną nocy

Zmęczony dniem a jednak w spokoju
Bo odpoczynek równa się wyciszeniu
W błogim myśleniu ku ukojeniu.

Debilizm na czasie

W dzisiejszych czasach kiedy mądrość zanika
Debilizm jest na czasie rozumy się chylą
W mediach społecznościowych na ekranach wielu
Bezsensowne treści na falach fortelu.

Głupota się szerzy jak zła zaraza
Wiek mądrych myśli odchodzi w głąb ciszy
Świat pogrążony w absurdzie i krzyku
Rozum się traci a głupota rośnie w siłę.

Każdy jest ekspertem w różnej dziedzinie
Choć brak mu wiedzy wierzy w swoje racje
Debilizm na czasie jak modne nowiny
A mądrość się zakopuje tak na ile da się.

Czy kiedyś odnajdziemy drogę w tej otchłani
Czy zrozumiemy że głupstwo to plaga
Wyzwaniem jest rozum w obliczu debilizmu
Lecz warto szukać rozwiązań by mądrość nie zgasła.

Umarłem w myślach co dalej

Mój czas się zatrzymał we mnie
Umarłem myślowo co dalej
W wirze zdarzeń i zgiełku
Szukając spokoju w ciszy skojarzeń.

Przed oczami widziałem przeszłości
We własnych moich przebytych krokach

Wierzyłem w przyszłość bez pewności
W świetle nadziei promiennych snach.

Czy to mój koniec a może początek
Czy moja dusza kres osiągnęła
Czy w nieskończoność własną ręką
Ktoś kreśli dalej mój życia tekst.

W moim umyśle nastała pustka
Miliony pytań brak odpowiedzi
Świadomość krąży w znaku się słania
Umysł się gubi nicością przysłania.

Umarłem w myślach a ciało żyje
Czy nowa droga czy ciemność znowu
Widzę przed sobą otwartą bramę
Z pewnością pójdę tą nową drogą.

Być może koniec sprawi że myśli wrócą
Osiągnę spokój którego brakowało
A może to początek i koniec jednocześnie
Być może zrozumienie które we mnie trwało.

Myślami umarłem a dusza żyje
Szukając nowego gdzie sen się kończy
Czy w niebiosach czy ciemnej otchłani
Odpowiedź znajdzie co dalej nie znamy.

Cywilizacja

Nasza cywilizacja zmierza ku końcowi
Wszystko się zmienia i ginie w mrokach nocy
W sercach pustka a technologia rośnie
Czas skorzystać ze zwykłego lustra.

Zapominamy o naturze i często o sobie
Patrzymy w ekrany na objawienia mroczne
Zachłanność i egoizm nam towarzyszą
Nasza cywilizacja mierzy się z ciszą.

Nasza cywilizacja bogata w dziele ludzkich rąk
Upada powoli jak liść na wietrze
Gnębionej natury krzyki i hałasy
Nadmiar chciwości zapomniana w najlepsze.

Czy odnajdziemy drogę by naprawić zniszczenia
Czy zatrzymamy upadek co trwa nieustannie
Czasu nie zatrzymany a w sercach płonie nadzieja
By cywilizację ratować i budować normalność.

Swoboda myśli

W świecie myśli w sferze marzeń
Dusza swobodą tęskni
Bez granic łańcuchów czerni
Wznosi się ponad pień ziemi.

Widzi horyzontów bramy ukryte
Wędruje w krainy nieodkryte
Gdzie serc melodyjne zwierzenia
Snując opowieści zdarzenia.

Swoboda myśli to jak ptak
Bez liny klatki bez granic
Wznosi się w niebo w czysty znak
W krainę bez ciasnych planów.

W swobodzie myśli tajemnie snuje
Jak poetyczne światło w serca dotyka
Głęboko w świecie w nieznanym kraju

Swoboda myśli najwyższą jest wartością.

Niech każda myśl swobodnie płynie
W słów oceanie idei szumu
Niech serca otwierają się żyjące
W krainie gdzie myśli nie znają granic.

Wiek dwudziesty pierwszy

Wiek dwudziesty pierwszy to nowy czas
Technologia króluje teraz w mocy
W cieniu świateł co jasno płoną
Strach się czai i serca ludzkie mrozi.

Z ekranów patrzą cyfrowe oczy
Przemierzające bezlitośnie sieci
Świat wirtualny nas otacza
Zagłuszający ciszę i dusze w zamieci.

Klimat się zmienia ziemia krzyczy z bólu
Ludzkość toczy wojny - stado szuka łupów
Wojny w cyberprzestrzeni toczą się bez końca
Odbierają spokój w promieniach słońca.

Człowiek się gubi skryty zapomniany
W tłumie anonimów zagubionych dusz
Połączenie żądzy bez prawdziwych więzi
W świecie energii duszy na uwięzi.

Wiek dwudziesty pierwszy to rzeczywistość w horrorze
Marzenia toną w morzu banalności
Ludzka egzystencja traci swe znaczenie
W pędzie pośpiechu i bezduszności.

Wiek dwudziesty pierwszy to okrutna prawda

Walczymy o coś - ale czy to ma jeszcze sens
Czy odnajdziemy drogę do nadziei
Wierzę że przetrwamy ten etap nigdy nie zgaśniemy.

Małe i duże sprawy

W życiu drogi jak wędrowcy w krainie
Spotykamy małe i duże sprawy
Wesoły uśmiech czasem łza w oku
Świat barwami maluje widoki.

W codziennych troskach i zgiełku
Małe sprawy tkwią w nas głęboko
Uśmiech dziecka kwiat na polu
Drobne szczęście skarby wokół.

Wśród wielu marzeń i snów
Duże sprawy stają się żywiołem
Miłość wiara nadzieja w biegu
To siły w którym serca biją mocniej.

Małe i duże sprawy splatają się w życiu
Tworząc radości i trudu kręgi
W obu odnajdujemy sens i źródło siły
By w podróży życia nie zgubić drogi.

Losy

Wiatrem fal w gałęziach szumu
W życiu los swe nici snuje
Jednemu ścieżki układa pomyślnie
Innym drogi zawiązuje.

Jednemu się układa na drodze blasku
Szczęście wiosłuje z serca rozświetla

Drugiemu każdy krok w mrok prowadzi
Z trudem oddycha z braku powietrza.

Ktoś miewa nadzieje w każdym życzeniu
Na horyzoncie wzdłuż życia jak sen
Drugiemu tęsknota towarzyszy w duchu
W sercu płaczu echa cień.

Jednemu się układa a drugiemu nie
W obliczu losu w świetle i mroku cieni
Ale wiara w jutro w sercach trwa
A nadzieja od teraz na lepsze się zmieni.

Prawda o człowieku

Człowiek prawdziwy napełniony duchem
O szczerym sercu dumny i rozumny
Pomocny życzliwy zawsze rozwojowy
Tolerancyjny spokojny w życiu ugodowy.

Prawdziwy człowiek nie znosi złości
Żyje w miłości i szlachetności
Słowem i czynem prawdziwie wierny
Wierzy że wkrótce świat będzie lepszy.

W świecie XXI wieku człowiek
Ceni wartości własnych kierunków
W wirtualnej sieci po swojemu patrzy
Trwa w rzeczywistości nie znosi farsy.

Nowoczesność czaru technologia zrywu
Reakcja mądrości cechuje umiarem
Przyszłości widzi jasno na fazie przeszłości
Wierzy w siebie i dąży do trwałej wolności.

Ludzie XXI wieku iluzja i rzeczywistość
Wędrówka przez krainę cyfr i technologii
Zanurzeni w informacji zagubieni w logarytmach
Tworzą w umysłach wirtualną przystań.

Samo życie

Życie jest spokoju stanem
W sercach miłość jest zrodzona
Roztropność i spokój budzi
W pokoju prawdzie i trudzie.

Złości sieją spustoszenia
Burzą szczęście i zamiary
W gniewie cienie się mijają
Pogłębiając złe koszmary.

Spokój tylko nas ocali
Drogą mądrą w rytm harmonii
W świecie zgiełku i hałasu
Na przestrzeni naszych czasów.

W dobrym sercu promyk złoty
Światło miłości ciepło w zimie
W sercach szczęście i uśmiechy
Słowa żartu i pociechy.

W życiu burze się zdarzają
Dobre czyny zwyciężają
Tworząc dobro i nadzieję
W naszych sercach moc goreje.

Witaj wiosno

Żegnamy zimy białe obłoki
Które się snują i w dzień i w nocy
Te ciągłe chłody i mroźne wiatry
Już odpływają w zapomniane czasy.

Witamy wiosnę kwiatowy czas
A ziemia budzi się do nowych barw
Ptaki śpiewają drzewa zielenieją
A serca nasze aż promienieją.

Wiosenko pośpiesz się to twój czas
Zaprowadź w świat wonnych kwiatów blask
Rozśpiewaj wiatry wśród polnych ziół
A każdy twój krok wiosenko to prawdziwy cud.

Sen o przyszłości

W noc głęboką gwiaździstą spokojną
Sen o przyszłości zawładnął moją duszą
Wędruję cichcem w milczeniu śnieżnym
W krainę marzeń świetlistych wzruszeń.

Widzę tam miasto z wieżami w niebo
Świeże wiosenne młode jak dzień
Tam serca biją raźnie i młodo
Tam dłonie łączą się w cieple tłem.

W dolinie płynie rzeka spokojna
Słoneczny promień błyszczy na fali
Drzewa kołyszą w wiatru powiewie
Ptaki śpiewają echem w oddali.

W tym śnie obrazy dzieła niezmienne

Ludzie jak bracia życzliwi bliscy
W sercu krainy bije nadzieją
Obca jest trwoga jakaś zawieja.

Czy sen się stanie kiedyś rzeczywistością
Czy ten wiatr spokój i miłość zrodzi
Bo w nim tkwi nadzieja na lepszy dzień
Ludzkość się złączy pokój będzie domem.

Zmienne losy

Kiedy los jest nam przychylny niepewny
Oczy bywają zamglone a duch ospały
Zapomniany w cieniu zaplątany w chmurze
Serce czuje że nie chce się żyć dłużej.

Świat bywa jak obraz z mrocznych snów
W którym nadzieja jest słaba i trudna
Ale w najgłębszych kryjówkach naszych myśli
Wciąż płoną iskry nie gasnące.

Pomimo że zmartwień jest wiele
I cienie smutku nas okładają
Nadal patrzymy w górę
By ujrzeć gwiazdy na ciemnym niebie.

Bywa tak że życie jest ciężkie
I czasem jest trudno odkryć w nim sens i cel
Nadal jest nadzieja że świt nastanie
I możemy znaleźć spokój i szczęście.

Ludzie zapomnieli

Ludzie powariowali na punkcie wojny
Wiarę w pokój stracili po drodze

Głosy nienawiści krążą w powietrzu
A serca spętane są strachem i bólem srodze.

Zamiast rąk wyciągniętych w pojednaniu
Broń w dłoniach trzymają krzycząc o zemście
Zapomnieli o tym co naprawdę ważne
Że życie jest darem którym trzeba się cieszyć.

Kiedy zrozumieją że wojna nie ma zwycięzców
Tylko zgubę cierpienie i utratę nadziei
Lecz kiedyś może nadejdzie dzień
Gdy ludzie wybiorą miłość na lepsze się zmieni.

Urodzić się starcem

W ciszy nocy gdy gwiazdy migocą
Myśli płyną jak strumienie wodospadu
Czy życie odwrócić jak kartki w księdze
By od starości zacząć podróż w międzyświecie.

Urodzić się starcem młodym i mądrym
Z doświadczeniem którym światło płonie
Uniknąć błędów co czasem trwożą
Od malucha cieszyć się dzień po dniu.

Czyż nie byłoby piękne gdyby serce rosło z wiekiem
A dusza zachowała czystość dziecięcych marzeń
Aby widzieć świat oczami niewinności
A jednocześnie czerpać mądrości z lat dorosłych.

Lecz takiego planu życia nie znamy
Jego tajemnice są nam niejasne
A w naszych sercach wciąż trwa nadzieja
I każdy dzień jest nową bajką.

Za każdym rogiem

Wędruję w głąb istnienia mojej duszy
Gdzie tkwią korzenie zmartwień i trosk
W krainie przeszłości światła
Tam rodzą się wszystkie problemy.

Problemy rozmnażają się jak cienie
Zrodzone z myśli zrozumienia braku
Za każdym rogiem i zakrętem
Czają się by nas szarpać.

Czasem są to zawiłe wątpliwości
Inne jak kamienie ciężkość niosą
Ale wśród tych fal myśli burzowych
Biegną również promyki nadziei.

Bo w każdym problemie są zmiany
Potencjał by odmienić świat
Niech więc wędrując przez życia labirynty
Lęki odejdą a zawita do nas lepszy świat.

Wycofano krew z obiegu

Wycofano krew z obiegu
Cichy szmer co w sercach drga
Widmo cierpienia - coś zniknęło
W twarzy ludzkiej smutek trwa.

Światło zgasło czerń się zbiera
W strachu mroku los ukryty
Nadzieja krwią wstaje znów
Głos milczenia w mroku brzmi.

Gdy życie traci swoje rumieńce

I ból krwi słodzi w zapachu znika
W sercach tkwi tęsknota za dniem
Gdzie wiosna nie doznaje zimna.

A kiedy w przyszłości krwawiącej
Kwiaty jak dawniej zakwitną
Czy w sercach zagości pokój
Gdy krew wróci w życia obieg.

Światło w ciemnościach krople mieni
Nadzieja w sercach wznosi skrzydła
Wycofano krew z obiegu
Lecz życie tkwi wciąż w sercach ludzkich.

Powstanie Świata

Oczy pełne gwiazd
Milczenie jak ocean spokojny
W ciemności powstaje światło
Życie powstaje z chaosu.

Wielki taniec czasu
Gwiezdny pył na wietrze
Zrodzony z mocy Boskiej
Nieskończona opowieści.

Woda wplątuje się w światło
Ziemia jak Matka płodna
Powstaje dzieło niepojęte
Świat nowy wieczny piękny.

Wiosna przez łąki płynie
Lato gorące rozkwita
Jesień barwami tańczy
Zima sen zimny składa.

Świat powstaje z nikąd
W nieśmiertelnej symfonii
Wszystko ma swój czas i miejsce
We wiecznej przyrodzie harmonii.

Gra polityczna

W polityce teatr nieprzerwanie trwa
Gdzie role rozdane reżyser gra
I tylko ludzie w ciemności siedzą
Czekając na świt co może nie nadejdzie.

Obietnice jak bańki mydlane
Rozpryskują się w mgnieniu oka
Głosy wyborców jedyne echo
W grze gdzie prawda to puste słowa.

Mury sejmowe pękają od plotek
A szepczących ust nie brakuje
Racje mniejszości giną w hałasie
Gdzie większość swoje karty przetasuje.

Budżety jak rzeki bez końca płyną
Na pomysły dziwaczne bez sensu
A obywatele patrzą ze zdumieniem
Na cyrk co serwuje im więcej i więcej.

Puste przemowy gesty wyuczone
Decyzje co czasem łeb urywają
Głosy ludu znikają w otchłani
Gdy politycy swoje sprawy załatwiają.

I tak toczy się gra bez końca
Absurd goni absurd w tej gonitwie

Ludzie marzą o zmianach o mądrości
A władza tkwi w swojej wiecznej sprzeczności.

Ach polityko teatrze absurdów
Gdzie logika gubi swoje miejsce
Obyśmy kiedyś ujrzeli świat prawdy
Wśród dni fałszu gdzieś wreszcie.

Walka szaleńców

Wielka równina pod błękitnym niebem
Dwóch wodzów dumnych lecz głupich w rozumach
Spotkało się w boju 15 lipca 1410 roku
Grunwald ich wezwał do śmiertelnych czynów.

Na czele armii w błyszczących zbrojach
Jeden i drugi świry niebywałe
W planach strategi niejasnych zamiarach
Stanęli do walki w głupoty oparach.

Rozkazy krzyczane przez trąby bojowe
Zamiast mądrości w chaosie słowa
Rycerze w zamęcie w szale bitewnym
Szli za wodzami w pomrukach gniewnych.

Konie pędziły ziemia drżała
Miecze błyskały wrogowie padali
Dwaj dowódcy w głupocie tkwiący
Czas im mijał bezmyślnie walczącym.

Wśród krzyków i bólu dymu i krwi
Prawda o obu się wyłania
Jak można określić tych dawnych przywódców
Zaliczyć do grupy bezmózgowych głupców.

Przyszła kryska

Przyszła kryska cicha jak wiatr
W świetle księżyca jak marzeń szlak
Jej kroki lekkie jak taniec we śnie
W oczach jej blask jak gwiazdy na niebie.

Wokół cisza jak na dnie morza
Za nią historii zawiłe wianki
Czy to zjawisko czy rzeczywistość snu
Którego znaczenie ukryte jest tu.

Śladem jej kroku kwiaty budzą się w skowronkach
Za nią tęczowe łuki wyłaniają się w mroku
Przyszła kryska tajemnicza i dumna
Wypełnia świat magią jak nuty piękna.

A gdy odejdzie zostawi ślad
W sercach wspomnienia jak żywy wiatr
Bo przyszła kryska to więcej niż sen
Symbol nadziei co w nas tkwi.

Nie wierzę w nic

W świecie pełnym złudzeń i złotych snów
Gdzie prawda topnieje w kłamstw oceanie
Stoję niepewny w mroku mej głowy
Zadaję sobie dziwne pytanie.

Nie wierzę w obietnice śpiewane z ust
Słowa przepływają jak rzeki nad wodę
Mimo błysku migoczącej chwili
Rozpuszczają się w powietrzu jak mgła.

Nie wierzę w miłość co słowach się skrywa

Bo serce jak liść zdradzić potrafi
Wiatr zmiata uczucie jak liście z drzewa
A szloch cichnie w pustce którą skrywa dusza.

Nie wierzę w nic co wydaje się piękne
Bo za fasadą kuje się często zło
Nie wierzę w obietnice co są tylko słowem
Bo w życiu liczy się czyn a nie mrzonki słów.

Lecz mimo tych wątpliwości
Wciąż tkwię w nadziei iskierce
Że może gdzieś w oddali w świecie marzeń
Znajdę coś w co warto wierzyć i nie jest kłamstwem.

Walka z cieniem

W ciszy nocy mroku myśli
Człowiek staje przed wyzwaniem
W sercu wojna w duszy pustka
Walka z cieniem nieodpadłym.

Cień jak mgła bezkształtny ciężki
Wkrada się w sen i marzenia
Prześladuje myśli zdradza ducha
Jak echo bólu w tęsknotę zmienia.

W tej walce nie ma miecza
Ani tarczy ani stroju
To walka ze samym sobą
Z cieniem co blokuje drogę.

Światło w sercu wiara w siłę
Wyzwala z uwięzienia i mroku
Dusza wzlatuje wysoko w niebo
Znajduje równowagę i spokój.

Walka trwa długo i wiecznie
Między światłem a cieniem
Lecz zawsze zwycięża wiara
Że siła miłości jest darem największym.

Jasnowidz

Jasnowidz w krainie ciszy
Oczy jasne w głębi snują wizję
Światło w dłoniach jak symfonie
Widzi nadzieję w mroku i cieniu.

Prorocze słowa na ustach tkwią
W mrocznych zakamarkach czasu
Patrzy w gwiazdy w pieśni ptaków
Jasnowidz wędrowiec tajemny kompasu.

Jasnowidz wiedzę w swej duszy nosi
Marzenia lecą aż pod niebiosy
W oczach promienie jak gwiezdne ścieżki
Rozświetlają drogi i kręte losy.

W ciszy szeptów w szeleście wiatru
Prorokuje losy nieznane i wielkie
Serce jego bije w rytmie gwiazd
Ludzkie tajemnice poznaje czas.

Jasnowidz prorok wśród mgły i nocy
Wielkie jest dziedzictwo jego wiedzy
Światłość jasna w mroku jak słońca blask
W jego spojrzeniu tajemnica tkwi.

Wiara w siebie

Wiara w siebie to skarb bezcenny
Noszę ją w sercu mimo klęsk i burz
Każdy krok choćby niepewny
Czyni mnie twardym daje moc słów.

O wczesnym świcie gdy słońce wschodzi
Tyle jest jeszcze do zrobienia
Choć czasem los na próby wystawia
Idę do przodu celu nie zmieniam.

Rzeki głębokie góry wysokie
Nigdy nie złamie mnie żaden strach
Ze spokojem w sercu podniesioną głową
Wiarę mam w siebie.

Oglądam w lustrze swoje odbicie
Widzę odwagę marzenia i sny
Nic nie przeszkodzi w moim życiu
A wiarę w siebie mam ja i ty.

Kroczę przez życie z sercem otwartym
Każdy dzień jest nowym wyzwaniem
Ale wiem że doczekam czasu
Spełnię marzenia i osiągnę cel.

Wierzę w siebie i marzenia
W siłę która w moim sercu drzemie
Każdy dzień to nowe doświadczenie
Idę do przodu bo wierzę w siebie.

Nałogi

W mrocznym labiryncie umysłu człowieka
Nałogi krążą wokół ciała
Jak pęta duszy jak kajdany dłoni
Zatrute korzenie wciąż się rozrastają.

Narkotyków chmura wciąga w objęcia
Alkohol kusi zapomnienie niesie
Hazard urokiem serca kusi
Nałogi jak wampiry życie wysysają.

Ciało i duszę żądzą swoją
Łamiąc wewnętrzne prawa i granice
Z każdym dniem więź staje się mocniejsza
A wolność topnieje jak gwiazdy na niebie.

Jakie uwolnić się od nałogów
Jakże bolesna jest walka o wyzwolenie
Lecz nadzieja płonie jak gwiazdy na niebie
Że mocniejszy od nałogu jest człowiek.

Czasami mam wszystkiego dość

Czasami mam wszystkiego dość
Gdy życie stawia przede mną przeszkody
W głowie szumią myśli budzą się emocje
A serce wciąż szuka spokoju.

Życie to jak wir który porywa
W kłębach rozmyślań gubię się czasem
Czy znajdę spokój w tym szaleństwie
Czasami mam wszystkiego dość.

Chciałbym oderwać się od codzienności

Poznać ciszę i oddech wśród natury
Ale obowiązki wciąż wzywają
Czasami mam wszystkiego dość.

Jednak w głębi duszy wiem
Że każdy dzień ma swój sens
Czasami trudno jest to dostrzec
Ale idę naprzód i nie poddaje się.

A wśród ciemności szukam światła
W trudności ukryty jest wzrost
Czasami mam wszystkiego dość
Ale wierzę że jestem silny gość.

Idealny człowiek

W świecie hałasu i niepokoju
Idealny człowiek pełen spokoju
W dłoniach siła w sercu miłość
W oczach mądrość i zrozumienie.

Szuka wokół siebie piękna
Promienieje radością dla innych
Daje rady mądre
Nikogo nie oszukuje.

Nie troszczy się o dobra materialne
Jego bogactwo to wartości ducha
W jego słowach tkwi moc przemiany
A w gestach spokój i łagodność.

Serce jego spokojne jest zawsze
A dusza jak gwiazdy na niebie
Na twarzy radość nie znika
Kroczy ciągle spokojne przed siebie.

Idealny człowiek - rzeczywistość czy marzenie
Może gdzieś wśród naszych istnień
Ukryty jest ten co w sobie odnajduje
Prawdziwe piękno i niezachwianą siłę.

Dzień Dziecka

Pierwszy Czerwiec Dzień Dziecka wielkie święto
Radość wszędzie niesie w dźwięku
Małych i dużych dzieci uśmiechy beztroskie
Świat promienieje w tym dniu radosnym.

Słońce wstało już nad ranem
Świeci blaskiem błyszczy złotem
Dzieci biegną w głos się śmieją
Zabawa trwa w marzeń pełni.

Rodzice z dumą patrzą na swoje pociechy
Dzieciństwo to czas gdy spełniają się uciechy
Na całym globie w różnych kulturach
Dzień się sercem w miłości dostarcza.

Dziś świętujemy małych i dużych
Bo w każdym z nas jest cząstka dziecka
Niech ten dzień nam szczęście przynosi
Że warto marzyć i na życie patrzeć z uśmiechem.

W Dniu Dziecka życzenia płyną z serc naszych
Niech radość w oczach nie gaśnie
Świat kolorowy stoi otworem
Codziennie zaprasza w baśnie.

Niech marzenia się spełniają
Śmiech dźwięczy muzycznie wśród gór i dolin

A każdy dzień mieni się kolorami
A serca czują się jak motyle.

Światowy pokój

W świecie pełnym zgiełku i burzy
Pokój jest perłą wśród nocy
Bez niego życie to martwa furia
W nim spoczywa nadzieja miłość i siła.

Pokój to nie tylko brak działań wojennych
To także harmonia w sercach ludzkich
Gdy dłonie się spotykają w uścisku
Świat staje się piękniejszy w blasku.

Niech trąby wojny zamilkną na zawsze
Niech pokój zapanuje na całym świecie
Bo tylko w pokoju może kwitnąć życie
I tylko w pokoju spełniają się marzenia.

Pokój jest naszym najwyższym celem
A serca ludzkie znajdują w nim ukojenie
Bo tylko w spokoju może być prawdziwe szczęście
Pokój jest najważniejszy na całym świecie.

Natura i człowiek

Człowiek siebie oszukuje z naturą walczy
Jest pasożytem duszy i ziemi
Gorszy od zwierzęcia choćby miał potęgę
Często zatraca drogę do serca i życia sensu.

Gdzie zwierzę szuka spokoju i harmonii
Człowiek sieje zamęt wojny i spory
Zwierzęta żyją zgodnie z naturą

Człowiek na ścieżce niszczy dookoła.

Człowiek to stworzenie co samo tworzy piekło
W nim egoizm tkwi jak głęboka dziura
Zwierzęta żyją w zgodzie i w harmonii
A człowiek niszczy jak straszny huragan.

W zwierzęciu żyje instynkt przetrwania
Nie zabija więcej niż potrzeba
A człowiek tworzy pęd na zniszczenie
Bez zrozumienia bez powrotu na normalność.

Gorszy od zwierzęcia to tytuł nieszczęsny
Człowiek ma rozum ale mimo to
Wybiera drogę zła i zguby
Zapominając że jest częścią tej samej rośliny.

O człowieku odwróć swoje spojrzenie
Znajdź w sobie miłość i zrozumienie
Bo tylko wtedy jesteśmy z naturą
Uchronisz się od bycia gorszym od zwierzęcia.

Po trzeciej wojnie światowej

Wojna trzecia ostatnia serca straciliśmy
Wszystko zniknie co kiedyś radosne
Miast zgliszcza gdzie kwitło życie
Tylko wspomnienia pozostaną żałosne.

Gniew i nienawiść nas pcha na siebie
Krwawy konflikt ludzkości zniszczenia
Granice zatarły się jak łzy w deszczu
Nie ma już nic tylko pustka zapomnienia.

Zwycięzcy nie istnieją - wszyscy pokonani

Bo wojna nie zna granic tylko przynosi straty
Zgliszcza opustoszałe miasta w ruinach
Życie jak złamane gałęzie w nadziei ginące.

Ale w ruinach nadzieja się budzi
Że z popiołów wyłoni się nowy świat
Ludzkie serca znów zaczną bić
Aby przez krzywdę i cierpienie przejść trudności.

Wiosenne kwiaty

Wiosenne kwiaty wplecione w barwy
W ogrodach na polach wszędzie rozwiane
W powiewie wiosny tańczące delikatnie
Pod słońcem migoczące życia roześmiane.

Fiołki skromne w purpurze ukwiecone
Tulipany w tańcu barwą wyśpiewane
Narcyzy dumne powiewem zbudzone
Powitają nas gdy wiosna nastanie.

Krokusy w skromności swojej uśmiechem
Maków błysk jak płomień na łące palący
Przyroda się budzi wypełniona życiem
Wiosenne kwiaty radość w serca wnoszą.

Konwalie pachną w cichym lesie
Dodają uroku rozpalają serca
Słoneczniki w promieniach świecą
Jak gwiazdy na niebie w promieniach wieczoru.

Wiosenne kwiaty tańczą na polach
Barwą i zapachem dusze nasze słodzi
Niech każdy kwiat nam przypomina
Że życie piękniej gdy wiosna nadchodzi.

Cienie bałwochwalstwa

Wśród cieni i mroku gdzie dusze błądzą
Wzgardzone prawdy w zapomnienie odchodzą
Bałwochwalstwo króluje i serca zdobywa
Cienie się rodzą a światła ubywa.

Na ołtarzach złoto błyszczy dumnie
W oczach fanatyków trwa głęboka pustka
Bo bóstwa którym składają cześć cienia
To tylko wymysły nicość bez znaczenia.

W sercach ukryte tęsknoty dzikie
Za sensem co w bałwochwalstwie uwięzione
A ludzie idą ślepo za fałszem
W szaleństwie co dusze sprowadza na zatracenie.

Kamienne twarze wyryte w marmurze
Złudzenie kłamstwa twarde jak szturmowe burze
Idole wznoszone na złotych tronach siedzą
Ludzie dłonie składają przed nimi klękają.

Ślepych wodzą tłumy w ciemnościach błądzą
Słowem fałszywym serca ich karmią
Bałwochwalstwo kwitnie niewiedza króluje
Prawda w cieniu skryta się odbudowuje.

Wśród chaosu i zamętu we wszechświecie
Iskry nadziei na niebie migocą
Prawda nieśmiertelna z mroku się wyłania
Jasnym światłem świeci bałwochwalstwu stawia opór.

Media kłamią

W świecie pełnym newsów z ekranów
Media kłamią i plotki roznoszą
Prawda tam nie jest potrzebna
Kłamią dla pieniędzy i chwały się panoszą

Nagłówki są ważniejsze niż fakty
Media to nie tylko słowa i obrazy
Mają wpływ na kształtowanie myśli
Czy mają moc na kształtowanie poglądów.

W narracji splecionej w interesach
Głos mówiący prawdę ginie w szumie
Media kłamią tylko dlaczego
W poszukiwaniu mocy w ciemności chwały.

Prawda jest skomplikowana jak życie
A kłamstwo proste jak szept wiatru nocą
Często obrazy się zamazują
Media kłamią jak duchy we mgle łomocą.

Inny świat

Obudziłem się w innym świecie
Mój sen stał się rzeczywistością
Kroczę dumnie w promieniach słońca
Otoczony całkowitą wolnością.

W powietrzu płyną moje marzenia
Serce bije w nowej harmonii
Gwiazdy w tle z księżycem rozmawiają
W powietrzu ptaszęta śpiewają.

Tutaj życie jest o wiele prościejsze

 I barwy światła jaśniejsze
Nie ma strachu i niepokoju
I wołania ruszamy do boju.

Obudziłem się w świecie bez troski
Gdzie nadzieje kwitną zamaszyście
Odnalazłem swoją drogę na nowo
Na wesoło wdzięcznie ugodowo.

Różnice

Różnica między pracą a robotą
To jak między kwiatem a szatą
Praca to trud wysiłek i pasja
Robota to twardość bez uśmiechu.

Praca daje sens radość i spełnienie
Robotę trzeba znosić znośnie
W pracy serce bicia rytm daje
W robocie dusza się tłamsi bezowocnie.

Praca to życia nuta pełna sensu
Robotą się zahartować muszę
Różnica między nimi to jak dzień i noc
Praca daje wolność robotę trzeba znosić.

Różnica między pracą a robotą
Bywa subtelna lecz istotna jak smak wina
W pracy dusza tańczy w robocie płacze
Ale jedno drugie życiu sens daje nie inaczej.

Współczesność

Świat współczesności zgiełk i bieganie
Komputery ekrany tchnienia wirtualne

Połączone społeczeństwa sieciową granicą
Ale rzeczywistości są inne nie całkiem realne.

Ekrany telefonów rozgardiasze w mediach
Dym unosi się w przestrzeni co krok to tragedia
Ludzkość walczy o coś - pędzi dokąd nie wie
Czy miłość przetrwa - czy zaniknie w gniewie.

Nasze społeczeństwa skupione na bojach
Zapominamy o tradycjach człowieczych wartości
Ogromna polaryzacja w całym społeczeństwie
Nie zbliża wprost przeciwnie tonie w bezceństwie.

Jedno kliknięcie klawisza przywoła miliony
Wir w informacji chaos w demokracji
Pogoń za prawdą niszczenie wartości
Nasz świat współczesny obrazem frustracji.

Współczesność jest labiryntem bytową zagadką
Szukamy sensu bytu w świecie wirtualnym
Tracąc czas rzeczywisty dla własnego chcenia
Problemem współczesności ludzkiego istnienia.

Nie rozumiem istoty czasu

Nie rozumiem istoty czasu
Jak rzeki nurt nieprzerwany
Wymyka się choć staram się go dogonić
Jak wiatr co gna przez pola nieokiełznany.

Czy to jest strumień co nas niesie
Po życia nurtach krętych nieznanych
Czy tylko iluzja co nas ogarnia
Gdy próbujemy jego sens pojąć.

Czy to upływający piasek
Ciągle przesypujący się w dłoniach
Czy też cykliczny taniec gwiazd
Które na niebie ciągle świecą.

Czas nieuchwytny jak mgły poranne
Wciąż się rozrasta wciąż się zmienia
Jesteśmy łodzią na czasu fali
Dryfując bezradnie w bezmiarze istnienia.

Czy kiedyś zrozumiemy tę istotę
Która nas wiedzie unosząc na skrzydłach
Czy pozostaniemy zatopieni w pytaniach
Nieodgadnionej tajemnicy nieba.

Nie rozumiem istoty czasu
Lecz w jego objęciach muszę żyć
Bo życie to podróż bezpowrotna
W oceanie czasu bez granic.

Troska o zdrowie

W trosce o zdrowie trzeba dbać o siebie
Lata pełne radości zyskać całkowicie
W polu kolorowych owoców i warzyw mocy
Żywność pełna witamin zdrowia smaku bycie.

Owoce warzywa orzechy bogactwo natury
W codziennej diecie apetyt buduje
Zboża pełnoziarniste pełne źródła siły
Ryby oleje roślinne mięśni się wzmocniły.

Dbamy o ciało i duszę zdrowych myśli gesty
Cieszymy się zdrowiem i tchnieniem siły
Zbilansowana dieta to klucz do długiego życia

Ruch i wypoczynek jest drogą do szczęścia.

Życiowe zagadki

Wystawiani na próby i kaprysy losu
Kroczymy przez życie szukając prawdy
Nieznane ścieżki zakręty i trudy
A w naszych sercach nadzieje dumne.

Każdy dzień nowe zagadki przynosi
Czasem łzy czasem śmiech głośny
Siła i wola by stawić czoła
Nieznane życia są losy.

Wystawiani na próby jak stal w ogniu
Wzmacniamy ducha hartujemy serca
Upadamy lecz wstajemy
Na błędach się uczymy i siły zbieramy.

Los często rzuca nas w wir zdarzeń
Stawia przed nami mury i mosty
Czasem jest łatwo bywa że trudno
Bywa że w bólu czasem w radości.

Życie jest próbą ciągiem duchowym
Wiarą w to co co nieznane w to co przed nami
Każdy dzień to nowe wyzwanie
A my nieugięcie wciąż idziemy sami.

Kto wymyśla wojny

W pełnym spokoju dnia i ciszy
Gdzie życie kwitnie w harmonii
Poeta w sercu w głębokiej trosce
Zastanawia się kto wymyśla wojny.

Czy to ludzie szaleni szaleją
Być może z niebios bogowie
Wciąż ten sam cykl się powtarza
Ktoś zawsze stwarza bezprawie.

Byłoby lepiej serca połączyć
Niż nienawiść światła jarzyć
Gdzieś tam w oddali słychać sygnały
Ktoś już kolejną wojnę szykuje.

Ale poemat ten nie zawiedzie
Optymizm w sercach nie ustępuje
Mimo ciemności która nas otacza
To miłość zawsze jasność rozpala.

Człowiek pierwotny

W czasach przebrzmiałych krainy pierwotnej
Na ziemi czystej wiatru bez zgryzoty
Żył pierwszy człowiek w niewinnej ciemności
Szukając drogi w życia niejasności.

Bez skomplikowanych myśli bez trosk
W świecie cudów i uśmiechów
Poszukiwał swego losu
Wśród liści skał i dźwięków.

Świat był mu domem natura światłem
Nie znał zazdrości zysku chciwości
Zbierał owoce wodę pił źródlaną
Pod niebem rozłożystym w cieple normalności.

Nie znał granic nie miał potrzeby władzy
Serce miał proste i szczere

Płonęło czystą miłością
Cieszył się zdrowiem i uczciwością.

Czy człowiek pierwotny był szczęśliwy
Wbrew dzisiejszym pytaniom i wątpliwościom
Może tak a może nie lecz nie jest pewne
Czy żył zgodnie z naturą i jednością.

Dziś ślad po nim zaginął w mroku wieków
Wspominany go z nutą tęsknoty
Za spokojem serca za prostotą życia
Za czasem gdy człowiek był bliżej prostoty.

Kraj do bicia

W krainie gdzie słońce wpada w płomienie
Gdzie serca biją mocniej niż skrzypce
Gdzie niepokonani dźwigają ciężar czasu
Kraj do bicia ze szlachetną twarzą.

Na polach roziskrzonych złotem
W słowach majestatu dumy
W rzekach płynących jak życie
Kraj do bicia tętniący życiem.

O ziemio wojownicza i dzielna
Gdzie marzenia rosną jak dęby
A ludzie mają w sercach nadzieję
Kraj do bicia w posadach się chwieje.

Zacienione burze nadchodzą
Ale naród nieugięty jak skała
Walczy śpiewa kocha i wierzy
Kraj do bicia że trudno uwierzyć.

Gwiazdy błyszczą nad tym krajem wiecznie
A los składa się jak księga wspaniała
Bo sercach jest jedno imię
Kraj do bicia duma i chwała.

Chęci do życia

Ze wschodem słońca serca się budzą
Rosną marzenia jaśnieje dusza
Chęci do życia tutaj od zaraz
Nauka praca w przyszłości wiara.

Dzień każdy płynie w radosnej pieśni
A nuty szczęścia grają niezmiennie
Chęci do życia płyną falami
Czego pragniemy jest wciąż przed nami.

Życie jest tchnieniem ciągłego zmagania
W tańcu i deszczu słońca uśmiechach
W błysku oczu śladach na piasku
Szukamy sensu w nastałych chwilach.

Chęci do życia nam towarzyszą
W chwilach miłych i często trudnych
A tkwi w nich życia ciepełko
Wznosi nas ponad codzienne zgiełki.

Wolność słowa

W niebiańskiej mocy wolności słowa
Bez ograniczeń głosu w przestrzeni
Wierszowej rzeki bystrym potokiem
Niesionej w myślach idei krokiem.

Moc słów wyżyny prawdziwych miarą

Bez cenzury bez krzywdy ślepoty
Wolność jak znicze w ciemności przegania
W świetle słów najprawdziwszej prostoty.

Niechaj poezja trwa bezgranicznie
W swobodzie wartko serca porywa
Nasza niezłomność w wolności słowa
W prawdziwych czynach odwagi siła.

Wolności słowa jak ptaki w locie
Unosi myśli w przestrzeń wysoko
W rytmie rozdźwięku odkryje moce
Bez ograniczeń w czasowym locie.

W każdym temacie tęsknota żyje
Słowa jak skrzydła w życia potrzebie
Wolności myśli jak kwiat w ogrodzie
Rozkwita wierszem na gwiezdnym niebie.

Bez wahań na niebie bezchmurnym
Wolność słów prawa jest fundamentem
W melodyjnej opowieści śpiewie
O najważniejszym co w duszy drzemie.

Niewola myśli

Jestem niewolnikiem własnych myśli
W swoich myślach często błądzę
Wszędzie ciemność brakuje światła
W samego siebie nie wierzę.

W głębi duszy myśli rwą się
Wiatr niesie echa cierpienia
Jak żagle w sztormie giną marzenia
Ocal mnie - czy ktoś słyszy mnie.

Czy ktoś zechce mnie odnaleźć
W gąszczu umysłu mojego mnie szukać
Czy pozostanie chociaż cień nadziei
Na ścieżce na której się zgubiłem.

Jestem niewolnikiem własnych myśli
W morza smutkach czasowo tonę
Lecz gdzieś głęboko tlą się iskry
Wierzę że odnajdę światło nie wszystko stracone.

Dlaczego

Dlaczego pastorze błogosławisz te czyny
Gdy mężczyźni idą na pole bitwy krwawej
Czy w imię Boga toczyć muszą ten bój
Czyż nie lepiej rozwiązywać sprawy pokojowo.

Czy lśnienie broni i sztandarów chwały
Ma więcej wartości niż serce które bije
Czyż nie lepiej modlić się o pokój
Niż przynosić zgubę spustoszenie i śmierć.

Pastorze w twojej dłoni błogosławieństwo
Ale czy to rzeczywiście jest święty dar
Może wyzwalać własny głos wewnętrzny
By odrzucić przemoc i wybrać pokój.

W świętej księdze słowa pełne łagodności
Lecz nad nimi cień kłamstwa przysłania
Głosząc pokój miecze w dłoniach trzymamy
Czy winą jest wiara czy ludzkie programy.

Samopoczucie

Piękny dzień w słońcu słodkie uśmiechy
Serca w zachwycie lotu wyżynach
Radość przenika myśli stokrocie
Dobroć na szczyty się wspina.

Zdrowie jest skarbem w błogosławieństwie
Witalność tańczy powiewem wiatru
Optymizm kwitnie kolorem kwiecia
Sennym spokojem w myślowym tańcu.

Świat się zachwyca radością wokół
Nic się nie trwoży trwałe w przyjaźni
Promienie słońca w fazie miłości
Strumień energii pozytywności.

W wierze prawości samopoczucia
Wyrazem uśmiech i ukojenie
Gdzie każda chwila jest wyjątkowa
Spokój wewnętrzny w najwyższej cenie.

Śmiech to zdrowie

Śmiech jest lekarstwem co duszę koi
Rozpędza smutki mrok rozwesela
Rozkwita kwiatem wśród trudnych dni
Na twarzach blaskiem maluje świt.

Gdy uśmiech w duszy rozbrzmiewa
Jak wiosenny wietrzyk śpiewa
Człowiek lżejszy się wydaje
Życie nam smaku dodaje.

Śmiech to promień słońca jasny

Rozpędza chmury w dni ponure
Wzmacnia przyjaźń więzy czule
W sercu czyni czas szczęśliwy.

Śmiech jest źródłem radości
Eliksir młodości siła nieskończona
W nim każda chwila nabiera wartości
Śmiech to zdrowie prawda niezmieniona.

Niechaj śmiech nam towarzyszy
W codzienności w chwilach ciszy
Bo w nim jest moc i uzdrowienie
Śmiech to życia odnowienie.

Wojenna zawierucha

Ziemia w płomieniach kamienne serca
Łzy spadające jak deszcze grozy
Ludzkie cierpienia milczące nieprawości
Zachwiana godność i złości powrozy.

Świat zabarwiony krwią i męczeństwem
Strach i zniszczenie paniczne głosy
Nadzieja gaśnie w mroku cierpienia
Topią się w morzu ludzkie marzenia.

Grobowce marzeń na polach bitwy
Echem kroków bohaterów poległych
Świat pogrążony w płaczu i znoju
Brak porozumień w sprawie pokoju.

Losy ludzkie krwawym tuszem pisane
Pola bitew w tumulcie i zgiełku
Huk dział i oczy zapłakane
Ścielące się śmiertelnym dywanem.

Echa krzyku i wołanie o pokój
Żądza zemsty i dym płonących domów
Ślady blizn w straszliwym pogromie
Pokój skarbem - ludzkość tego nie rozumie.

Niebo płonie ogniem niekończącym
Ziemia drży targana mocą zgubną
W oczach żar a dłoń broń ściska
Marzenia o pokoju się gubią.

Nie możemy się poddać i zwątpić
Wojna przeminie i pokój nastąpi
W sercach ludzkich nastanie pojednanie
Pokój z nami na zawsze pozostanie.

Normalne życie

W codzienności tkwi piękno niepozorne
W przemijaniu i zwyczajnych gestach
Pozornie proste normalne życie
W nim tkwi siła która się rozwija.

W codzienności budzą się marzenia
W zwykłych rozmowach ukryte są mądrości
Normalne życie pełne niewiadomych
W nim ukrywa się istota wolności.

W codzienności ukryte są tajemnice
Szczęście kryje się w radości intencji
Normalne życie bywa monotonne
A w niej pasja która daje sens naszej egzystencji.

W codzienności jest miejsce na miłość
W zwykłych gestach ukryte są emocje

Normalne życie pełne rutyny
A w nim miłość która daje nam siły owocne.

W codzienności czai się życiowa prawda
W zwykłych wyborach kryje się nasz los
Normalne życie czasem przewidywalne
A w nim siła która napędza nas do przodu.

Takie jest życie normalne niepozorne
Ale w nim knuje się całe bogactwo doświadczeń
Normalne życie pełne kontrastów
A w nim tkwi esencja która sprawi że żyć warto.

Godność człowieka

W ciemności nocy i blasku dnia
W życiu codziennym i naszych snach
Tam tkwi istota co w sercu gra
To godność człowieka prawdziwy skarb.

Godność człowieka nie zna miary
Nie bogactwem czy blaskiem chwały
W skromności duszy czystej prawdzie
Jej siła tkwi w marzeniach naszych.

Gdy burze życia rwą nasze żagle
A wiatry ciągle ponoszą nas
Godność trwa ciągle niepojęta
Świat się zmienia a godność trwa.

Godność to nie tylko słowa ale czyny
W szarym codziennym życia dniu
Iskierka nadziei w duszy płonie
To nasza droga teraz i tu.

Początek i koniec

Świat jest pełen znaków dźwięków i gestów
Początek jest w przestrzeni i w czasie
W pierwszym oddechu jak blasku słońca
Początek w sercu czuje się zawsze.

Jeden początek to nowe zjawisko
Inny to koniec co daje początek
Różnice między nimi to tajemnice
Gdzie jedno się kończy a drugie zaczyna.

Początek to iskra rozpala marzenia
Różnica między początkiem a końcem
To jak dzień i noc
Jak cisza a huk jak dusza a słońca moc.

Czasem początek cichy jak szept wiatru
Czasem gwałtowny jak burza
Ale daje nadzieję że coś się dzieje
I rodzą się nowe nadzieje.

Bez pracy nie ma kołaczy

W dzisiejszym świecie pełnym trudów
Praca jest jak mąka w chlebie skryta
Bez pracy nie smakuje życia cud
I marzenia znikają szybko.

Bez pracy nie ma kołaczy
Ani domu ani sukcesu
Praca buduje nasze istnienie
I daje siły na przetrwanie.

Niech każda ręka zapał skrywa

By dzieło swe realizować
Bo bez wysiłku marzenia słabną
A praca nadzieję buduję od nowa.

Bez pracy nie ma kołaczy
To dewiza która trwać musi
Tak więc praca niesie szczęście
Bo w niej tkwi siła by spełniać marzenia.

Choć czasem trudno i droga długa
Nie traćmy wiary nie poddawajmy się
Bez pracy nie ma kołaczy
Tylko wysiłek buduje cel.

Czas się zatrzymał

Czas się zatrzymał co dalej
W ciszy i mroku zawirował świat
Gwiazdy na niebie jak strażnicy czasu
Patrzą na nas z tęsknotą w blasku.

Bezgwiezdna noc bezgłośny krzyk
W sercu człowieka tęsknota tkwi
Zegar na ścianie jak zamarły wstyd
Czas się zatrzymał i dalej nic.

Wspomnienia płyną jak rzeki czasu
Nawet zegar zatrzymał swój bieg
Nie ma drogi nie ma sensu
Gdzie jest przyszłość gdy nie ma nic.

Czas się zatrzymał co dalej
Może to znak że muszę zawrócić
Odnaleźć drogę w mroku nocy
Ponownie poczuć na nowo wrócić.

Niech te chwile zatrzymane dadzą nam znak
By ruszyć naprzód by odnaleźć czas
Bo nawet gdy zegar zatrzymał się w miejscu
W sercu człowieku płynie wieczność.

Kwiecista łąka

Na kwiecistej łące tańczą kwiaty
Migoczące w słońcu w koronach barwnych
Delikatny wiaterek opowieści niesie
O tajemnicy miłosnych uniesień.

Łąka pełna życia jak ogród magiczny
Tańczące motyle w rytmie kwieci śpiewu
Kolorami błyszczy jak tęcza na niebie
Historią osnutą kwiecistością piękna.

Tajemne opowieści i sekrety fruwające
Pszczół zbierających słodkie nektary
Czas płynie spokojnie na kwiecistej łące
Falą marzeń snujących bez miary.

Trawka zielona wita kolorami szyta
Malowane obrazy motyli dorodnych kwiatów
Kłaniające słoneczniki żwawo w stronę słońca
Na kwiecistej łące nieprzerwana wiosna.

Łąka jest miejscem spokoju i harmonii
Serc słuchających śpiewu natury
Kwiecistą dumą i obrazem wiosny
Obdarowuje duszę urokiem miłości.

Jak wytłumaczyć nasz czas

Czas się udziela jak wiatr gna
Bez względu na nasze chęci
Bez początku i końca znaczenia
Roztacza nieuchronne dążenia.

Czas jest kręgiem ruchem wiecznym
Nie śpi nie śpiewa nie płacze
Wspomnienia mijają z kretesem
Myślami dzisiaj tu jutro tam jestem.

Wytłumaczyć sens czasu - jak to uczynić
To jak próba złapania wiatru w dłonie
Jest nieuchwytny a jednak wszechobecny
Kieruje życiem jak kapitan statku.

Sens czasu jest ukryty w jego płynności
W zmianach które każdy dzień niesie
W biciu serca i każdym oddechu
Z każdym kolejnym ruchem.

Czas to nie tylko zegar
To nie kalendarz kolejnych dni
To nasze życie co nieustannie płynie
Jak nurt rzeki uciekających chwil.

Bezsens życia

Czy sens życia w chwilach szczęścia tkwi
Czy może w próżnych marzeniach się snuje
Pytanie w nas jak wieczny płomień
Bezsensu życia szukamy śniąc.

Co jest celem w tej egzystencji

Czy tylko w drodze zmiennie znika
W kręgu pytań toniemy ciągle
A bezsens życia wciąż nas dotyka.

W kręgu codzienności tkwiący bezsilni
W poszukiwaniu sensu napotykając na trud
Życie jak labirynt niespodzianek pełne
W sercu tajemnice budzące głód.

Czy sens życia tkwi w normalności
Czy może w próżnych marzeniach
Pytania się rodzą w płomieniach
Bezsensu życia wciąż poszukujemy.

A może to w bezsensie tkwi sens
W swobodzie bycia chwilach refleksji
W odkrywaniu drobiazgów codzienności
Bezsens życia staje się mgielny w treści.

Dobry doktor

W białych fartuchach wielcy lekarze
W strumieniach wiedzy i powołania
W rytmie dbania o pacjentów zdrowie
Pracy szpitalnej jest pogotowiem.

Dobry doktor jest bohaterem
W nadziei uśmiechu spojrzeniach
Wysoka wiedza serce pełne troski
Łagodzi bóle przynosi ulgę.

W rękach dobrego doktora
Leży zdrowie i życie w darze
Obdarza pociechą choroby pokonuje
Mądrą wiedzą w świetle zdarzeń.

Jak rycerz legendarny trwa w walce
Strzegąc krainy przed chorobami
Skarbem zaufania pacjentów obdarza
W oczach uzdrowienie nie do pokonania.

Dobry doktor to człowiek z powołania
Cierpliwy nieskończonością wydaniem
Pnący do przodu codziennych zmagań
Zdrowie ludzi jest wielkim wyzwaniem.

Pod opieką lekarską nasze zdrowia trwają
Jak róże kwitnące w ogrodzie
Doktor dobroci i misyjnym darem
Jest współczesności największym skarbem.

Czas się skończył

Czas się skończył jak wiatru szept ostatni
Zegarów wskazówki zastygły w czasu gęstwinie
Cisza zwisa jak gęsta mgła
W oceanie nicości gdzie wszystko ginie.

Minuty godziny jak piasek się sypią
Upływają strumieniem nieuchronnie mkną
Życie jest jak ulotny sen
Na przeznaczenie czekając w cieniu.

Ciemność pochłania światło czasu końca znak
Gwiazdy na niebie znikają
Za horyzontem tajemnice czekają
Czas traci sens a wieczności nas witają.

Czyżby to koniec czy początek nowy
Czy czas się skończył

Odpowiedzi leżą poza zasięgiem myśli
Tam gdzie czas i wieczność splatają się w wątki.

Czas się skończył a ja tu stoję
Zapominając że nic nie trwa wiecznie
Lecz wśród zmierzchu nowy dzień się rodzi
A czas płynie niezmiennie bezpiecznie.

Czas się skończył lecz w sercach wiara trwa
W pamięci o tych co odeszli w noc
Pamiętajmy o nich gdy czas płynie
Bo w naszych wspomnieniach czas nigdy nie umiera.

Wesołe chwile

Wesołe chwile to czas najwspanialszy
Gdy serce tańczy a dusza śpiewa
Wesołość żywa w promieniach słońca
Rozświetla drogę życie upiększa.

Wesołość to radosna muzyka
Śpiew ptaków gitary dźwięki
Taniec liści na jesiennym wietrze
Uśmiech na twarzach radości w oczach.

Częste spotkania w gronie przyjaciół
Śmiech żarty wspólne marzenia
Ciepłe rozmowy w gronie rodzinnym
Prezenty i serdeczne życzenia.

Wesołość to drobne gesty
Dobre słowo uścisk dłoni
Podarowany czas i uwaga
Wartość chwil jest niezmierzona.

Niech wesołość w nas zamieszka
Radość nas prowadzi przez życie w miłości
W świetle serdeczności wszystko jest piękne
Otwórzmy serca dla wesołości.

Wandalizm

Zdrajcy nie niszczcie naszego kraju
 Pięknych widoków i żyznej ziemi
Niech gnuśne kłamstwa się rozbijają
Niemocą prawdy waszej jedynie.

Ojczyzna - to serce naszego domu
Gdzie marzenia kwitną jak kwiaty w maju
Niech zdradzieckie dłonie nie tkną tej ziemi
Bo w naszych sercach płonie ogień wiary.

Zdrajcy nie niszczcie naszego domu
Ziemi na na której stali przodkowie
W krwi w znoju trudzie ją pielęgnowali
I taką ją przekażemy naszym potomnym.

Niech duma narodowa płonie jak pochodnia
W naszych sercach i działaniu
Zdrady wasze niech zgasną w mrokach nocy
Bo Polska nasza Ojczyzna pozostanie w trwaniu.

Niech flaga nasza dumnie powiewa
Na szczytach gór i dolinach
Zdrajcy mogą próbować lecz nigdy nie zniszczą
Tego co w sercach nas przy życiu trzyma.

Życzenia na jutro

Witaj dniu nowy ze wschodem słońca
Marzenia w nas rozkwitają
Jutro będzie pełne światła
A w sercu króluje radość.

Proszę ciebie byś dał mi siły
Bym przezwyciężał wszelkie przeszkody
A nadzieja niech płonie jak jutrzenka
W sercu mojego istnienia wiosenka.

Niech jutro niesie miłość w dłoniach
Bym potrafił ją dzielić z każdym kto jest blisko
Niech serce bije spokojnie
A marzenia zamieniają się w poezję.

Niech jutro budzi się we mnie pokorą
Bym szedł przez życie z podniesioną głową
Myślami w prawdzie i pokrzepieniu
A kroki prowadzą ku spełnieniu.

Witaj nowy dniu w tobie jest nadzieja
W tobie ukryte są moje życzenia
Niech jutro budzi we mnie wiarę i siłę
By marzenia na nowo się spełniły.

Słowa i milczenie

Słowa unoszą się z wiatrem
Wypływają z głębi serc czaru
W mocy dźwięku konieczności
Wzbijają się w niebo wymiaru.

W mroku nocy cisza tkwi

Gwiazdy szeptem mówią świt
Milczenie jest niczym rzeka
Co skrywa tajemnice wieków.

Ale siła nie tylko jest w słowach
Milczenie wznieca płomienie
W spokoju w błogim bezruchu
Pobudza nadzieje na duchu.

Słowa rażą a często leczą
Milczenie łagodzi bóle
Siła słów i milczenia - dwie twarze medalu
W życiu trwania ważną rolę grają.

Witaj zdrowie

Witaj zdrowie najcenniejszy skarbie
Dbamy o ciebie jak o kwiaty w ogrodzie
Tchniemy powietrzem do życia pełni
Dbanie o zdrowie jest naszym pragnieniem

Dbać o zdrowie to nie tylko leki
To ruch powietrze i dobre jedzenie
W codzienności troska o ciało w tętnie
A dusza czerpie z tego siły wewnętrzne.

Odpoczynek sen o złotym blasku
Cisza i spokój w sercu łaską
Ruch to dla duszy lek na troski
Dbamy o zdrowie w życzeniach mocy.

W zdrowiu tkwią skarby nie do ocenienia
Jest blaskiem życia wolność ujmuje
Dbamy o zdrowie jak o największe wartości
Bo w nim spoczywa siła i nadzieja.

Porady dla biednego

W biedzie życie ciężko płynie
Na trudnej drodze słońce wschodzi
Chociaż brakuje złota ale jest nadzieja
W sercu skryta jak skarb nieodkryta.

Porady dla biednych to rzecz bardzo ważna
Aby serca wciąż miały nadzieje
Patrz na kwiaty choć na skraju muru
Radują się gdy przyjdzie pora.

Choćbyś miał mało weź co dajesz
Światło serca co w najgorszych chwilach masz
Niech dobroć płynie jak rzeka
A w duszy pozostanie śpiewka.

Porady dla biednego są skromne
Ale drogocenne jak skarb
Bo w sercu biedaka tkwi bogactwo
Gdy spojrzeniem w sobie to odkryje.

Jutro się nie obudzę

Jutro się nie obudzę
Czy moje serce przestanie bić
I dusza w kosmos się rozleci
A ciało spocznie w środku nocy.

Czy to będzie koniec podróży
Zapomnę o wszystkim co było
Wśród gwiazd marzenia moje spoczną
Zrozumiem że życie moje się skończyło.

Jutro się nie obudzę
Czy to będzie koniec czy nowy początek
Czy poznam światy nieznane
W czasie niekończącego się ruchu.

Gdy jutro już nie będę
Zniknę i przejdę do nieskończoności
Niech światło nowe mnie otuli
Będę tym co było jest i będzie.

Władza zwariowała

Władza jak błyskawica w ciemnej nocy
Zamienia słowa na kamienne mury
Ludzkie serca chce zdobyć pokonaniem
Władza zwariowała zmysły straciła.

Władza która miała ludziom służyć
Zamienia się w potwora co strachem nasyca
Ludzie krzyczą próbują się bronić
Władza demonicznie niepokoje podsyca.

Zachłanność władzy mroczną maskę nosi
Niewidzialne kajdany na dłoniach królów
Gubi się w labiryncie własnych chciwości
Zabija każde uczciwe dążności.

Krew na ulicach jak rzeka płynie
Głos narodów jak burza huczy hardością
Władza zapomina o ludzkim cierpieniu
Może zrozumie że to lud jest jednością.

Ludzie jak owce ślepe biegają
Nie wiedząc że to droga do zguby
Władza zwariowała tracąc moralność

A serca krwawią pod jarzmem bezlitosnym.

Władza zwariowała prawo krzyczy z bólu
Krwawe ręce zbrodni skrywa ich wołanie
Buntownicy w ciszy z wiatrem protestują
Władza zmysły postradała to jest niesłychane.

Nadzieja wśród zgliszcza słońce wstaje nowe
Lud śpiewa pieśni walka trwa
Władza zwariowała odejdzie do lamusa
Lud się jednoczy zapanuje nad tłem zła.

Poukładany świat

Poukładałem sobie świat
W myślach marzeniach i troskach
Gdzie słońce świeci światłem blasku
A chmury tańczą w błękitnym tańcu.

Gdzie drzewa szeleszczą szumem wiatru
A kwiaty kwitną w kolorach pokryte
Rzeki płyną roześmiane
A ptaki śpiewają o wolności w locie.

W tym świecie pełnym spokoju i ciszy
Niosę w sobie miłość i nadzieję
Poukładałem sobie życie jak sen
Gdzie się spełniają moje marzenia.

Choć rzeczywistość bywa brutalna
W tym świetle wyobraźni w duszy mego świata
Zawsze znajdę siłę spokój i ukojenie
Świat moją wieczną przystań życia.

Bezdomność

Wędruje ulicami bez żadnego celu
Wiatr w jego włosach gra melodię
Jego kroki stukają po pustyni chodnikach
Zapomniany przez świat w niepokoju.

Noc jest jego przyjacielem gwiazdy domem
Śpi na ławce pod osłony nocy
Czy kiedyś zaakceptuje jak być samotnym
Bez ciepła domowego i czyjejś pomocy.

W oczach przechodniów widzi tylko lęki
Boi się ich spojrzeń jest dla nich obcy
Czy oni to czują że w nas wszystkich tkwi strach
Że może kiedyś zostaniemy sami.

Jego serce bije w rytmie ulicznego hałasu
Jego sny gasną pod ciężarem zima i ciemności
Ale wciąż wierzy że istnieje dla niego dom
Gdzie serce odzyska spokój a dusza wartości.

Tak wędruje ulicami bezdomny i głodny
Szuka miejsca które będzie jego domem
Może kiedyś zrozumiemy że każdy z nas jest bezdomny
A dom w naszych sercach gdziekolwiek jesteśmy.

Istota wieczności

W mroku wieczności skryte tajemnice
Gwiazdy migocą w bezmiarze mocy
Czas się zgubił i przyszłość się zlewa
A istota wieczności jest z nami.

Jest to kraina spełnienia marzeń

Dusze odnajdują swoje przeznaczenie
Tam każdy krok to taniec w nicości
W sferze harmonii i ciszy.

Nie ma tam cierpienia i łez
Tylko jest spokój wieczny
Istota wieczności w naszych sercach tkwi
Jest to miłość która wiecznie będzie żyć.

Jest cisza i szumem jest nocą i dniem
Jest życiem i śmiercią jest wszystkim i niczym
Bo istota wieczności to bezkresna przestrzeń
Gdzie każdy czas i chwila ma swoje znaczenie.

W świecie materialnym gdzie płynie czas
Zapominamy w istnieniu w życiu rzeczywistym
Ale istota wieczności nie umknie nigdy
Jest to nasze wewnętrzne światło
                    które prowadzi nas do siebie.

Istota wieczności to istota życia
W niej tkwią tajemnice których nikt nie zgłębi
Wędruję przez życie przez ból i nadzieję
W objęciach miłości i słowach mądrości.

Głupota wojenna

W świecie gdzie ciągle wojna grozi
Mądrość pokoju jest bronią którą mamy w sobie
To głupota szuka zawsze krwawej draki
A rozum wskazuje nam ścieżki wolności.

Rozumieć słuchać i miłość wymarzyć
Jest receptą na pokój by wojnie zapobiec
Bo nawet gdy granice dzielą nas na części

W sercach łączy nas wspólna pokojowa treści.

Głupota wojenna jak chmura nad nami
Kierują ludźmi jak marionetkami
Nie widać w nich mądrości i tchnienia do pokoju
Agresja gniew i bezsilność sztandarem do boju.

Niech roztropność działa jak silna tarcza
Pod nawałem bredni w której chaos się chyli
Bo wojna to straty cierpienia ogromne
A głupota wojenna niech odejdzie w mroku.

Sztuka życia

Życie jak rzeka płynie przed siebie
Nie ma przystanku ani spoczynku
Skrywa w swej głębi wielkie tajemnice
Niezłomnym blaskiem świeci w każdej chwili.

Jak zrozumieć życie to pytanie wieczne
Nie ma ani jednej prostej odpowiedzi
To sztuka bycia tutaj i teraz
Czerpanie radości z każdej chwili bycia.

Życie nasze jest akceptacją
Tego co los nam przynosi każdego dnia
To umiejętność wdzięczności i przebaczenia
Za każde doświadczenie i każdą lekcję.

Nie pytajmy i szukajmy żyjmy pełnią chwili
W samej prostocie się odpowiedź się kryje
Zrozumiemy życie gdy przestaniemy się martwić
W każdym oddechu odnajdujemy siłę.

Piekła nie ma

W mroku nocy gdy cisza zalega
A gwiazdy na niebie milczące migają
Gdzieś w czeluściach ducha czai się trwoga
W sercach ludzi płonie tęsknota.

Szukamy piekła w każdym cieniu
W każdym grzechu w każdej winie
Czyż nie jest tak że piekła nie ma
Bo piekło to samotność i strata.

Nie są to płomienie piekielne
Lecz żar oziębły w pustce serca
Nie diabeł trzyma w mocy nas
Lecz własne słabości lęki i czas.

Piekła nie ma tam gdzie miłość płonie
Gdzie radość kwitnie i nadzieja rośnie
Piekło jest tylko tam gdzie brak tej mocy
Gdzie tracimy wiarę trwoniąc życia czas.

A więc gdy w duszy zalega ciemność
Nie szukaj piekła w cieniach przeszłości
Lecz szukaj światła w sercu zarania
Bo to światło piekło przegania.

Piekła nie ma tam gdzie dusze w niebiosach
Gdzie odnajdujemy spokój i sens życia
Piekło jest tam gdzie brakuje nadziei
A dusza trwa we własnej udręce.

Nie mamy wpływu

Na pewne sprawy nie mamy wpływu

Los w nas jak wir się kręci
Życie jest w ciągłej niepewności
A my brniemy w nim zajęci.

Nie można zmienić biegu rzeki
Gdy woda płynie wartko falami
Jesteśmy cząstką wielkiej tęczy
Planu którego sensu szukamy.

Nie mamy kontroli nad wszystkim
Nad zmrokiem świtem deszczem wiatrem
Ale możemy wybierać sposób jakim
Odpowiemy na los który życie nam niesie.

Niechaj w życiu ta pewność zostanie
Choćby burze nad nami szalały
W głębi serc naszych pokój niech gości
Na pewne sprawy wpływu nie mamy.

Końcowe kroki

Płomienie wspomnień się tlą
Śpiew ptaków w oddali słyszę
Nadchodzi zmierzch i mrok
W sercu mam radosną ciszę.

Wiatry szepczące w lesie
I gwiazdy blednę na niebie
Krok za krokiem idę do przodu
Ku światłu które mnie prowadzi.

Niebo barwi się od świtu do zmroku
Nadzieje ulatują w przestworza
Mój koniec będzie wesoły
Bez lęku łez i mroku.

Słońce zachodzi za horyzontem
Księżyc mnie blaskiem wita
Mimo końca czekają początki
A w sercu spokój rozkwita.

A życie jak rzeka płynie
Pełne wspomnień i obowiązków
Mój koniec będzie wesoły
Bo w sercu mam szczęście bezwzględne.

Nie boję się bo wiem na pewno
Że mój koniec to nic nie zmieni
To powrót do źródeł światła
W wiecznym tańcu znajdę swój kres.

Nieznana przyszłości

Witaj nieznana przyszłości
Spełnienie najskrytszych marzeń
W życiu pełnym pragnień i wzlotów
Dążenia w nadziei w obliczu kłopotów.

Nieśmiało stawiamy kroki na wyzwania
W sercu tkwi siła i chęci starania
Dni przeplatane radością i smutkiem
Budzące się rankiem nowe poznania.

Moją przyszłością są strony księgi nowej
Napisane piórem losu nadzieją odziane
Otoczone miłością i ciepłem okryte
A sukcesy wierszami najprawdziwszym życiem.

Codzienność przeplatana słów szelestem
Z każdą chwilą słowem zamiarem i gestem

Kroczę odważnie ku mojej przyszłości
Z nadzieją w sercu własnej tożsamości.

Igranie z atomem

W krainie nauki w głębi mikroświata
Człowiek ciągle zagłębia tajemnice świata
Igrając z atomem jak dzielnie z klockami
Odkrywa światłości i ciemności panoramy.

W labiryntach mikroświata czarów
Ukryte siły nas otaczają
Człowiek śledzi i zgłębia tajemnice
W igraniu z atomem odnajduje klucze.

Lecz tu gra jest niebezpieczna jak ostre oręże
Bo atom potężny odchodzi spod kontroli
Niesie ze sobą zagłady chaos i zniszczenie
Gra z nim jest niebezpieczna straszne zakończenie.

Człowieku który badasz ten proces
Możesz zdziałać dużo ale przynieść zgubę
Graj z atomem roztropnie z rozwagą
Bo jego potęga jest niezgłębiona.

Ziarenka piasku

Ile jest ziarenek piasku na ziemi
Człowiek nie zdoła ich policzyć
W morza falach na pustyni
Każde ziarno ma swój los.

Na górskich szczytach stepach rozległych
Na białych plażach ukrytych zakątkach
Miliony tryliony biliony i jeszcze więcej

Jak gwiazd na niebie czyni ich wielkim.

Wiatr je porusza fale je niosą
Pod ludzką stopą drobne się tłoczą
Ile ich jest nikt nie pojmuje
Ale to widać i to się czuje.

Ziarenka piasku to symbol życia
Łuną ogromną marzeń ulotnych
W pustce wszechświata chociaż maleńkie
Pełnią swą rolę cichą skromnością.

Niech będą symbolem i marzeniem
Płynącym w sercach rzeki nurtem
Ile jest ziarenek piasku
Tyle samo co marzeń w ludzkich sercach tkwiących.

Życie jak piasek między palcami
W każdym ziarenku tajemnice kryje
I chociaż niepoliczone każde ziarenko
To w nieśmiertelnej powieści żyje.

Odpowiedzialność

Gdzie szukać sensu w podróży życia
Kto jest odpowiedzialny za moje życie
Czy to los czy moje wybory
Kształtują moje dni i nocne pory.

Czy to rodzice co mnie wychowali
Nauczyciele co mądrości przekazywali
A może przyjaciele co wędrują ze mną
Być może miłość co serce zapełnia.

A może to ja w głąb siebie się wpatrując

Podejmując decyzje i naprawiając błędy
Każdy krok i każde słowo
Kształtuje moje życie na nowo.

Niech odpowiedzialność za moje życie
Będzie siłą i źródłem mocy
A każdy dzień nową opowieścią
Którą sam piszę w drodze mądrości.

Nerwowa pani

Nerwowa pani w pokoju ciszy
W sercu jej troska płynie strumieniem
Myślami błądzi w chaosu szumie
A dal przenika smutnym spojrzeniem.

Marzenia skrawki otula w dłoni
Na codzienności szarego blasku
Nerwowo własne myśli buduje
Na niepewności i wielkim trudzie.

Zmęczone oczy w dal patrzą siną
Lękiem tajemnic losy się ważą
Nerwowa pani w cieniu sprzeczności
Na stronie życia i możliwości.

Nerwowe sceny a w sercu siła
By przetrwać burzę co nastąpiła
Ze sobą w zgodzie inności ruchem
W każdym spojrzeniu rozterki duchem.

Kto jest najważniejszy na ziemi

Na naszym globie ziemskim w czasie
Brakuje odpowiedzi w tej baśniowej kwestii

Kto jest najważniejszy na ziemi że tak się wydaje
Zagubieni w codzienności ze światowym wstaniem.

Czy to jest ten - co bogactwem się otacza
Czy to jest ten - co prostotą nas zachwyca
Czy to jest ten - sławny co sławą obsypuje siebie
Czy to jest ten - co cudzym gestem zdobi się wciąż.

Czy to król - na tronie w lśniącej koronie
Czy to biedak - w cieniu marzeń drzemiący
Czy to władca - burz czy to pasterz skromny
Co serca tchnieniem dusze w nas prowadzi.

Może to dziecko w oczach niewinnych łza
Może to starzec co wspomina czasy dawnych lat
Może to matka co życie w cierpieniu rodzi
Może to ojciec co mądrość w sercu skrywa.

Kto jest najważniejszy na ziemi zapytajmy serca
Tam gdzie miłość tkwi i króluje po wszystkie dni
Tam gdzie pokora krąży i szlachetność króluje
Tam gdzie dusze dotrwają mocą chwil.

Najważniejszy jest ten - kto daje siebie innym
Kto troskę i miłość w sercu niesie
Kto szuka dobra gdzie cierpienie tkwi
Kto promieniuje światłem co mrok oświetla dziś.

Tak więc niech nasze serca wskazują drogę
Niech miłość prowadzi i dobro w nas króluje
Bo w wielkiej sprawie tu na naszej ziemi
Najważniejszy jest ten kto się miłością dzieli.

Jak uniknąć starości

W myślach meandry snu i czasu
Szukam sposobu jak uniknąć starości
Czy w zakamarkach serca
Czy w łonie natury nowości.

Może w tańcu odnajdę sekret
Który młodość w sobie skrywa
Aby w oczach czasu nie zblednąć
A zawsze na nowo się odkrywać.

Bo zawsze między słowami wierszy
Ukryty jest eliksir wiecznej młodości
By z każdym świtem odkrywać
Że życie ma smak nowości.

Niechaj młodość w duszy wiecznie trwa
W promieniach nadziei się kąpie
Śmiechem dni się przelewają
A lęki i zmartwienia odstąpią.

Tak więc szukajmy w sercach
Dookoła w chwilach codzienności
Sposobów żeby uniknąć starości
I dążyć do pozostania w młodości

Niespodzianki życiowe

W naszym życiu jest wiele niespodzianek
Bardzo trudne często nadchodzą
W sercach spokoju i mądrości są tajemne siły
By unikać szaleństwa co burzom towarzyszy.

Próbuję poznać siebie bardziej i swoje granice

By nie być chłostanym przez wiatry
Akceptuję to czego nie można już zmienić
A spokój wewnętrzny przetrwa każdy test.

Otaczam się ludźmi dobrymi i mądrymi
Którzy w burzach stoją u mojego boku
Ich wsparcie i mądrość to latarnia w mroku
Oświetlają drogę gdy trudności są wokoło.

Dbamy o równowagę i harmonię
W ciele umyśle i duchu
Zdrowe ciało i umysł silny jak tarcza przed burzą
A siła duchowa przynosi spokój.

Pamiętajmy że życie jest podróżą
Pełną wzniesień decyduje o tym los
Nie trwóż się gdy burza nadciąga
W spokoju znajdziemy siłę by odeprzeć każdy cios.

Cierpliwość

Cierpliwość od zawsze trwa w ciszy
W siłę rozwija się w czasie
Jak w melancholijnej sztuce
Czas spokoju jest tu kluczem.

Cierpliwość - kwiat wolno kwitnący
Trwa w sercu pielęgnowana
W nadziei pomimo burzy
Przewodzi w życiu i służy.

W cieniach czasu cierpliwość panuje
W milczeniu oddech wstrzymuje
Mądrością w spokojnym milczeniu
Dobre zmiany w sumieniu buduje.

W ciemności duszy cierpienie jak cień
W samotności wędruje bez nadziei
W sercu ból ukryty w oczach morze łez
Skarb losowy nigdy nie odkryty.

Życie to droga na losu odmętach
Na co dzień dostrzega się i czuje
Cierpliwy człowiek żywych wartości
Krocząc do przodu nie ustępuje.

Co dalej

Świat się skończy życie ustanie
Na ziemi nowy czas powstanie
Góry znikną wody i las
Nastanie przedziwny czas.

Ten nowy świat bez żadnych granic
My odnajdziemy drogę tam
I pozostaną w nas pragnienia
W nowej epoce nowy dom.

W nieznanym świecie tkwią tajemnice losu
Czy to koniec czy nowy początek
Świat zniknie co dalej pytań wiele
Odpowiedź tkwi w nas samych życiowym dziele.

Błędy ludzkości

Ludzkość wciąż wędruje w czasie
W błędach drogi szuka znaczeń
Gnębiona pychą łaknieniem chwały
Zatracając w sobie piękno.

Oto błędy które kształtują losy
Naiwność która wiedzę zaciemnia
A chciwość co serce moralnie zdradza
Stawiając złoto nad wartością wewnętrzną.

Wojny jak ścieżki krwawe na ziemi
Budując mury zamiast mostów
Rozdzierają ludzkie serca
Pogrzebane pod gruzami marzeń.

Zagubieni w labiryncie technologii
Zaślepieni blaskiem sztucznego światła
Zapominamy o istocie rzeczy
O miłości współczuciu i wzajemnym szacunku.

Lecz wciąż nadzieja płonie w sercach
Że zrozumiemy nasze błędy
Że odnajdziemy drogę ku prawdzie i dobru
I wzniesiemy się ponad ludzką niedoskonałość.

Żyję chwilą

Otwieram oczy światło mnie wita
Żyję chwilą dni moje trwają wiecznie
Niech wiatr mnie nosi po niebie
Niech serce bije niech żyje bezpiecznie.

Życie jest pędzącym strumieniem czasu
W nim chwile odkrywające głębiny losu
Niech radość w sercu zagości na trwale
Żyję chwilą w jej blasku tańczę w świetle.

Słońce wschodzi o zachodzie marzę
W każdym kroku czuję że żyję naprawdę
Niech każdy dzień jak magiczny klejnot

Mieni się barwami miłości w świata otoczeniu.

Patrzę na niebo szerokie i błękitne
Gwiazdy migocą jak złote iskry
Światło księżyca rozświetla mrok
A ja tu jestem żyję czuję tę moc.

Emerytura wita

Emerytura wita ciepłem i dobrocią
W dni senne życie spokojne
Jest nagrodą za lata ciężkiej pracy
Czy karą za minioną młodość.

Czy to czas odpoczynku marzeń spełnienia
A może samotność zmarnowany czas
Czy to wiek złoty pełen radości
Czy bezsilności i samotności.

W emeryturze jest wiara i nadzieja
A tęsknota za dniem codziennym
Czy emerytura jest nagrodą czy karą
To pytanie bez odpowiedzi.

Normalny dzień

Wstaję rano witam dzień
Słońce w oknach znany cień
Zimny prysznic i herbata
Początek nowego świata.

Ludzie idą i ja ruszam tam
A cóż do stracenia mam
Rowerek czeka w garażu
Żeby zdążyć dodam gazu.

W pracy wysiłek niemały
Godziny płyną w rytmie stałym
Śmiech kolegów coś z brawury
Szary dzień w kolorze purpury.

Popołudnie mija czas ucieka
Powrót do domu droga daleka
Ciepła kolacja rozmowa krótka
Zwyczajny dzień - życie to sztuka.

Noc się zbliża cisza wieczorna
Myśli w głowie pełzną wolno
Czeka łóżko marzenie snuje
Jutro dzień nowy który daruje.

Normalny dzień a jednak pełen
Niespodzianek i chwil wzniosłych wiele
Każda minuta i sekunda
Tworzy życie w nowych rundach.

Mądrość i głupota

W świecie pełnym mądrości i głupoty
Dzielą się ludzie na różne sposoby
Mądrzy szukają sensu i celu
Głupi wędrują drogami fortelu.

W krainie ludzkiej od dawien dawna
Mądrość z głupotą grają swą sztukę
Mądrość to prawo sztuka nauka
Głupota w mroku nie wie co szuka.

Mądrość jest światłem drogę wskazuje
Głupota w mroku plącze się buntuje

Mądrość to cisza serca uspokaja
Głupota hałasem spokoju pozbawia.

Mądrość to cierpliwość co pokornie czeka
Głupota odwrotnie w ślepotę podąża
Mądrość to roztropność w myślach się układa
Głupota bezmyślnie pułapki zakłada.

Mądrość jest zawsze umiarem w działaniu
Głupoty przesady rozumy zaciemniają
Mądrość to empatia w sercu otwarta
Głupota to obojętność co w sercu umartwia.

A więc wędrujemy ku mądrości w drodze
Unikając kierunku gdzie głupota czeka
Bo skarbem mądrości czynić dobro mają
A głupoty pułapki szczęście zatruwają.

Święto Mężczyzn 10 Marzec 2024 r.

W Dniu Święta Mężczyzn 10 Marca
Niech radość otacza Twój każdy dzień
Siła i męstwo w sercu tkwią zawsze
A szczęście spełnia się w biegu czasie.

Niech marzenia Twoje zawsze się spełniają
A trudności omijają jak cienie nocy
Niech sukcesy towarzyszą Tobie w życia drodze
A każdy dzień przynosi uśmiech i nadzieję.

Życzymy Tobie Mężczyzno siły i odwagi
Szanuj Płeć Żeńską i swoich przyjaciół
Bądź miły silny pokorny i mądry
Swoje szczęścia ścieżki sumiennie znaczył.

Niech Wasze serca Drodzy Panowie
Starsi i młodsi kochani przyjaciele
Otwarte są dla wszystkich żywą przyjaźnią
Uczynią Wasze marzenia każdą chwilą ważną.

Życie po życiu

W świetle gwiazd gdzie noc sięga głęboko
Życie po życiu w kręgu wieczności
Tam dusze tańczą w niebieskiej krainie
Bez ciała bez czasu w wiecznej spokojności.

Nie ma tam łez ani żalu ani bólu
Tylko radość spokój i światło
Dusze spotykają się w miłości
Odsłaniając tajemnice świata.

Tam gdzie czas jest tylko słowem
A przestrzeń obejmuje wszystko
Życie po życiu rozkwita pełni
Wśród nieśmiertelnej harmonii.

Nic nie wiemy dokładnie co nas czeka
Ale wierzymy że to jest coś pięknego
Tam gdzie duchy święte w tańcu się snują
Życie po życiu wieczna miłość płonie.

Na scenie marzeń

Snujemy marzenia przez życie całe
Dniem i nocą podążamy za oryginałem
W pasji i pracy budujemy sceny
W dorobku - skarby nie do oceny.

Wznosimy się nad horyzontu niebem

Gdzie światło spełnień płynie strumieniem
W wielkim trudzie i na każdym kroku
W dziele życia przeznaczeniem.

Ścieżki sukcesów są naszym tropem
Celem osiągnięć trudności skalą
Owoc wysiłków minionych zdarzeń
Na zmiennym czasie dorobku marzeń.

W chwilach triumfu i przeciwności
Poezja życia niech nas prowadzi
W całym dorobku jesteśmy silni
A dobrodziejstwem spełnienie marzeń.

Widzę swój koniec

Widzę swój koniec jak dzień bez zachodu
Gwiazdy zgasły niebo mgłą owiane
Cień długi smutny w sercu mi zagościł
Życia barwy jak jesień przesłane.

Wędruję samotny po bezdrożach myśli
Gdzie los jest kręty ścieżki plecie swoje
Znikają marzenia jak mgły nad jeziorem
Pustka wypełnia duszę mego wnętrza.

Gdzieś za horyzontem cień mój się kryje
Bezsilność dłonie moje obejmuje
Widzę swój koniec jak ocean bez brzegu
Cisza głucha jak grobowiec bez zgody.

Ale wciąż w sercu iskra drzemie
Nadziei promyk pod cieniem się nie ugnie
Widzę swój koniec lecz wciąż wierzę w świt
Nowy dzień początek w moim życiu.

O człowieczeństwo twój koniec
Jak nowy świt jak ziarna na wietrze
Widzę swój koniec ale wierzę w moc
Która moją duszę ponownie pobudzi do życia.

Bezsens w grze

W grze politycznej gdzie celem jest władza
Bezsens tkwi głęboko jak cień
Polityczne intrygi kłębią się mgielnie
A słowa i gesty to tylko fasada.

Wśród manipulacji i układów gry
Bezsens tonie w morzu obłudy
Obietnice płonne mają góry fiaska
Wiatr zmiennych losów i tony wniosków.

Gra polityczna pełna kurtuazji
Bezsensem płynie w nurtach ironii
Interesy ukryte motywacje kruche
W świecie pozorów obietnice głuche.

Czy mądrość w polityce jest sensem
A uczciwość i honor nie stanie się żartem
Bezsens w grze politycznej tonie w ciszy
Lecz nadzieja na zmianę tkwi.

Miliony głosów w ciszy zagubione
Obiecanki tonące w cieniach zapomnienia
Ktoś się wznosi ktoś upada a ludzie czekają
Na normalność i sens w tej grze.

Widziałem swojego ducha

W ciszy wieczoru myślę przytomnie
Czuję obecność czegoś prawdziwego
Wyczuwam coś nie do uwierzenia
Ktoś odsłania mi tajemnice istnienia.

W odbiciu księżyca i blasku gwiazd
Dostrzegam swój własny obraz
Nie jest to zjawa ani złudzenie
Ale esencja mojego istnienia.

To jest mojego ducha obraz
W nim echo i życia żar
W oczach mojego ducha czai się światło
I historia mojej wewnętrznej walki.

Widziałem nadzieję jak promień złoty
W blasku wieczoru płonący we mnie
I cienie wątpliwości jak mgły niepewności
Co rozpraszają się w świecie prawdy klarowności.

Jakże jest trudno poznać własnego ducha
W gąszczu uczuć na ścieżkach wiary i mroku
Ale w oczach widzę drogowskazy
Które prowadzą mnie ku prawdzie w życiu.

Do góry nogami

Maszeruję do góry nogami
Po ścieżkach zachodu dnia
Wbrew grawitacji sięgam do nieba
W myślach moja wędrówka trwa.

Świat widziany z innej perspektywy

Góruje nad rzeczywistością znany
W istnieniu moim błyszczą gwiazdy
Prowadzą mnie ku nieodkrytym brzegom.

Maszeruję nie cofam kroku
Bo droga jest moją własną
Ludzie patrzą w górę ze zdumieniem
A ja idę do góry do raju.

Nuda

W życiu drogi pełnej znaczeń
Gdy słońce gra w promieniach
Jak owoc smakuje słodko
A serca biją z radości.

Wędrujemy przez życie z optymizmem
Marzenia niech będą kompasem
Odkrywamy świata tajemnice
Budujmy mosty a nie mury.

Czytaj książki wędrowny poeto
Gdzie słowa tworzą nowe idee
Maluj obrazy w wyobraźni
I tańcu w rytmie życia przyjaźni.

Odkrywaj smaki egzotycznych potraw
Podróży przez krajobrazy barw
Słuchaj muzyki która wzrusza
I słuchaj rady swojego ducha.

Codzienność jest jak sen uroku
A życie jest jak mądry wiersz
Pełne zagadek i tajemnic
Których kluczem jest serca ciepło.

Tak żyć by nuda uciekła w dal
W przygodzie i twórczym działaniu
Bo życie jest pełne możliwości
Dla wszystkich co szukają sensu i radości.

Człowiek bywa gorszy od psa

W świecie pełnym gniewu i niepokoju
Gdzie serca ludzkie zatracają się w chciwości
Człowiek zapomina o łaskawości
Rani zabija i krzywdzi bez litości.

Gdzie jest miłość tam jest i nienawiść
Gdzie są marzenia tam jest zdrada
Człowiek jest ślepy na potrzeby innych
Zatracił duszę w pogoni za zyskiem.

A jednak wśród chaosu i mroku
Jest pies wierny towarzysz człowieka
Nieoceniona dusza bez skazy
Oddaje serce bez żądzy i obłudy.

Gdzie jest wierność co pies okazuje
Człowiek w chciwości i zbrodni zostaje
Pies oddaje ciepło bezinteresownie
Człowiek odczuwa żądze w mamonie.

Wierny towarzysz pies w trudnych dniach
Człowiek krzywdzi wbrew naturze świata
Bo w jego sercu panuje złość
Nie widzi wartości bezwarunkowej miłości.

Gdzie człowieczeństwo się podziało
W sercu psa zawsze trwało

Człowiek zapomniał że serce jest darem
A pies oddaje bez żądzy kłamstw skarem.

Lata mijają wiatry nie cichną
A pies pozostał wierny do końca
Człowiek zatraca to co najpiękniejsze
I został zatopiony w grzechy nieszczęsne.

Więc najwyższy czas się zastanowić
Czemu człowiek jest gorszy od psa
I znaleźć drogę do powrotu do siebie
Zanim stracimy naszą ludzką godność.

Wolność

Wolność to dar co w sercu płynie
Światłem nadziei w duszy krąży
Bez niej jak ptak w klatce dusza drży
Wolność jest życia prawdziwą siłą.

Na polach wolności marzenia kwitną
Wiatr żywo tańczy i śpiewa
Wolność to nie tylko słowa i gesty
To prawda co w sercach żyje wciąż.

Wolność to walka duma i siła
Nieugięta postawa w obliczu złych dni
Za nią ginęli za nią walczyli
Mądrością myśli powszednich dni.

Bez wolności życie jest martwe
Świat szary pozbawiony barwy
Wolność to esencja istnienia
Która napawa darem myślenia.

Wolność gdzie serca w rytmie tętnią
Gdzie myśli krążą swobodnie
Wolność jest najważniejsza
Bo w niej zaczyna się każda życie.

Czekamy na wiosnę

Wiosenko pośpiesz się czekamy na Ciebie
Zagłębiając spojrzenia w zielone drzewa
Kwiaty ciche czekają w tęsknocie
Na Twój powrót kiedy przyjdziesz nareszcie.

Wiatr tańczy w harmonii drzew liści
Woda tęskni szepcze i płynie
Ptaki śpiewają piosenki wesołe
Wiosenko przybywaj w tej godzinie

Twoje dotknięcie przynosi odrodzenie
W sercach ludzi nowe marzenia szyje
Wiosenko czekamy na Ciebie
Twoja obecność w naszych sercach bije.

Niech trawa się zazieleni zakwitną kwiaty
A drzewa rozkwitną w pełni piękna
Wiosenko Twoje przybycie to nadzieja
Rozświetlające światło nowego dnia.

Głupie pomysły

W głowach umysłów tańczą pomysły
Bez sensu bez ładu jak wiatru kaprysy
Głupie i dziwne nieprzydatne w niczym
Jak chmury na niebie i mrówki w mrowisku.

Żyją w głowach jak dziwne sny

Bezładnie jak taniec wśród gwiazd
Bez celu bezdroża jak mgły na łące
Głupie pomysły marzeniom przeczące.

Podążamy za nimi jak za złudą
Bez celu bez sensu bez światła
Głupie pomysły jak kłęby dymu krążą
Rozpływają się gdy dotknąć się zdążą.

Niech się oddalają wszystkie głupie myśli
A wiatr je porwie jak liście z drzewa
Bo tylko mądrość i sens w życiu
Może prowadzić ku lepszej przyszłości.

Istota życia

Życie jest tańcem w rytmie czasowym
Chwilami przeplatane jak błyszczące perły
Losy splecione nieodgadnione
Melodyjnych zmian bez przerwy.

Dni słoneczne noce ciemne
Słowa niedomówień pełne
Opowieści różnej treści
Zachwyty radości i klęski.

Moce spotkań i pożegnań w czasie
Jedni przychodzą inni odchodzą
W sercach i umysłach ludzkich
Wciąż nowe pomysły się rodzą.

Życie przez dni słoneczne i burze
Nie zapisuje czasu na karcie
Ale siwizną głowy obarcza
Czas nieugięcie wrażeń dostarcza.

Przekraczamy góry wyzwań i morze łez
Czasem wygramy czasem przegramy
Mijają lata bez zahamowań
W sercach płynących planów i doznań.

Obłuda w XXI wieku

W obłudzie XXI wieku śmierć cicho krąży
Pod maską uśmiechu z kłamstwem w ustach gra
W świetle soczewek fałsz w promieniach płynie
Odkrywając prawdę co w sercu zna.

W sieciach społecznych wirtualnej krainie
Ludzie się chowają twarze zakrywają
Pod pozorem szczęścia
Zapominają że życie nie jest bajką.

Na szczytach kariery w chmurach ambicji
Obłuda w każdym ruchu tkwi
Kłamstwo oczy zamyka serca zatruwa
Światło prawdy gaśnie i mrokiem przykrywa.

Lecz gdzieś wśród cieni nadzieja płonie
Głos prawdy woła serca przemienia
Obłuda króluje a światło nie gaśnie
Bo w sercu ludzkim jest siła prawdziwa.

Wolna wola człowieka

Wolna wola człowieka jest niezależnością
Wzlatuje w górę gdzie żyją marzenia
W sercu każdego człowieka tkwi moc
Sam decyduje kierując swój los.

Losy splatają niewidzialne nici
Człowiek wybiera i mądrość rośnie
W nieugiętej woli wiatrowym szumem
Przez życie wędruje ku wiośnie.

Życie pokrzyżowane różnymi sprawami
Człowiek decyduje czyniąc przeznaczenie
Wolności woli rzeka niezgłębiona
Kieruje się ku wolności spełniając marzenia.

Wolna człowieka jak gwiazda podniebna
Serca biją taktem mocą niezależności
Wszyscy wędrujemy ścieżkami wyborów
Budujemy historię niepowtarzalności.

Władcy losu ludzie wielcy mędrcy
Wolną wolę człowieka niech znają
W sercu decyzji jak gwiazda przewodnia
Niech świeci mocniej i plony wydaje.

Cena polityki

Polityka - tak czasem głupio brzmi
Gdy widzę jak ludziom ciężko ją zrozumieć
W tłumie ambicji i kłamstw niezmiennie tkwi
Czyż nie możemy żyć w pokoju jak bracia.

Każdy polityk zdaje się inaczej mówić
Obietnic wiele żeby władzę zdobyć
Ale czy chodzi w tym o dbanie o ludzkie serce
Czy tylko o swoje cele i pieniądze dla siebie.

Polityka to sztuka nie dla każdego zrozumiała
Ale czy to tłumaczy ciągłe zamieszania i zgrzyty
Głosy się wznoszą a spory nic nie wyjaśniają

A ludzie zwykli cierpieć gdy władza sięga wyżyn.

Czy nie możemy żyć w społeczeństwie równości
Gdzie sprawiedliwość szacunek i empatia rządzi dniem
Polityka precz jest czas na nowe zmiany możliwości
By ludzkość szła ku lepszym dniom.

Nie samym chlebem

Człowiek wędruje przez życia czas
Nie samym chlebem karmi się jego dusza
W przestrzeni pełnej tajemnic
W sercu rodzą się marzenia w odruchach.

Nie samym chlebem żyje człowiek
Bo w myślach snują się pragnienia
Tęskni w sercu za czymś nieznanym
Za spełnieniem losowym obiecanym.

Wędrówka w życia labiryntach
Nie tylko chlebem karmi pragnienia
Odkrywanie prawdy i miłości
To co nadaje sens istnienia.

Żyjemy nie tylko by jeść i pracować
Aby odkrywać piękno wokoło i w sobie
W sercu każdego człowieka tli się żar
Pragnienie spełnienia sensu miłości.

Bo nie samym chlebem żyje człowiek
Ale słowem miłością pracą i sztuką
W sercach drzemie pragnienie
By odkryć sens życia istnienie.

Dokąd zmierzamy

W oczach ludzi nieznanej przyszłości
Miast migotanie światła uroki
W kręgach czasu biegach losu
Cywilizacji toczą się kroki.

Od jaskini głębokich czasów
Po stalowe wieże blaskiem wstającym
Nasze drogi życiowe ku przyszłości
Nadzieją skrzydeł się wznoszącym.

Ale to czy to jest naszym wyborem
Czy to jest przyszłość obiecana
Czy poszukując sensu w drodze
Nie zgubiliśmy swojego powołania.

W krzykach sieci ekranowego blasku
Sercach pulsów i tętniących myśli
Czy odnajdziemy w tej krainie
Coś co serca naprawdę ożywi?

Miłość wolność prawda święta
Powinna być naszym celem
Nie fortuna nie technika
Lecz wspólnota spokój i ciepło.

Dokąd prowadzą nasze przyszłości
Pytań jest wiele brak odpowiedzi
Ludzkość nie może zapomnieć
Że przyszłość tkwi w prawdzie i miłości.

Krzywoprzysięstwo

W świątyni życia na ścieżkach czci

Gdzie sumienia wstyd a mądrość trwa
Tam krzywoprzysięstwo króluje
W stronę mroku gdzie ukryte jest zło.

Słowo co miało być prawdą
Często obraca się w kłamstwo
Przysięga wypowiedziana na górze
Ulega ciemności przez zdradę.

Na słowach budujemy mosty
A zdrada je łamie jak lód
Krzywoprzysięstwo jest jak ostrze
Które tępi dusze kroczące.

Niech każdy czuwa nad tym co mówi
Bo krzywda rani okrutnie
Lecz w ciszy sumienia i czystości ducha
Jest nadzieja że Opatrzność nas wysłucha.

Stop z ludobójstwem

W cieniach nocy krzyk rozpaczy brzmi
Głosy ofiar które cisza zatrzymała
Krwią zalane drogi w sercach ból
Historia płaczu co milczenie zagłusza.

Na polach bitewnych gdzie śmierć krąży
Tysiące marzeń tańczy w mroku
Moce zagrożeń jadu i zgrzytu
Oczy dzieci nie zobaczą już świtu.

Stop z ludobójstwem wołają krzyże
Wichry historii wypatrując zmian
Głos męczenników wiatry niosą
By pamięć o nich nie zgasła w nas.

Niech serca biją w rytmie pokoju
A dłonie splatają w jedności
Bo tylko we wzajemnej miłości
Znajdziemy drogę do prawdziwej wolności.

Wymagam od siebie

Wymagam od siebie normalności w życiu
Abym ze świtem nadziei z serca czerpał ogień
By moje kroki stąpały śladem uczciwości
A serce rozbrzmiewało ciepłem dobrotliwości.

Wymagam od siebie bym się nie uginał w trudach
Bym w drodze nigdy w prawdę nie wątpił
Niech moja wola będzie jak skała
A nadzieja świeci promieniami słońca.

Wymagam od siebie bym miał odwagę w słowach
Bym mówił prawdę choć burze przynosi
Niech siła i niechęć w miłość się przemieni
A słowa przeganiają mrok i zniechęcenie.

Wymagam od siebie bym nie przestał marzyć
Bym serce swe niezłomne w błękit nieba wznosił
Niech życie nasze będzie pełne radości
W świecie nadziei pomimo trudności.

Zawodzę się na sobie

Dlaczego często zawodzę się na sobie
Tropię się w sensie życia czasem się gubię
W sercu mym tak pełno niepewności
Szukam prawdy i moralności.

Czy to jest winą niepewności i lęku
Że wpadam często w te pułapki
Zagubiony w myślach błądzę
A prawda jest ukryta gdzie się nie spodziewam.

Być może nie wierzę w swoje możliwości
Że dużo potrafię a zwątpienie kusi
W sercu mojej duszy tlą się iskry nadziei
Że mimo trudności odnaleźć się muszę.

Dlaczego więc na sobie często się zawodzę
Być może to jest cel podróży
A może to program który przejść muszę
Aby siebie zrozumieć i świat wokół siebie.

A więc dalej wędruję mimo przeciwności losu
Na każdej chwili dnia się uczę
Dzięki nauce staję się silniejszy
A droga która wybrałem przyszłości buduje.

Polityka na czasie

Polityka się nie sprawdza
W obliczu ludzkich myśli
Obietnice jak wiatr rozwiewa
A rzeczywistość przebrzmiewa.

W kampaniach słowa płoną
Obietnice w niebo wznoszą
Lecz kiedy władzę zdobędą
Oblicza prawdy zakłamują.

Interesy i gry wpływów siły
Bezkompromisowo czasem żądzy krwi
Czy to w imię chwały czy interesów

Polityka kradnie nadzieje jak złodziej.

Lecz w sercach ludzkich płonąca nadzieja
Pragnienie uczciwości prawdy stanem
Głowy milionów mówią stanowczo
Polityka niech pozna swój los.

Bo kiedy ludzie się jednoczą
Góry przenosić potrafią
A polityka chociaż się nie sprawdziła
Niech zrozumie że nadzieja nie zginęła.

Istota ludzkiego sumienia

W skrytości serca ciemności duszy
Istnieje moc co cały czas prowadzi
To głos sumienia i czas jednoczy
W moralności naszych marzeń.

Włóczęga nocy szeptem wiatru słucha
Głosu co budzi nasze wątpliwości
Istota ta w nas tkwi głęboko
Głos co prowadzi czasem zawodzi.

Czy w krainie złudzeń czy w świecie wiary
Sumienie woła zawsze prawdę głosi
Nie zna granic nie ulega władzy
W sercach ludzkich szuka drogi.

Choć czasem ciche jak echo w przestrzeni
Jest siła co człowieka kształtuje
Wbrew słabości i pokusom zła
Prowadzi nas drogą i dobra szuka.

A często zmęczeni stajemy na progu

Sumienie nie ustępuje daje siłę w trudnościach
Bo w istocie ludzkiego serca tkwi siła
Istota sumienia jest światłem na wieczność.

Podróż w czasie

Życie jest podróżą w czasie
Spełnienie marzeń tajemnym przejściem
W sercu nadzieja splecione dłonie
Życzeń spełnianie nieocenione.

Życiowe ścieżki mnożą trudności
Nasze marzenia wolne w istnieniu
Determinacja kroki do przodu
Życia fantazji wierszowych zwrotów.

Każde życzenie pachnące kwiatem
W ogrodzie życia rozwijającym
Dni dojrzewają z płynącym czasem
Zbiorą owoce marzeń gorących.

Spełniać życzenia z tańczącym czasem
W melodii szczęścia płynącej w duszy
A każda prośba w darze spełnienia
W kolebce prawdy sensem istnienia.

Istnienie ludzkie to dzieło niezmienne
Wzloty upadki w bezmiarze przestrzeni
Pytań tysiące odpowiedzi we mgle bywa
Wewnątrz siebie tajemnice skrywa.

Ojczyzna

Ojczyzno co się z Tobą stało
Twój obraz się zmienia jak czas przemija

W dawnych czasach szum - teraz światła mało
Czyżbyś zapomniała co to jest siła?

W dawnych czasach był blask
Pola Twoje kwitły niczym morze złota
Dzisiaj jak wiatry się zmieniły
Czyżbyś zatraciła dumę w powrotach.

Ojczyzno gdzie są Twoich dzieci dumne twarze
Kroczące w przeszłości Twojej chwały
Czy w zapomnieniu gdzieś się zgubiły
Być może z żalu oniemiały.

Prawdą jest że w sercach tych co kochają
Płoną iskry nadziei jasnym płomieniem
Ojczyzno moja wrócisz do swojej chwały
Bo naszych sercach jest to wiemy.

Kwiaty rozumienia

W ogrodzie myśli krainy ciszy
Kwitną kwiaty usłane mądrością
Kwiaty rozumienia listeczków tysiące
Z upływem czasu nowości głoszące.

Kwiaty rozumienia niczym błyskawice
W mrokach niewiedzy wiodą nasze kroki
Odkrywamy prawdy boskiej tajemnice
W naszych umysłach jakie stwarza życie.

W krainie myśli rozwojowym świecie
Szukamy prawdy której głosy szepcą
A w naszych sercach rodzą nadzieję
By odnaleźć mądrość tworzyć przyszłość lepszą.

Niechaj kwiaty kwitną i prowadzą nas
Kwiaty rozumienia najwspanialszy dar
Z upływem czasu z biegiem wydarzeń
Na szlaku poznawania i spełnienia marzeń.

Kto wymyślił piekło

W wieczności brakuje czasu
Ogniowe serca płomienie jarzą
Piekło swoją twarz zakrywa
Ludzkie losy tam się ważą.

Któż to wymyślił te piekielne dziedziny
Gdzie dusze szlochają z bólu
Czy to Bóg gniewny czy szatan
A może to tylko ludzka wyobraźnia.

Być może piekło to naszych grzechów dzieło
Wyparte z serc duszy
Może lęk przed śmiercią czy tęsknota za światem
Co nas skazuje na chłostanie batem.

Wymyślone piekło i straszne dziwy
Pomysł nijaki zmysloną bajką
Diabeł z rogami o suchym pysku
Wymyśla trwogę w niemałym zysku.

Drogi życiowe

W życiu wśród burz i wiatru huku
Stać twardo na nogach jak dąb
Wzbić się ponad zło jak orzeł w niebiosach
Mocą wewnętrzną ku światłej przyszłości.

Stać twardo na nogach

Choć droga w życiu jest kręta
W sercu nadzieja jak gwiazda lśni
Kiedy los szarpie trudności są.

O nie załamuj się mój drogi przyjacielu
Bo siła tkwi w Tobie głęboko
Stój jak dąb w lesie korzeniami w ziemię
I patrz w przyszłość z odwagą.

W chwilach gdy zmartwienia ogarniają myśli
Pamiętaj o mocy która w sercu drzemie
Światło nadziei przez mroki nocy
I stać twardo na nogach to znak prawdziwy siły.

Niech życia burze nie załamuje postawy
Bo w Twoim wnętrzu płomień gorący płonie
Być odważnym w myślach i czynach
To sztuka którą mistrzowie życia rozumieją.

Władza

Władza uczciwa życiowych dni
Sprawiedliwość w jej sercu lśni
Nie znosi kłamstwa prosta zwyczajna
Ciemność rozprasza jak jasna gwiazda.

Fałszu nie słucha nie jest tyranem
Danych obietnic i słów dotrzymuje
Służy ludziom sprawiedliwie
W dziele dobra i uczciwie.

Władza nie powinna krzywdzić lecz chronić
Dla wspólnego dobra zawsze odważnie
Nie ulegać korupcji i pokusie
Współpracować budować przyjaźnie.

Władza powinna służyć przykładem
Mądra uczciwa dla ludzi dobra
Dbać o opinię własnej godności
Dążyć do prawdy i szczęśliwości.

Świat w 5000 roku

Drzewa mówią rzeki tańczą wokół
Oto świat w 5000 roku
Maszyny myślą a ptaki śpiewają
A ludzie w obłokach podróże odbywają.

Światło niebieskie w kosmosie lśni
W jaskiniach gwiazd miłość się tli
Nie ma granic kłótni i wojen
Serca ludzkie opanował spokój.

Świat w 5000 roku to baśniowy krajobraz
A każdy człowiek spełnia swe życzenia
Nie ma zła i strachu w nas
Co nas łączy przewyższa wszelki czas.

Nie martwmy się o jutro

Nie martwmy się o jutro dzień nadejdzie nowy
W promieniach słońca szumem wiatru
Zmyje wczorajsze troski rozproszy mgielne cienie
Przyniesie nadzieję i nowe marzenia.

Nie martwmy się ważne to co jest dzisiaj
Życie płynie tu i teraz trwa
Z każdym oddechem i piękną chwilą
A serce bije i w duszy gra.

Nie martwmy się jutro bo nie wiemy
Co los nam zgotuje co się kryje w mroku
Jesteśmy tu i teraz i się cieszymy
W miłości śpiewie i uśmiechu.

Nie martwmy się o jutro niechaj czas przemija
Przytulmy się mocno uchwyćmy te momenty
W dzisiejszym dniu jest wielka siła
A radość nas prowadzi troski znikną.

Nie martwmy się jutro niechaj serca w nas śpiewają
Życie jest darem pięknym i tajemnym
A każdy dzień to szansa nowa perspektywa
I w naszych oczach światło słońca
                            blaskiem lśni niezmiennym.

Małżeństwo

W kręgu życia dwie dusze splecione
Małżeństwo to dwie gwiazdy na niebie tańczące
Wędrujące razem w smutkach i radości
Wzajemnie się wspierające zaprzyjaźnione.

To początek drogi w licznych przygodach
Podróży czaru gdzie razem się rodzą
Marzenia wspólne zawsze spełnione
W małżeństwie siła trwa wiecznie.

Czy małżeństwo to dobre rozwiązanie
Pytają się ci co przed nim stoją
W miłości głębokiej odpowiadam śmiało
To jest decyzja coś co się nie kończy.

Choć burze bywają życie nie zawsze łaskawe
W miłości i szacunku tkwi tajemnica trwania

Wspólne cele i marzenia
W prawdziwym małżeństwie szczęście jest domem.

Małżeństwo to droga trudna czasem
Ale w jego trwaniu kryje się moc wielka
Wspólna budowa cegiełka po cegiełce
Małżeństwa to wspólnota w zdrowiu chorobie i biedzie.

Prawda nas uwolni

W świetle prawdy trwajmy mocno przyjaciele
Niech fałszywość nie porwie naszych snów
Niech męstwo kształtuje nasze serca
W kłamstw obliczu prawda tworzy cud.

Nie pozwólmy by fałsz nas zniewolił
W sercach naszych prawda żyje
Bo w prawdzie jest siła i światło
Tylko w niej odnajdziemy drogę.

Chociaż kłamstwo się wije zaraźliwie
Nasza wiara będzie trwała w prawie
A słowa wyrażane prawdziwie
Tylko wtedy zwycięstwo będzie nasze.

Nie pozwólmy by oszustwa wygrywały
W naszych sercach niech uczciwość trwa
Bo wiedza w prawdzie jest bezgraniczna
Kłamstwo zniknie a nadzieja w nas gra.

Idziemy ku przyszłości

Idziemy ku przyszłości w nieznane dni
Z nadzieją w sercu i siłą w myśli
Przed nami ścieżki pełne tajemnic

Światło bez przerwy nam towarzyszy.

Wiatr melodię przeszłości za sobą zostawia
Zapomniany smutek w niebo się wznosi
Idziemy ku przyszłości gdzie marzenia tkwią
W blasku nowego dnia nadzieję odkrywam.

Wzgórza przed nami jak strony księgi
Czekają na słowa by historię tworzyć
A los się snuje w wątku nieznanym
Idziemy ku przyszłości wtajemniczonej.

We wnętrzu naszych dusz iskry płoną
Światło nadziei nigdy nie zgaśnie
Idziemy ku przyszłości gdzie sen to rzeczywistość
Gdzie marzenia się wznoszą na losowej tratwie.

Idziemy ku przyszłości w blasku jutra
Przed nami jest droga gwiaździsta
Bo tam gdzie serce tam droga się nie kończy
A tam gdzie są marzenia tam życie się zaczyna.

Mam już dość

Mam już dość tej szarej codzienności
Gdzie dni mijają jak cień bezbarwny
W moim sercu tęsknota wciąż się głębi
Po marzeniach co znikają we mnie.

Mam już dość tych rutynowych dróg
Gdzie czas zlewa się w jedną czarną plątaninę
A marzenia zamieniają się w pył
A dusza zatraciła swój szlak.

Mam już dość tej pustki w moim sercu

Gdzie echo milczenia się odbija
Tam gdzie kiedyś rozbrzmiewał ptaków śpiew
Dzisiaj wiatr niesie spustoszenie.

Nie mam dość w mym sercu płonie
Iskierka nadziei co nigdy nie zgaśnie
Że kiedyś zdołam uwolnić się od tego
Co mnie gnębi by wreszcie być sobą.

Gdzie oczy poniosą

Pójdę tam gdzie mnie oczy poniosą
Przez lasy łąki nieznane strony
W barwach słońca na złotym niebie
Z szumem wiatru prosto przed siebie.

Pod stopami trawa szumi cicho
Ścieżki wiodą w dale nieznane
Oczy moje w przestrzeń wpatrzone
W pejzażu na nowo poznawane.

Znajdę spokój gdzie czas się zatrzyma
W odbiciu fal oceanu
Na ścieżkach tajemnicą odzianych
W spojrzeniu instynktach odczuwanych.

Oczy niosą mnie do świata magi
Na świetliste zachody słoneczne
W góry wysokie gdzie chmury się zbierają
Echem skalnym w historie splatają.

Do miasta gdzie życie rozkwita
W trosce o szacunek do życia
Odkrywam miejsca nowe z emocją
W ulicznych dźwiękach cichą melodią.

Niech mnie oczy poniosą gdzie dusza pragnie
Zakątki świata pięknego ukaże
W spojrzeniach doniosłości wyrażeń
Odkrywamy magię własnych marzeń.

Nasze potrzeby

W życiu codziennym nasze pragnienia
W sercach bezpiecznie zamknięte
Potrzebą miłości jak kwiaty na łące
By rozpromieniać serca dobrem przesiąknięte.

Pragnienia spełnienia naszych oczekiwań
Marzenia zakwitną w barwach ekspiacji
W przedziale czasu jak strumienia spokój
Aby życie zrozumieć w muzycznej tonacji.

Żądza poznania prawdy o wspaniałej ziemi
Światło mądrości i niewiedza rozwiana
Potrzeba wspólnoty jak liście na jednej gałęzi
By razem świętować chwile radości na zawsze.

Nasze potrzeby na teraz tkwią głęboko w duszy
W życiu każde zdanie jest częścią tej opowieści
Musimy wzajemnie rozwijać przyjaźnie
W istocie łączenia naszych potrzeb w czasie.

Kuszenie

Mały diabełek szuka w ciemności
W ognistym tańcu ze złem się piekli
Figlami kusi głownią potrząsa
Śmiechem ironii demoni pląsach.

Diabeł z rozkoszą ogień podsyca
Szepcze kuszące kłamstwa dobitne
Pełen pogardy do wszystkich wokół
A jego oczy goreją w mroku.

Ułomny diabełek we mgle obłoku
Na ogół silny w bólu niemiły
Żartuje psoci aż światło gaśnie
I szuka sensu w tym co nie było.

Czarny diabełek kuszeniem płatny
Podstępnie dusze w sidła wplata
Bardzo się cieszy jak człowiek grzeszy
A w obiecankach zło się przeplata.

Diabeł chwilowy ukryty w mocy
We własnej roli przekleństwem tęskni
To jest przestroga każdego losu
Ktoś sam dla siebie bywa pokrętny.

A zło z dobrem często się spiera
Diabeł kusi człowiek wybiera
Wojna duchowa wciąż się natęża
A w rezultacie miłość zwycięża.

Oblicza trudu

Gdy losu wicher w twarz się rwie
On twardo na nogach stoi
Nieugięty jak skała dumny
W sercu wojownika płomień się tli.

Kroki jego pewne zdecydowane
Śladami wiary ku przyszłości
Wichry nie zdołają nie złamią

Bo wiara jest w nim jak życia znak.

W obliczu trudu w zgiełku burz
Ostrożnie jak okręt morski
W sercu wznosząc pieśń nadziei nad życie
Zawsze naprzód w niebiosa wstęgi.

Stać twardo na nogach to więcej niż chodzić
To istnieć jest sztuką być sobą
W najtrudniejszych chwilach gdy świat się chyli
Stojąc twardo na nogach pokonasz losu próbę.

Marzenia

Oczy pełne gwiazd serce jak skrzydła
W marzeniach serce do niebios się wznosi
Tam sny mówią i światło świeci
Marzenia rosną w snach o przyszłości.

W marzeniach świata radość panuje
Smutek ucieka a sen się spełnia
Tam gdzie jest spokój w głosie pokory
Marzenia snują swoje utwory.

W mojej wyobraźni tańczące motyle
Symetria kolorów gra w obłokach
Natura śpiewa w lesie melodii
I spełniają się marzenia w podskokach.

Śladami ducha wędruję po lesie
Co się w pamięci mojej utrwala
Tam gdzie nadzieja niezmienna pozostała
Marzenia w myślach duszy rozpala.

Sport to zdrowie

Sport to sztuka działaniem w najlepsze
W blasku słońca na trawie i wietrze
W biegach skokach w ruchu tchnienia
W sporcie jest siła radość wytrwałość i dążenia.

W sercach twardość w oczach błysk triumfu
Na boiskach na basenie na trasie
Nie chodzi o zwycięstwo lecz o wytrzymałość
O ducha o zdrowie o życia sztukę.

Sport to życia niezbędna potrzeba
W dzień promienny wiatr lekki
W sercu bije w duszy śpiewa
Zdrowie tchnienie siły motyw.

Biegam po polu wśród szumu drzew
Siłownie czuję w dłoni trzymanej
Sport to radość to moc w sercu
Wszak w zdrowym ciele zdrowy duch.

Na boisku grają nasze dzieci
Śmiech i radość wokół się kręci
Piłka w locie na boiskach
Sport to gra co w sercach brzmi.

Na górskich ścieżkach żwawa wspinaczka
Osiąga triumf w blasku oczu
Sport to wyzwanie pasja i praca
W nim ciało kształtuje cele wyznacza.

Sport jest przygodą życia smakiem
Zdrowie i siłę w ruchu ukaże
Biegaj skacz pływaj tańcz graj

Bo sport to duma i w sercu raj.

Skutki złego czasu

W złym czasie ciernie królują nad różą
Nadzieja płonie lecz wciąż się krząta
Serce w cierpieniu dusza znużona
Życie tonie w morzu zmartwień lotu.

Noc ciemna zasłania gwiazd blaski
Wędrowiec błądził bezdrożami losu
Wiatr wieje chłodem duszą mrozi czucie
Jak obłok ciąży na plecach kłopotów.

Wiatr niesie opowieść o dniach przebrzmiałych
Gdy radość tańczyła na polanach i wzgórzach
Lecz zło przyszło nagle jak gwałtowna burza
I wszystko zniszczyło co było tchnieniem życia.

Smutek w oczach ludzi jak sen nieustanny
W duszach gnije żal jak trucizna
Bo złe czasy pędzą nieubłagany taniec
Okrutnie raniąc serca bez litości i przebaczenia.

Ale nawet w najmroczniejszej godzinie
Gdy wszystko traci barwy i siłę
Idea gwiezdna nadal migocze
Aby oświetlić drogę we mgle głębokiej.

Niech w złym czasie serce w naszych piersiach
Jak latarnia świeci w blaskach nocy
Bo nawet gdy los nam krzyże stawia
Nadzieja w nas dźwiga skutki złego czasu.

Drogi do celu

Na życia drodze widzę swoje cele
I dźwięki ciszy zrozumieć chcę
Wiem że zmierzam do czegoś więcej
Choć nie do końca rozumiem gdzie.

Kroczę wzdłuż nieznanej drogi
We własnej duszy siłę znajduję
Choć trudno się na wszystko godzić
Zdążam cierpliwie przyszłość buduję.

A zegar swoje kreski maluje
I słońca zmierzchem się podzielę
Wtedy zrozumiem że na pewno
Droga do celu była samym celem.

Bezsens wojny

Bezsens wojny krwawy taniec
Ludzie giną w mrocznych cieniach
Złudzeń iluzja w tęczach łzawych
Przyszłości gasną w płomieniach.

Miecze świszczą płoną miasta
Śmierć i zniszczenie wiatry niosą
Czy ktoś zapytał czy było warto
Gdy ciała poległych idą w niepamięć.

Gdzie jest sens w nienawiści i złości
Kiedy marzenia topią się we krwi strumieniach
Czy kiedykolwiek wojna sens przynosi
Gdy dusze opuszczają ciała w milczeniu.

Czy musi marnieć życie w płomieniach

Czy musi gasnąć nadzieja w blasku
Wojna bezsensem jest i trucizną
Bezmiarem krzywdy i niewoli czasu.

Wojna rodzi tylko cierpienie
Bezsens w niej tonie traci sens świat
Niech pokój będzie naszym pragnieniem
A bezsens wojny odejdzie w dal.

Czyje to jest zwycięstwo czyje to jest piekło
Gdzie szukać sensu w krwawej zawierusze
Czyż nie jest lepsze pokój i miłość
Niech nie będzie wojny tylko sprawiedliwość.

Nasze serca

Nasze serca są zawsze młode
Jak wiosenne kwiaty co w słońcu kwitną
W nich bije radość i nadzieja
W strumieniu życia wiecznie się zmienia.

Młodość nie umyka choć mijają lata
Ale w naszych sercach jest wieczna siła
Siła miłości która trwa wiecznie
I płomień marzeń co nie przemija.

Przechodzimy przez życie z nurtem rzeki
W harmonii miłości i trosce
Pod niebem i słońcem złotym
Nasze serca tworzą symfonię młodości.

Wspomnienia odkrywają dawne ścieżki
Jak księgi stare w tajemnice znane
Wspólne chwile jak klejnoty ukryte
Skarby naszej duszy wciąż świeże i jasne.

Śmiech dziecięcy jak muzyki dźwięki
Nigdy nie zgaśnie jak źródło rzeki
Nasze serca są wiecznym źródłem młodości.
Wspólnie tańcząc w miłości i radości.

Niech los nas prowadzi jak gwiazdy na niebie
Niech miłość nas uniesie jak wiatr przez pola
Nasze serca są zawsze młode
Wierzymy w miłości potęgę nieskończoną.

Wspomnienia o piesku Kiperze

Wspomnienia o naszym piesku Kiperze
Który dawno temu odszedł do wieczności
W świecie naszym był jak anioł wśród cieni
Oddał miłość która nie znała granic.

Kiperze wierny towarzyszu naszego losu
Twoje kroki echo szczęścia w mojej duszy
Zawsze blisko gdy życie w Ojczyźnie trwało
Twój uśmiech jak słońce i sił przybywało.

Twoje oczy pełne wierności blasku
W nich zawsze było ciepło i spokój
Twoje łapki jak kwiaty wędrowały w trawie
Dotyk który leczył rany samotności.

Teraz gdy odejść musiałeś na zawsze
Twój duch jest z nami jak cień
Wspomnienia odżywają a ja łzy ocieram
Kiper twój ślad w sercu wspomnieniem otwieram.

W krainie wspomnień gdzie cienie się splatają
Tam gdzie twój obraz wspomnienia pozostał

Biegasz po niebie beztrosko wśród gwiazd
Wspomnienia o tobie piesku trwają cały czas.

Sądny dzień

Nastanie dzień sądny dla całego świata
Zwołany przez czas i los
Strony czasowe się otworzyły
Odsłaniając prawdę w historii.

Pod światłem co prawdę wyraża
Stają serca i ręce drżące
Sprawiedliwość wisi jak cienka waga
Głosy przeszłości wołają błagające.

Obrady trwają jak strumienie rwące
Słowa jak gromy wzmocnione mową
Sędzia wsłuchany w skargi boleści
W sferze sprawiedliwości czasu i zawiei.

Gdy mrok mądrością się otoczy
A sprawy toną w morzu zapomnienia
Sądny dzień jest świętem nadziei
Na horyzoncie prawdy co jasność przynosi.

Niech sąd mądrością się otoczy
A ręka sprawiedliwości rządzi
Bo w sądny dzień gdy prawda triumfuje
Ocali się świat od ciemności nocy.

Zaufanie

W świecie pełnym zawiedzeń i zakłamania
Zaufanie świeci jak morska latarnia
Promienie nadziei przyświecają dumnie

W sercach się budzi wzajemności prawda.

Zaufajmy jak dzieci niewinne i czyste
Bez cienia podejrzeń granic niejasności
Tylko w zaufaniu tkwią siły prawdziwe
Budujące między duszami pomosty.

W naszych spojrzeniach ukryte pewności
Że obok jest ktoś komu zaufałem
W bezpiecznej przystani spokojności falach
Wzajemne dążenia na zawsze utrwala.

Wierzę że druga połowa zawsze jest blisko
Zaufanie rośnie jak pęd do wolności
W baśni zaufania kłania się nadzieja
I w niej odnajdujemy własne doświadczenia.

Niechaj słowa zaufania zabrzmią prawdziwie
A zaufanie kwitnie jak strofy wiersza wiecznie
Gdy zaufamy sobie nawzajem i szczerze
Stworzymy przyjaźń na zawsze bezpiecznie.

Zalety i wady picia kawy

Wyruszamy o poranku kiedy słońce wstaje
Kawa smakiem aromaty przemiana
Moc zapachu się wokół roztacza
Do serca radością energia wkracza.

Zalety kawy liczne na czasie
Ożywia umysł dodaje zapału
Przyjaciel dobry w chłodzie poranka
Ostrzy umysły wprowadza w sielanki.

Ale w cieniu zalet kawy wady są ukryte

Nadmiar pobudzenia niepokoje w sercu
Drżenie rąk i lekkie nerwy
Kofeiny nadmiar i traci się werwy.

Zalety kawy są najważniejsze
Ale i wady są nieugięte
Umiejętne picie jest kluczem do zdrowia
Kawę cenimy i umiar w jej spożyciu.

Oj kawo jak dzielne twarze masz
Zalety i wady jak w życiu w nas
Z umiarem cieszyć się to mądrość nasza
By smak czarnej magii nie zgubił się w czasie.

Głupie wojny

Głupie wojny ślepe złości
Ciągle zagrażają ludzkości
Broń i gniew i zimne serca
Zapominając o pokoju wieńcach.

Krew się leje życie płonie
Za coś co często nie znamy
Polityka zysk i chwała
Wyniszczają ludzkie ciała.

Głupie wojny krwawe rozterki
Czy dla złudy czy dla zysku
Szeregi ludzkie jak fale morskie
Niosąc za sobą śmierć i rozpacze.

Czyż nie można inaczej rozwiązywać sporu
Niż krew przelana życia zniszczenia
Oszalałe umysły zamiast rozmawiać
Broń w dłoniach trzymają by życie marnować.

Oby ludzkość zrozumiała w końcu
Że pokój i współpraca to drogi do szczęścia
Niech ten poemat przypomina czas
Byśmy razem budowali lepsze jutro.

Symfonia tętna

W gwarze miasta melodia bije
Symfonią tętna co w duszy gra
W ulicznym zgiełku ruchem tańca
Muzyczny akord w spoczynku trwa.

Światła latarni jak gwiazdy migocą
Cienie przechodniów snują taniec
Wiatr niesie opowieści klatek
Symfonia tętna w mieście bez granic.

Bicie serca jak pulsujący rytm
W każdym kroku tchnienie życia drzemie
Wzburzone ulice jak struny grają
Symfonia tętna wartkich uderzeń.

Stukot kroków jak bicie bębna nocy
Klaksonów dźwięk niczym tryby w smogu
Miasto oddycha wzdycha i snuje swoje sny
Symfonia tętna w nieśmiertelnej pieśni.

Sen

W księżyca nocy blasku sennym świecie
Gwiazdy tańczą mocnym echem
Śnieg uświetnia białym puchem
Wiatr melodię cichą niesie.

Ziemia marzeń w barwach tęczy
Drzewa snu fale unoszą w górę
Śnieżne płatki jak łzy nocy
Sen bez granic w sercu kroczy.

We śnie otwarte bramy wyobraźni
Świat w ciszy zanurzony daje ukojenie
Rzeczywistości sploty ziemi obiecanej
Świat się zachłysnął spokoju czuwaniem.

Sen drzwi zamyka w zimowej bajce
W podświadomości śnieżnej białości
W rytmie ludowym pisanym wierszem
Maluje pejzaż w nieskończoności.

Po drugiej stronie życia

W w ciszy gdzie panują ciemności
Na snu granicy i jawy
Po drugiej stronie życia gdzie czas przesłania
Tajemnicy życia czar niespodziewany.

Tam gdzie sny splatają się z rzeczywistością
A marzenia tkwią w czasie
Wędrujemy po krętych zaułkach
Gdzie prawda drzemie w mgielnych oparach.

Po drugiej stronie życia
Gdzie odgłosy przeszłości płyną w dal
Tam nasze zmysły znikają
A serca tęsknią za nowym światem.

Biegnę przed siebie

Biegnę przed siebie przez wiatr i mgłę

Przez pola złote góry wysokie
Nie oglądam się za siebie nie słucham głosu
Biegnę przed siebie w marzeniach tkwię.

Ścieżka się zmienia jak życia bieg
A moje serce pędzi ku przyszłości
Biegnę przed siebie w ciszy i hałasie
Z radością w sercu z odkrywania nowych szlaków.

Biegnę przed wspomnieniem co ból w sercu nosi
Przed wzrokiem milczącym
Nie wiem dokąd zmierzam przede mną droga
Na skrzyżowaniach życia losu chwila wroga.

Biegnę przed zjawiskiem co zwane jest przyszłością
W złotych promieniach w przestrzeni tęczy
Może tam w dali gdzie horyzont ginie w cieniu
Odnajdę spokój krainę i ziemię.

Biegnę przed siebie wciąż pędzę do przodu
Gdzie moje serce mnie wiedzie
W tańcu gwiazd w ciszy wieczornej zorzy
Biegnę by odnaleźć co duszę mego wzroku mnoży.

Drugie życie

W nocy odcieniach gwiazd wibrujących
Tajemnice miłości kryją drugie życie
Tam się dusze spotykają
W świetle wieczności Boskości bycie.

W ogrodzie wieczności kwitnące kwiaty
Wiatr niesie opowieści przeszłości
Tam gdzie przeznaczenie splata nici losu
Rozwija się drugie życie dozgonnej wieczności.

Nieznanych ścieżek marzenia mgliste
Czas płynie jak nieskończona rzeka
Miłość tkwi w powietrzu i czułe westchnienia
Tam dusze odnajdują stracone marzenia.

A kiedy w sferze sennych zatopią się w czasie
Dusze w drugim życiu odnajdują cele
Gdzie istnienie jest jak wieczne symfonia
W świątyni drugiego życia jest bytu harmonia.

Herkules

O Herkulesie bohaterze legenda pozostała
Nieustraszonym mocnym i twardym jak skała
Silnym przewidującym wytrwałym w zapałach
Kroczącym do przodu w biegu jak strzała.

Posłuszny bogom do pospołu z losem
Wyrastał w sile jak wiatr gór wysokich
Wojownik nieugięty rozprawił się z Hydrą
Sława jego sięgała po same obłoki.

Herkules przeżywał niemałe emocje
Miłością do Dajany przepełniony trwale
Cebera pokonał Hesperyda i lwy jego
Nieustraszony bohater nie bał się niczego.

Legenda o Herkulesie dotąd niezatarta
Bohater którego czyny są niezapomniane
Pozostał symbolem siły i nieśmiertelności
W poezji mitologicznej świetle chwały.

Stanisław Pysek Prusiński

Wesoła niedziela

Wesoła niedziela marcowy czas
Słońce na ziemię promienie ściele
Śniegu zabrakło wiosna się zbliża
Radości rosną śpiew ptaków słychać.

Barwy przyrody biegną ku wiośnie
Wkrótce zakwitną kwiatowe pąki
Wiatr beztrosko rozpędza chmury
Kolory tęczy na niebie się świecą.

Światło przenika przez chmur prześcieradło
Otoczenie budzi się ciepłym powietrzem
Ludzie na ulicach żwawo spacerują
Wesoła niedziela trwa w najlepsze.

Wiosna w naszych sercach się rodzi
W miastach i wsiach życie tętni nocą
Marcowy poranek zapomniana zima
Wesoła niedziela czas się zatrzymał.

Zbawienie

W słowach skrywane są wielkie mądrości
W opowieściach zbawienie jest skrywane
W zwykłych gestach prostych czynach
Odsłania się nowe tajemnice nieznane.

Zbawienie płynie strumieniem łaski
Siła miłości w sercach się iści
Przemienia dusze w kwieciste wiosny
Świat się oczyszcza z cech nienawiści.

Świata zbawienie naszą nadzieją

Miłością promienną serca ocieplone
W pieśni niebiańskiej głosem wspólnoty
Zbawienie zawarte w każdej ludzkiej dłoni.

Zbawienie faluje wysoko w niebiosach
Rozbrzmiewa głosem miłości w sercach
Mrok niknie gdy dążymy do celu jedności
W szczerych zamiarach ku nieskończoności.

Zbawienie świata jest piękne w marzeniach
Kiedyś się spełni wraz z oczekiwaniem
W prawdziwej miłości wspólnie zjednoczeni
W nadziei do zbawienia w przyszłości dojdziemy.

Prawda o alkoholu

Picie alkoholu szkodzi zdrowiu
Stwarza wrażenie radości wstecznie
Umysł się gubi wątroba cierpi
Uzależnienie jest niebezpieczne.

Co najważniejsze - picie z umiarem
Świadomość w skutkach zdrowia utraty
Tak ważny problem warto uwierzyć
Alkohol może nas uzależnić.

Alkohol kusi jak rajski wąż
Pod jego wpływem tracimy rozum
Mądrość zanika w oparach wina
Wpada w pułapkę w język się wcina.

Alkohol - to strażnik i wróg ludzkości
Niszczy beznadziejnie zatrutym szeptem
Zdrowie się wzdraga upojeniem kusi
Życie tracimy w zdrowiu i geście.

W kieliszkach trucizny rozum maleje
Radości małe i większe żale
Plączą się słowa gesty bez sensu
W niedomówieniach pretensji fale.

Ocal swój umysł - zerwij z kielichem
Siły zbierz - z życiem nie można żartować
Alkohol to pułapka - nie daj się zwieść
Wolność i zdrowie trzeba pielęgnować.

Koniec świata

Na horyzoncie cisza w cieniach strachu
Wszelkie dążenia do zgody upadły
Niebo się w chmurach powiło całunem
Gwiazdy straciły urocze blaski.

Wiatr gna popioły potężne wybuchy
Koniec świata dzwon ogłasza
Myślowe lęki krążą bezładnie
W oczach nadzieja a w duszach płacze.

Czy to sen czy jawy drżącej granice
Świat traci znaczenie w tej godzinie
Spełnienie daty niechcianej odpowiedzi
Czasu kresu zwiastunem kresu.

Góry się chylą rzeki cofają
Ptaki ucichły liście opadły
Odpowiedź w sercach w chwili milczenia
Ostatnie oddechy biją w przestrzenie.

Niech ta data nie będzie wiecznym końcem
Ale początkiem nowych nadziei

Niech w sercach zabrzmi pieśń o odrodzeniu
Zmieni zamiary w ludzkim myśleniu.

Promienie pewności

Ze wschodem słońca promienie pewności
Głoszą nowe nadzieje w świecie
W dotykach poranka drżącego chłodu
Światłem niesie w sercu dają siłę w bólu.

W pewności tkwi siła ukojenie w chwilach
Wiara w jutro budzi nadzieja spraw trudnych
Promienie pewności strażnicy nadziei
Światło w ciemności ducha uspokoi.

Chociaż burze trwają w sercach trwa spokój
W promieniach pewności nadziei znakiem
W każdym dniu nowym na niebie migocą
Światło nadziei nigdy nie zagaśnie.

Promienie pewności w naszych sercach płoną
Wspierają nas w chwilach zwątpienia i trwogi
Bo w nich odnajdziemy siłę i odwagę
By przemierzać życia bardzo długie drogi.

Prawda o obłudzie

Obłudność cieni fałszywym blaskiem
Ludzie noszą maski ukrywając prawdę
Słowa jak kwiaty lecz bez korzeni
W obłędnym tańcu zakompleksieni.

Obłuda płynie jak fale wody
W pozorze uśmiechu gorycz i pretensje
Ukryte myśli i ciche gesty

W świetle pozorów serce traci miejsce.

Obłudny teatr bez cienia prawdy
Pozorne gesty mroczne zamiary
W świetle uśmiechu kłamstwem rozkwita
A w sercach ukryta jest tajemnica.

Piękno poranka

Z nastaniem świtu zapachem kwiatów
Świat budzi się śpiewem ptaków
Na niebie błyszczą słońca promienie
Znikają smutki i nocne cienie.

W powiewach wiatru drzewa się chwieją
Pokryte rosą trawy migoczą
Strumyki wodne szeptają cicho
Natura budzi się z nową mocą.

Świeże powietrze napełnia płuca
Melodia w trakcie kroczek po kroku
Poranek pełen nowych nadziei
Uśmiech na twarzach pełen uroku.

Jak szukać prawdy

Szukać prawdy w zagubionych myślach
W otchłaniach głębin serca
W ciszy która rozświetla
Mroki gwiazd jaśniejących.

W słowach kryjących wieczne pytania
W milczeniach co szepcą tajemnice
W spojrzeniach co mówią więcej
Niż ksiąg tysiące mądrości.

Gdzie szukać prawdy
W każdym oddechu i spojrzeniu
W łez deszczu w szeptach wiatru na polanie
W szumie drzew w ptaków śpiewie.

W sercu człowieka w jego sławie i dziełach
W miłości bez granic i uśmiechu
W sile przebaczania i skromności
Prawda tkwi w duszy i jaśnieje blaskiem.

Gdzie szukać prawdy
W drodze życia i podróży
W zrozumieniu siebie i innych ludzi
W każdym kroku oddechu i istnienia.

Prawda nie jest celem lecz podróżą
Poszukiwana wciąż unikająca
Schronienie ma w sercach i umysłach
Tam szukają jej duchy wędrujące.

Zło nie śpi

W ciemności skrytej zło się czai
Nie zna wytchnienia nie zna dni
W sercach ludzkich kiełkuje cicho
Nigdy nie odpuszcza zło nie śpi.

Pod maską cnoty pod płaszczem światła
Wciąż czai się zaraża myśli złe
Nie uśpią go modlitwy ani płacze
Zło nie śpi nie zazna spokoju.

Węże słów z jadu pełne się wije
Skrada się by serca zatrwożyć

Śmierć i zniszczenie w jego szponach
Wstrząsają światem niechciane wojny.

Gdy cisza panuje i noc się wlecze
Zło rozpoczyna swe makabryczne tańce
Cienie tańczą w mroki dusze manią
A my walczymy by światło zapanowało.

Lecz gdzie nadzieja króluje mocno
Tam zło drążące ginie w błocie
W sercach ludzkich moc zbawienia drzemie
W miłości świetle zło traci swój krok.

Refleksje życiowe

W labiryncie nieznanej przyszłości
Kręte ścieżki wędrowne czekają
Obrazy przeszłości w cieniach malowane
We wspomnieniach zostały zapomniane.

Światło błyszczy jak promień w ciemności
W refleksji nad życiem odnajduje siebie
W poetyckim uniesieniu trwa niezmiennie
Uczuciowo bezgranicznie bezpiecznie.

Życie płynie czasowo bezgranicznie
Zrozumienie i pokora jest pomostem
Piękno życia i jego tajemnice
Niezbędne w istniejącym bycie.

Czy to los czy nieznany plan
W obliczu niewiadomych szukam sam
Światło prawdy migoce w mroku nocy
W pomysłach na życie się rodzi.

Samo życie jest poematem
Słowa tworzymy my sami
W miłości do bliskich i własnych planów
Każdy dzień jak poemat niezapomniany.

Kochać jak to łatwo powiedzieć

Kochać jak to łatwo powiedzieć
Gdy serce bije w rytm miłości
Rosną nadzieje i słowa płyną
Uczucia płoną rosną radości.

Kochać to nie tylko słowa
To gesty czyny czasem ból i trudy
To dawanie i otrzymywanie
Wzajemne wsparcie w codzienności trwaniu.

Kochać to odnajdywanie siebie w drugim człowieku
Wspólne podróże w labiryntach bycia
Umiejętność wybaczania i zrozumienia
Przezwyciężanie trudności życia.

Kochać jest darem i wyzwaniem
To nie tylko słowa na ustach
To trwanie w miłości burz i nocy
Prawdziwej miłości krętej drogi.

Kochać jak to łatwo powiedzieć
Ale czy potrafimy kochać naprawdę
Kiedy trzeba przebaczyć i zrozumieć
Być tam gdy wszystko inne zawodzi.

Kochać jest darem i wyzwaniem
To nie tylko słowa na ustach
Ale trwanie w miłości mimo burz nocy

Prawdziwa miłość zawsze znajdzie drogę.

Oda do piłkarskiej radości

Na arenach w światłach blasku
W tańcu grają kije z gracją
Serca biją piłki tańczą
W rytmie sportu jest sensacją.

Zawody w kolorach drużyn
Boisko sceną a piłka faktem
Rytuałem w tańcach bywa
Zwycięska się radość odkrywa.

Chwała dla nich wielkie brawa
Zwycięzcy w aureoli chwały
Na parkiecie cud się dzieje
Rośnie siła i nadzieje.

Boisko jest polem bitwy
W pasji uczucia wzrastają
Kibice wrzeszczą a serca biją
Niesamowite marzenia szyją.

Strzał w bramkę wierszem podanie melodią
Piłka nożna królową sportu
Światła reflektorów tańczą na boisku
Miłość do futbolu miernikiem komfortu.

Obudź się Ojczyzno

Ojczyzno obudź się z głębokiego snu
Nie daj sobą poniewierać złu
Tysiące serc bije w rytmie naszej ziemi
Wznosząc modlitwę ku niebu przestrzeni.

Przebudź się Ojczyzno przyszłości z nadzieją
Zgromadź swój naród jednością
Zapomnij o bólu i wytrwaj w zranieniu
Stań mocna i dumna wytrwałością.

Twoje pola i góry morza i rzeki
To nasza Ojczyzna nasza siła i potęga
Niech wiatr niesie twój śpiew na całym świecie
Niech ludzkość pozna mądrość nie będzie uległa.

Obudź się Ojczyzno czas na nowy dzień
Zjednoczeni w miłości wierze i nadziei
Nie daj sobą poniewierać niech świat zobaczy
Że jesteś dumna piękna i niezłomna na zawsze.

Problemy starości

Czas biegnie szybko zmienia się świat
Głosy rozważań snują się w odległości
Będą wyrzucać dziadków z domów własnych
Dla klimatu dla jutra dla naszej przyszłości.

To jest ironia paradoks naszych czasów
Starość się traktuje jak ciężar i brzemię
Bo mądre ramię co zmienia nasze drogi
Stało się ciężkie dla naszych progów.

Będą wyrzucać dziadków krzyczą mędrcy
Dla środowiska dla klimatu dla ziemi
Czyż nie powinniśmy uczyć się od nich
Jak dbać o świat jak kochać i być lepszym.

Ból w sercach gdy oni odchodzą z domów
Tam gdzie słońce barwą maluje dachy

Niechcianych zapomnianych starców los
Przemijający cieniem jak wiatrowy cios.

W sercu starszego człowieka tkwi skarb
Nie złoto nie pieniądze lecz mądrość
Niech nasze decyzje będą mądre pełne szacunku
Nie zatracą w sobie tego czym jest człowieczeństwo.

W opowieściach dziadków tkwi mądrość wielka
Historie czasów gdy oni byli młodzi
Przeżyli wojny burze niesprawiedliwości
Będą wyrzucać dziadków krzyczą niektórzy.

Nie można pozwolić dziadków wypędzić
Odebrać godność i wiary potrzebę
Bo choć droga nieznana wciąż mają siebie
Dziadkowie niezłomni w sercach nieugięci.

Istota życia

W każdym sercu ludzkim zawarta jest tajemnica
Istota życia jak niezgłębiona mistyka
Od przyjścia na świat aż po ostatnie oddechy
Byt w morzu czasu myśli głęboko przenika.

Życie to nie tylko zwykłe chwile
To radość i zmartwienie jako zmienne style
Życie nieustannie płynie w nas strumieniem
Tworząc coś z tak ogromnym znaczeniem.

Istota życia jest nauką cierpliwości
Umiejętność akceptacji wbrew trudności
Wędrówka po ścieżkach losu
Z nadzieją w sercu wierności.

Czy istota życia to poszukiwanie sensu
W przyjaźni i wierze głębokiej
To jest pasją co prowadzi nas dalej
Gdy już innej drogi nie mamy.

Każdy nasz dzień to jest nowa strona
W życiu każdy sam tworzy swoją
Istota życia wymaga życia w pełni
Kochać marzyć i tworzyć jak najwięcej.

Czasem trudno jest zrozumieć sens i cel
Gubiąc się w labiryncie codzienności
Istota życia tak tajemna i piękna
Nie przestaje w porywach ku wolności.

Taniec w ogrodzie

Róża tańcząca z wiatrem w ogrodzie
W blasku słońca natury uśmiechem
Wiatr tuli różę dotykiem troski
Rozkwita cudem szepczącym echem.

Płatki róży migoczą niczym krople rosy
W zapachu ogrodu niezwykłym natchnieniem
W delikatnym rytmie jak taniec marzeniem
Wiatr muska kwiatki tańczące pragnieniem.

Poemat ogrodowy gdzie śpiewają kwiaty
Partnerzy razem w tańcu niewidzialni
W zapachu kwiatów i szmerze liścianym
Historia miłości tanecznej przyjaźni.

Płacz wieczorny

Płacz wieczorny to smutek w cichym świetle
W głosie duszy ukryty głęboko
Słońca łzy zatopione we mgle
W sercach ludzkich bólu zatoką.

Wiatr szumem przeszłości niepewnej
W oczy wpatrzone gwiazdy pytające
W cieniu dni zatopionych w ciszy
Nuty melancholii odeszły końcem.

Płacz wieczorny z przemijania echem
Wspomnienia gdzieś zapodziane
Wtopione w płacz gwiazd ukryte
W tęsknocie za tym co niezbadane.

Czy gwiazdy usłyszą pieśń smutku
A księżyc zrozumie moje żale
Płacz wieczorny ogarnia moją duszę
Zanurzając w rzece niespełnionych marzeń.

W otchłani nocy w cieniu księżyca
Płacz brzmi jak pieśń niespokojna
Jest nadzieja że promienie rozbłysną
Z nowym dniem się przywitać przyszło.

Wołanie

W moim sercu powstaje w duszy pustka
Mam już dość wszystkiego krzyczę w ciszy
Życie rozrywa mnie często na strzępy
Brak spokoju i chwili wytchnienia.

Codzienność ciężka jak kamienie na plecach

Mam dość wszystkiego co się wokół mnie kręci
Z wiekiem sił do pracy brakuje
A marzenia toną w morzu codzienności.

Chcę oderwać się od tego szaleństwa
Czas zatrzymać złapać oddech w ręce
Mam wszystkiego dość wołam w niebo
Proszę o spokój ciszę i oddechy wolności.

Może gdzieś daleko w ciszy i spokoju
Znajdę to czego tak bardzo pragnę
A teraz mam dosyć odejdę stąd
By odnaleźć siebie wśród marzeń.

Magia czasu

Obecne chwile są czystą magią
W migawce czasu jest tajemnicą
Uśmiechy bliskich wspólne rozmowy
To magia chwili naszego bytu.

Słońce zachodzi na horyzoncie
W szumie fal morskich doniosłość drzemie
W codziennym życiu sprawy codzienne
Piękno magiczne jest dopełnieniem.

Na niebie gwiazdy migocą nocą
Śmiech dzieli radość w melodii wiatru
W momentach życia magiczna nuta
Uwiecznia piękno pełni uczucia.

Otwórz oczy szeroko uchwyć moment magii
Chwile mijają magia boskim darem
Magia tu i teraz w nieśmiertelnej pieśni
W sercach wspomnienia z czasowym wymiarem.

Bezsens wojny

Czy wojny mają sens pytamy
Czy tylko blizny na duszy i ludzi tracimy
Jak można temu zapobiec
Czy mamy to pamiętać czy może zapomnieć.

Wojny się rodzą z pychy i nienawiści
Z niezrozumienia bólu i korzyści
Sens wojny trudno zrozumieć gdy śmierć wokół krąży
Gdy matki płaczą a dzieci z trwogą patrzą.

Nadzieja płonie jak gwiazdy na niebie
Czy kiedyś zrozumiemy że pokój jest lekiem
Czy wojny mają sens czy są to przekleństwa
Czy rozumiemy kiedyś że pokój jest darem.

Niech pamięć o tych co polegli na polach bitewnych
Będzie przestroga dla nas i przyszłych pokoleń
Wojny nie mają sensu i trzeba budować
Pokój miłość i marzenia pielęgnować.

Niech to pytanie zadziwi nasze serca
Niech popycha do refleksji i działania
Bo wtedy gdy pokój stanie się celem
Zrozumiemy że wojny to straty i cienie.

Dzień się budzi

Wstaje słońce dzień się budzi
Walka o byt wciąż się toczy
W sercach ludzi siła w dłoniach
By przetrwać w pracy i wiedzy.

W mroku nocy sen się kłania
Zmierzając do celu w nadziei
Praca nauka to nasza codzienność
A w sercach ludzkich drzemie niezłomność.

Każdy poranek to nowe pole
By zasiać ziarno w trosce na dole
Bo walka o byt to nie tylko ciało
To siła ducha i wewnętrzne dzieło.

Walka o byt dźwigająca żywe brzemię
W codzienność naszego życia się wplata
Za chlebem i nadzieją kroki
Świat przemijania los się nie kończy.

Słowa i milczenie

W słowach potęga ukryta drzemie
Jak ostrze jak płomień płonie
Wymowne frazy jak ptaki w locie
Kreślą obrazu ukryte moce.

Czasem milczenie więcej mówi
Niż tysiące słów na wietrze
W ciszy ukryta jest wielka siła
I w sercu spełnia cuda wielkie.

Słowa i milczenie dwa moce braterskie
Na skrzydłach razem w powietrzu kołaczą
W słowach jest potęga w milczeniu spokój
Razem tworzą symfonię w nadziei bogatą.

Korzystać z życia

W życiu krótkim jak promienie dnia

Trudno jest znaleźć właściwą drogę
Wśród dni i nocy i chwili przetrwania
Światłem się w sercu marzeń wyłania.

Korzystaj z życia jak kwiatu woni
Wiosną jesienią zimą i latem
I w każdej chwili z oczu nie tracąc
Jest cennym darem drogocennym skarbem.

Chwytamy radość w promieniach złotych
W sercach gromadząc jak skarb ukryty
W miłości w dziele uśmiechu blasku
Życia smak znając zawsze na czasie.

Za każdym dzionkiem za każdą chwilą
Kryją się dary i prawdziwa siła
Korzystajmy więc z każdej pory
Życie jest drogą co wiecznie trwa.

Walka o wolność

Na polu walki o wolność szlachetną
Serca biją jak dzwony w dzień świąteczny
W dłoniach miecze na górze sztandary
Walka o wolność ogniste zapały.

Na horyzoncie nadzieja widnieje
Walczy się dzielnie bohatersko jak w baśni
W oczach płonie odwaga rycerskości
W obowiązku szlachetnej wytrwałości.

Wiatr niesie hymn wolności ptasim śpiewem
W dniach krwią zbroczonych wierności
I nowe nadzieje spełnień
W sercach płoną iskry nieśmiertelności.

Słowa o wolności migocą jak gwiazdy
Na niebie gdzie marzenia rozkwitają
Walka o wolność to nie bitwa zbrojna
A duchowe moce co nas wspierają.

Wznieśmy zatem sztandary w górę dumnie
Zrzućmy kajdany nałożone na ręce
Walka o wolność popierana czynem
Wpisana piórem na kartach dziejów księdze.

Normalny dzień

Normalny dzień rozkwita w czasie
W słońcu promieni złotych blaskiem
Przez miasto tłum ludzi znaczy szlak
Życie na co dzień jak w pieśni trwa.

Normalny dzień jak rzeka płynie
W kawiarni aromat kawy się unosi
Ludzie rozmawiają i czas upływa
Codzienność piękno swoje odkrywa.

Słońce na niebie kolory maluje
W górze ptaszki wartko fruwają
Na placach zabaw dzieci się śmieją
Różne się rzeczy cudowne dzieją.

Wieczór spływa na ciche miasta
Gwiazdy migocą na niebie
Normalny dzień i zwykłe sprawy
Na sercach pozostawia ślady.

A czas upływa dzień za dniem
I w codzienności piękno drzemie

Normalny dzień jest pełen wrażeń
Drogą przyjaźni czułych marzeń.

Co to znaczy umrzeć

W ciszy nocy gdy płoną gwiazdy
W ciszy nocy gdy sny są snami
Serca biją lecz w duszy toną
Myśli o tym co dalej przed nami.

Cóż to znaczy że życie ustaje
Gdy ciało ziemskie odpływa w dal
Czy to koniec czy nowe zjawiska
Czy to tylko przemijalny żal.

Umierać - to znaczy odchodzić
Ale zaczynać nowy bieg
Bo gdzieś w krainie wiecznych świateł
Czeka nas nieśmiertelny śmiech.

Światło migocze w cieniu nocy
Promień nadziei w mrokach dni
Umierać to nie być samotnym
Bo życie trwa w naszej pamięci.

Tak więc nie lękajmy się tej drogi
Chociaż nieznana wiedzie w dal
Bo w sercu zawsze będzie płonąć
Światło nadziei wieczny znak.

Odgłos pewności

W świetle dnia pewność w sobie trwa
Głosem silnym w szumie wiatru
Serce bije w rytmie snów

W tonie pewności w powitaniu dnia.

Kroki pewne jak światła taniec
W słowach pewność echo w przestrzeni
Odgłos myśli jak melodia
Który prowadzi przez życie cieni.

Wspinasz się wysoko jak orzeł w locie
Odgłos pewności jak rytm dumy i mocy
Światło w duszy co nie gaśnie w cieniu
Odgłos pewności prowadzi ku wyzwoleniu.

Wierzyć w siebie to melodia życia
Niechaj pewność nie zgaśnie nigdy
Jak gwiazda na niebie świeci
Jak pieśń w duszy rozbrzmiewa wiecznie.

Deszcz

Dlaczego deszcze spadają wciąż i jeszcze
Na naszą ziemię dniem i nocą
Płaczem natury pewnie uwierzcie
Częste przygody spotkania z deszczem.

Deszcz się udziela w tęsknocie pieśni
Płynącej w strugi kałużach
Czy to płacz smutku ukryty w teście
A serca mokną czas się wydłuża.

Deszcz spada ot tak bez domyślania
W większości kropli z bardzo wysoka
Do spółki z wiatrem trawy łoskotem
Natura w tańcu sekrety skrywa.

Deszcz szmerem życia nadprzyrodzonym

Jest tajemnicą ukrytą w przyrodzie
Niech spada jeszcze na ziemskie kręgi
W deszczu kropienia nowe nadzieje.

Ścieżki serca

W krainie uczuć w świetle promieni
W sercach snujących swoje przeploty
Miłość jak gwiazdy jaśnieje na niebie
W sercach zaklęta jak tajemne zwoje.

Wędrowcy miłości na ścieżce końca
Kroki prowadzi gdzie uczuć promienie
Ścieżki serca w miłości swą moc kryją
Tam gdzie serca biją tam miłość kwitnie.

Złote promienie wzdłuż ścieżki biegną
Jak strumienie uczuć z serca do serca
Ścieżki serca splatają swe losy
Tam gdzie miłość tkwi i życie rośnie.

W nocy ciemnej gwiazdy ścieżki rysują
Słowa serca jak poeci wyśpiewują
Ścieżki w sercach niech będą przewodnikiem
W miłości odnajdziemy co wieczne i nieśmiertelne.

Istota duszy

W sercu gdzie rozpoczyna się życie
Tam istota duszy śpiewa
Jak ptaki w locie podniebnym
Pieśni co w niebo się wzbija.

Poczujesz jej moc ale nie ujrzysz
W ciszy nocy gdzie gwiazdy wirują

Wszędzie tam gdzie pulsuje życie
Istota duszy opowieści snuje.

W promieniach radości jak dziecko tańczy
W mroku smutku błyszczy
Istota duszy nie ma ograniczeń
W jej świecie miłość jest geniuszem.

Dusza błąka się wśród zgiełku życia
Istota jej prowadzi do miłości
Bywa że się zgubi ale wraca
Istota duszy nigdy nie zawiedzie.

Figle

W starym domku pod słomianą strzechą
Babcia i Dziadek uwili sobie gniazdko
Wspólnie minęło im wiele lat
W radości i smutku poznawali świat.

Babcia figluje z uśmiechem na twarzy
Dziadek przy niej sercem marzy
Spacerują po ogrodzie
Rozprawiając o pogodzie.

Wzdychają do gwiazd na niebie
Wspomnienia snują ciepłe
Przypominają sobie pierwszy raz
Gdy spotkali się by razem trwać.

Babcia figluje opieką płonie
Dziadek ściska Babci dłonie
Razem tańczą obertasa
Żyją wspomnieniami o dawnych czasach.

Miłość ich trwa nieprzerwanie
Babcia i Dziadek dwa serca razem
Śpiewają razem w szaleństwie błogo
Złączeni losem małżeńską drogą.

Przemijanie czasu

W biegu życia czas płynie jak rzeka
Nić losu splata się w tajemny wzór
Przemijanie niczym ciche dźwięki
Przewija się wśród świateł zórz.

Nadchodzi dzień a potem noc
Miniona chwila niepowtarzalna jest
W sercach ludzkich jest tęsknota
Za tym co było co przeminęło w mroku.

Widzimy jak liście opadają z drzew
Jak wiatr rozsiewa je w powietrzu
Tak samo życie nasze płynie
I każdy dzień to tylko jest wspomnieniem.

Lecz w przemijaniu jest pewien urok
Bo w nim ukryte są złote skarby
Wspomnienia ożywają gdy czas
Otwiera przed nami drzwi do marzeń.

Przemijanie czasu to wieczna tajemnica
Którą tylko serce potrafi zrozumieć
Żyjmy więc chwilą póki trwa życia melodia
A przemijanie czasu spokój nam doda.

Szczęście codzienne

O poranku wschodzie gdy się budzimy

Przed oczyma radosny dzień mamy
Szczęście w małych rzeczach tkwi
W uśmiechach bliskich uroczych chwil.

Moje szczęście nie jest ogromne
A ciche spokojne jak strumyk płynie
W codziennych drobnych gestach
Tkwią korzenie mej radości i siły.

W ciepłych uściskach w serdecznej rozmowie
Współdzielenie chwil gdy przemijamy
W gestach zrozumienia i zaufania
Szczęście rośnie jak dorodne tulipany.

Nie jest to bogactwo ani wielkie słowa
Lecz drobne serdeczne chwile
W codziennych troskach i gestach
Moje szczęście zawsze odnajduje.

Świat w pierwszym roku naszej ery

W pierwszym roku naszej ery
Świat skrywa swoje tajemnice
Pod niebem gwiaździstym pełnym czaru
Ludzie szukali drogi miłości marzeń i skarbu.

Na polach zboża falowały
Słońce świeciło wiatry szumiały
Miasta budowane z kamieni i drewna
Przenikały zapachy ziemi i pieczeni.

Ziemia śpiewa pieśni o nieznanym losie
Czasy biegły spokojnie
W Betlejem narodził się nadziei kwiat
A w Rzymie cesarz rządził w pałacach.

Na pustyniach piaski szeptały o proroctwie
Gdzie trzej królowie wiarę nieśli w sobie
W Egipcie piramidy wznosiły się ku niebu
A w Izraelu prorocy wizją promowali niebo.

W Chinach dumne dynastie królowały blaskiem
A w Indiach mędrcy medytacją doskonalą ducha
Imperium Perskie sięgało horyzontów
A w Grecji filozofia mądrość i otucha.

Tak wyglądał świat w pierwszym roku naszej ery
Pełen tajemnic i zwykłej codziennej materii
I choć tak wiele się zmieniło od tamtych czasów
A w sercach bije prawda w boskim blasku.

Pokora w sercu

Pokora w sercu niepozorna
Świeci jak gwiazda blaskiem złotym
Skromna cicha wzruszająca
W głębiach duszy promieniująca.

W jej gestach kwitną dobroć i miłość
Współczucie pełne zrozumienie
Pokora jest źródłem mądrości
Śladem skromności śladem idącym.

Pokora w sercu jak źródło
Nie wyschnie jest wielkim znaczeniem
Wspiera chroni ciepłem darzy
Na scenie życia wiąże marzeniem.

W deszczu słońcu burzy wietrze
Pokora trwa jak pokrywa skalna

W jej łonie tkwią siły niebiańskie
I spokój co duszę otacza.

Nie wznosi się na wyżyny gwiazd
Cichym szeptem dary ofiaruje
Pod skromnym płaszczem tajemnic
Kryje się siła co dobroć niesie.

Nie wielkość czynów i krzyków chwały
Największym skarbem jest ślad pokory
Bo tam gdzie w sercach pokora bije
Tam światłość wieczna zawsze żyje.

W domu praca się opłaca

W domu praca się opłaca
Bo tam serce mocniej bije
Z kubkiem kawy w dłoniach
Światłem wschodu się zachwycę.

W domowych pieleszach jest spokój
Bywa że i trud codzienny
W domu myśli swobodnie płyną
A czas jest bardzo cenny.

Tu laptop na biurku stoi
W kącie kot leniwie mruczy
Za oknami ptaszki świergocą
A cisza kołysze dusze.

Praca miga na ekranie
Dom staje się azylem
Każdy kącik jest znajomy
Każdy przedmiot jest przyjacielem.

W kuchni mamy smaczny obiad
Z pieca ciepło się unosi
Dom to miejsce gdzie kreatywność
Z umysłu i serca się wydobywa.

W domowym rytmie dnia
Znajdujemy moc i siłę
Praca jest połączona z sercem
I każdy dzień w radości zamienia.

Praca w domu się opłaca
Z miłością i pasją się działa
To nie tylko materialne zyski
Spokój ducha radość siła.

Walczymy o swoje

Serca walczą w bitwie codzienności
O marzenia i tęsknoty
Świat nas otacza pełen wyzwań
Ale nie ustąpimy mimo trudów działań.

W ludzkości płonie iskra niepokornego ducha
Nieugięta siła która musi przetrwać
Chociaż przed nami jest wiele przeszkód
Nigdy nie zabraknie nam odwagi.

Walczymy o swoje jak fale morskie
Niosąc marzenia w nieznane daleka
A serca nasze biją w rytm brawury
Musimy przetrwać każdą burzę.

W każdym dniu i w każdym kroku
Stajemy się mocniejsi pełnią wiary
Nic nas nie złamie i nie zatraci

Bo dla naszych celów żyjemy.

Walka o nasze ideały
Jest pieśnią co rozbrzmiewa przez wieki
Walczymy z determinacją w sercach
Nasze marzenia są warte wysiłku i poświęceń.

Wołanie

O narodzie mój drżą twoje serca
Gdy zdradzieckie dłonie wciąż je duszą
Mówiąc o wolności duszy krzyku truciźnie
Która życia krwi żąda daniny.

Nie niszczcie mojego kraju wołam w ciszy
Bo ziemia ta krwawi pod stopami zdrajców
I choć wciąż szuka światła nadziei
Ciemność wokół niej krąży jak cienie.

Zdrajcy nie niszczcie mojego domu
Bo Ojczyzna to nie tylko ziemia i skały
To ludzie, marzenia to wiara w lepszy dzień
Którego za srebrniki nie sprzedamy.

Oto wołanie moje pieśni
Wzywają do czujności i świętego gniewu
Bo zdrajcy nie zniszczą wojną
Póki we mnie płoną iskry miłości i wiary.

Coś na wesoło

Coś na wesoło z tańczącym wiatrem
W kłosach zboża falującym
W słońca uśmiechu barwach krajobrazu
W życiu codziennym żarem płonącym.

W uśmiechach ranka wesołość gości
W powietrzu krążą motyle
Na łące żabki skaczą raźno
A świerszcze umilają chwile.

Wesoło drzewa w lesie szumią
Wiatr listeczkami w powietrzu rzuca
Promienie drogę znaczą cienie
A zając na bezdrożach kuca.

Wesołość w gronie rodzinnym płynie
Rozmowy przy słodziutkim winie
To śmiech i żarty i wspomnienia
A w sercach nuty gry i marzenia.

Porywy życia w wesołości
Taktem dobroci serca grają
Tańczące motyle i skowronki
Nad łąką radośnie fruwają.

Globalny ucisk

W świecie pełnym świateł sieci i dźwięków
Głos walczących o sprawiedliwość narasta
W globalnym tańcu gdzie bogactwo się mnoży
Bieda i ucisk wciąż się rozrasta.

Na uśpionych polach gdzie słońce się kryje
Pracują ręce zanurzone w wodzie i chlebie
Ziemia płacze w milczeniu łzy płyną strumieniem
Wytrwałe serca co marzą o niebie.

W miastach kryształowych w gąszczu drapaczy
Cienie cierpienia jak echo tętnem biją

Pieniądz jest panem a człowiek cieniem
Gdzie światło zasłaniają ból i troski żyją.

Lecz z ducha wznosi się wiatr niesiony nadzieją
Głosy jedności z krain braterstwem odzywa
Bo w sercach tych co marzą jest iskra co świeci
I w spojrzeniu pragnień ścieżki nowe odkrywa.

Globalny ucisk w twarz zagląda nam codziennie
W naszych dłoniach tkwi siła zmiany losu rzeczy
Niech ta melodia nadziei w sercach naszych rośnie
Razem przetrwamy ucisk który nęka nieznośnie.

Udane zakupy

W życiu każdy ma swój plan
Marzenia tkwią głęboko w nas
W przestrzeni tworzą własny szlak
Bo naszym celem jest życia znak.

Udane zakupy to niełatwy sukces
To trud i wysiłek i wiara w siebie
Dźwigamy na barkach ciężkie brzemię
Realizujemy swoje najwyższe pragnienie.

Często w oczy wiatr nam dmucha
Nie zawsze słońce nam świeci
Lecz w sercach mamy iskry promieni
Która prowadzi nas przez zamieci.

W koszykach pełnych bogactw kolorów
Ukryte są słowa i życzenia
Ubrania książki elektronika w blasku
Wierszowa radość w świetle kontrastu.

W sercu radość w dłoniach torebek brzęk
Udane zakupy jak myśli w sercu
Bo w wyborze trwa cząstka spełnienia
W każdym zakupie skrywa tajemnica cienia.

Udane życie to nie tylko bogactwo
To miłość i radość w spełnionej wymodze
To chwile spędzone w gronie przyjaciół
I to że jesteśmy na właściwej drodze.

Idziemy naprzód wraz z marzeniami
Niech siła w naszej duszy nie zgaśnie
Udane życie trzeba pielęgnować
By żyć jak najdłużej i niczego nie żałować.

Wibracje wiary

Wibracje wiary tańczące w duszy
Fruną w powietrzu jak ptaków stada
W sercach ogromy wiary przenoszą
Światłem nadziei w duszach migocą.

Wibracje wiary dźwiękiem melodii
Są źródłem mocy w sercach ludzkości
W prawdziwej wierze i pojednaniu
Nigdy nie milkną w nieskończoności.

W ciemności nocy gdy cień otacza
Wibracje wiary gwiezdnym kordonem
Przez losy mroku jest przewodnikiem
Wiarę utrwala niechęć pochłania.

Wibracje wiary w zmaganiu sumień
Zmysłowe i delikatne w mocy
Krzepiące serca podnosząc na duchu

Wiarą natchnieniem Boskiej pomocy.

Zły przykład - zagłada

Na złym przykładzie zmierzamy ku zagładzie
W ciemnościach kroczymy zatraceni
Nie świecą gwiazdy wspomnienia krzyżactwa
Lecz własne ambicje pycha i złudzenie cieni.

W spojrzeniach ludzi tonie nadzieja
Wciąż błędem głosimy że sukces to zniszczenie
Oto paradoks zatopieni w pysze
Nad brzegiem bezsilności marzenia kołysze.

Nie nauczymy się z historii krwawych lekcji
Gdy nie ujrzymy ciosów w serca wbitych
Bo zamiast jedności naród kroczy ku podziałom
Zamiast miłości odradza się nienawiść.

Wędrujemy drogą co ku zagładzie pędzi
Gdy serca otworzymy na śpiew nadziei i miłości
Gdy wzrokiem spojrzymy w głąb siebie
Może znajdziemy drogę do wolności.

Niech słowa te nie giną ale ożywają
Na złym przykładzie zmierzamy lecz żyjemy
Wciąż w nas się tli iskra miłości
A gdy się zjednoczymy zbudujemy mur przyszłości.

Zimowa radość

W mroźne dni gdy śnieżek sypie
Zima na czasie słońce w śniegu iskrzy
Na jeziorze lód skrzypi pod stopami
Wiatr szeleści między drzew wierzchołkami.

Zima jest fajna mimo mrozu i chłodu
W sercach budzi radość i ukojenie
W ciepłych swetrach i przy ogniu kominka
Spotykamy się w magii marzeniach.

Chociaż czasem śnieży i wieje szalenie
Zima jest fajna ma swoje uroki
W białych ramionach czuć spokój i ciszę
W marzeniach o pokoju na świecie kołysze.

Podróż ku wierze w siebie

Dzisiaj wyruszam w podróż bezgraniczną
Do ziemi marzeń gdzie gwiazdy lśnią blaskiem
W moim sercu istnienia tli się żar
Wierzę w siebie i towarzyszący mi czas.

Wszelkie lęki zostawiam za sobą w mroku
Na ścieżce nieznanej kroczę z wiarą
Jestem pewien że w moim wnętrzu płonie ogień
Wierzę w siebie moją pieśń na co dzień.

Nie ustąpię przed szczytami gór wysokich
Bo wierzę że muszę i ufam sobie
Mój los kształtuje rzeczną glinę
Wierzę w siebie i pragnienie nie minie.

Mimo burz i niemałych problemów
W moim sercu nie gaśnie nadzieja
Przede mną wyzwania jak gwiazdy
Wiara w siebie to największa nasza siła.

Wyruszamy ku nieznanym horyzontom
Pokonując wątpliwości wszelkie

W naszych sercach moc poznania płonie
Podróż ku wierze w siebie dozgonnie.

Pan i Pastor i Chłop

Wielki Pan wyniosły dumny
Na tronie dla ludzi swoje prawa daje
Władzę i bogactwo hojnie dzierży
Ale czy duszę swej opiece oddaje.

Pastor na ambonie święte słowa głosi
Wskazuje drogę do nieba i zbawienia
Modlitwy wznosi grzechy odpuszcza
Lecz czy jest gotów do jedności wstąpić.

Chłop pracujący na twardej ziemi
Spojrzeniem w niebo sercem czystym
Czyni dobro choć w cieniu przezroczyste
A czy zasłużył na dobro wieczyste?

Wśród tych trzech postaci - kto jest najważniejszy
Czy to Pan co władzę ma nad światem
Czy to Pastor co do dusz nieustannie woła
A może prosty Chłop co orze pola?

Opatrzność Boska nie zważa na ziemskie zasługi
Nie kusi bogactwem i mądrością słów
Lecz ktoś kto w sercu miłość do Boga skrywa
Ten do nieba trafi i żyć będzie mógł wiecznie.

Sonet miłosny

W ogrodzie serca płoną różne myśli
Uczucia jak kwiaty kwitną
Spojrzenie promieniem słońca migocze

W sercu duszy płonącą iskrą.

Twoje usta jak róże o poranku
Słodki nektar miłości wydzielają
Twoje imię rozbrzmiewa w snu obłokach
Jak nuta melodii niekończąca.

W twej bliskości odnajduję siły
Twoje gesty jak poezja w czułości snuję
W twoich oczach widzę wielkości ciszę
Miłość jak wiatr co tworzy w nas nadzieję.

Bóle

Bóle odejdźcie na zawsze
Niech radość zagości w przestrzeni
Niech serca biją spokojnie
A zapomnienie przynosi ukojenie.

Niech smutek odejdzie do nikąd
A nadzieja dni rozświetla
Bóle które nas dręczyły
Niech rozproszą się we mgle.

Zniknijcie bóle bez śladu
Niech nadzieja rozświetla dni
A życie płynie swobodzie
Bez ciężaru troski i złych dni.

Niech każdy dzień uśmiechy niesie
A miłość otacza nas ciepłem
Bóle odejdźcie na zawsze
A życie się stanie łaskawsze.

Kto wynalazł pieniądze

W dawnych czasach gdy świat był młodszy
A ludzie żyli w pradawnych siedzibach
Nie znali złota srebra ani miedzi
Życie płynęło spokojnie bez zbytu.

Pewnego dnia wśród gęstego lasu
Zjawisko niezwykłe ujrzał człowiek błądząc
Było to coś co blaskiem świeciło
A gdy się zbliżył zobaczył pieniądze.

Czy to prawdziwe a może przypadek
Może to bóstwo ludziom to zesłało
Nikt nie zna odpowiedzi na to pytanie
Od tamtej pory pieniądz rządzi światem.

Wojny wybuchały królestwa upadały
A ludzie za pieniądze gotowi zabijać
Czy to błogosławieństwo czy może przekleństwo
Ktoś kiedyś pytał odpowiedzi nie było.

Pieniądze to nie tylko bogactwo to także ból
To niewolnictwo w miłości cienia próg
Kto wynalazł pieniądze ten zmienił świat prawdy
Czy to zmiana ku lepszemu - czy kolejne zwady.

Cóż więc pozostało tylko spekulować
Kto wynalazł te małe z metalu błyskotki
Czyż nie ironią jest losu że coś takie małe
Może zmienić losy ludzkie i całe narody.

Bezdomność

Wśród zimnych ulic wiatru szum

Bezdomność płacze w tęsknocie
Pod mostem senny cichością głos
Bezstronnych kropli mroku los.

Bezdomność lasu cień niezmienny
W oczach błądzących ślad tęsknoty
Zapomniana przez świat płonie
W snach ciepła splecione dłonie.

Ciszą noc trwa a deszcz płacze
W bezdomności duszy kołacze
Nocnym martwym blaskiem gwiazd
Bezdomność cierpi w sercu szok.

Bezdomność szuka by coś znów jej dać
Nie mur nie dach a ciepły kąt
W oczach dziecka w uśmiechu drzemie
Nadzieja czuje choć czasowo mdleje.

Bezdomność o swoim domu marzy
Gdzie ciepło miłość serca spokój
Wiatr dmucha w oczy słońce grzeje
Bezdomność w duszy coś się śni.

Podajcie dłonie i serca otwórzcie
Aby bezdomność ciepłem otoczyła
Choć mrok panuje i złudzenia
Bezdomność sercem kochającym płonie.

Labirynt mądrości

W ogrodzie mądrości światło goreje
W labiryncie myślowej pełnej tajemnicy
W korytarzach sennych i marzeniach błądzą
Na ścieżkach wiedzy myśli wiernych żądzą.

Nowe historie w każdym spojrzeniu
Głosy przeszłości które tchną życiem
W słońca promieniach zwycięstwa ukryte
Zagubione w mroku nie zatartym bycie.

Ścieżki wiedzy wijące się bez granic
Otwarte oczy na światła przestrzeni
W labiryncie mądrości życia czar się liczy
Gdzie dusze tańczą w mądrości zdobyczy.

A każdy krok z czasem zmierza ku refleksji
W głąb labiryntu gdzie myśli rosną
Gdzie mądrość się kryje w każdym zamierzeniu
W poszukiwaniu prawdy serdecznym skupieniu.

Ziemia po wielkim wybuchu

W ciszy głębokiej po wielkim huku
Ziemia się zrodziła w nowym obliczu
W kosmicznym świecie w obłokach
Płonęły galaktyk tysiące.

Wymyślny taniec trwał w nicości
Wędrował czas nie znając granic
A potem wybuch - nikt nie przewidział
Że narodzi się nowy świat.

W ogniu chaosu rodzi się porządek
Krwawiącą ranę leczy czas
Ziemia w swej chwale wkracza spokojna
I płonie w ciszy jak sen pokorna.

Na łonie ziemi życia tajemnice
Kolory dźwięki zapachu smak

Wielkie dzieło co trwa przez wieki
Ziemia matka nasz dom i stokroć więcej.

W blasku gwiazd w tajemnicy wszechświata
Ziemia tka swe opowieści
A my ulotne cienie na jej tle
Niosąc marzenia pielęgnujących życie.

Po wielkim huku w ciszy głębokiej
Ziemia trwa jak wieczny obraz
A każdy dzień to opowieść nowa
Wielki poemat po wielkim wybuchu.

Zmienność ludzkich emocji

W świetle dnia i porze nocy
Emocje tworzą bale przezroczy
Jak fale morza w górze i dole
W sercach ludzkich sen proroczy.

Bywa że czasem radość słońca blaskiem
Rozpromienia twarze i dusze nasze
Lecz wnet za nią mknie smutek jak mgła
Zasłania radość i tonie w głębi nas.

Gniew jak burza wściekłość tworzy
Serca ogniem ciało drżeniem
Złość jak żądło tkwi głęboko
W sercu bramy krwi ciemnieniem.

Zmieniają się emocji oblicza
Jak wiatr halny i woda w rzekach
Kształtują losy w naszych myśleniach
Zmienność charakterów cieniach.

W naszych sercach tańczą gwiazdy
Blaskiem jasnym w mroku wstają
Zmienność emocji w duchu rozkwita
To nasza duma i tajemnica.

Gra w czasie

Gram w czasie tylko o co
Dni mkną jak marzenia w chmurach
Czas ucieka ja go gonię
I do tego chęci mam.

Gra to trudna i zawiła
Chwile płyną niczym rzeka
W radości złości próbach i błędach
Świat się zmienia czas ucieka.

Wciąż próbuję grać na czasie
Łapię chwilę co ucieka
Ale wiem że nie rozumiem
Jak zatrzymać - wieczna rzeka.

Miewam myśli że to wszystko
Wygląda na mgnienie oka
Mimo że to krótkie chwile
Gra ta nieustannie wciąga.

Gra na czasie dużo warta
Każda chwila każdy dzień
Nasz czas płynie nieustannie
To w tej grze znajduje sens.

Gram w czasie i tak bez końca
W każdym ruchu cel swój czuję
Czas jest drogą niekończącą

W grze tej siebie odnajduję.

Człowiek nienawiści

Człowiek który nienawidził siebie
W mroku swej duszy kręci się samotny
W sercu jego burza myśli ciemne loty
Widzi tylko siebie i nikogo więcej.

W zwierciadle widzi tylko własny cień
W oczach płomień w sercu pustka
Szuka ratunku drogi w noc i dzień
Chce uciec od siebie i wojny szuka.

Wędruje po ziemi gdzie jest wojna
Działa wśród ludzi gdzie panuje złość
Człowiek który siebie nienawidzi walczy o swój tron
Bez nadziei i wiary gość.

Wojny w jego sercu tworzą się jak burze
Krwawe bitwy i cierpienia trwają
W samym sobie widzi klęski
Z nienawiści siła wciąż upada.

Może kiedyś w sobie odzyska iskierki światła
By pokochać siebie odpuścić sobie błąd
Może wojna zgaśnie w jego sercu wreszcie
A pokój miłość i nadzieja odbuduje świat.

Śmiech to zdrowie

W krainie życia radości i szczęścia
Śmiech rozbrzmiewa jak muzyka
W sercach ludzi budzi się uczucie
Światło w uśmiechu nie znika.

Śmiech to melodia co serca łączy
Radość w harmonii nie znosi kłamstwa
W błękicie nieba w ciepłym dotyku
Śmiech jest balsamem dla duszy w mroku.

W cieniu smutku zgiełku burzy
Śmiech jak iskra nadzieje rozpala
Przebija ciemność rozświetla dni
Śmiech jak promienie daje siłę.

Śmiech w naszych sercach na zawsze gości
Łączy i radość zawsze niesie
Bo w nim tkwi siła przetrwania
Śmiech to pieśni wiecznej melodia.

Mądrość i głupota

Czy głupi kiedyś zmądrzeje
Pyta serce dusza pyta
W mroku nocy w świetle dnia
Szuka odpowiedzi na ten plan.

Czy droga głupca wiedzy szlakiem
Zmieni błąd w mądrość cudownym znakiem
W mądrości wzrastać piękne zadanie
Jest to odpowiedź na to pytanie.

Czasem zbłądzi w krainie ciemności
Ale z czasem słońce wzejdzie
Światłość prawdy jasność myśli
Uczy głupca jak w mądrości żyć.

Niech to pytanie już pozostanie
W sercu każdego co głupio kroczy

Bo nawet z głupoty można zrodzić wiedzę
Gdy serce i umysł do prawdy wiedzie.

Zrozumieć czas

W czasie odwiecznym tajemnica drzemie
Splata się w nim życia schemat
Płynie jak rzeka i ciągle się zmienia
Czasem jak mgła czasem jak skały.

W czasie każdy moment - diamentu kropla
Wśród gwiazd na niebie polach
Przewija się dzień za dniem jak ptak w locie
Nieuchwytny niepowtarzalny nieznany.

Czas leczy ale często rani
Niesie radość łzy i marzenia
Jak skryta melodia w sercu zaklęta
Tli się w nim tajemnica niepojęta.

Jak zrozumieć czas co w nas płynie
Jak dogonić wiatr jak wodę schłodzić
Może w ciszy i spokoju odnajdziemy sekret
Który znikąd się bierze i nigdy nie znika.

Czas to nasz sprzymierzeniec ale i przeciwnik
W jego objęciach trafia się huśtawka
Lecz zrozumienie czasu to mądrość i siła
By czerpać w każdej chwili jak ze źródła życia.

Rozumieć czas - to żyć pełnią życia
Doceniać każdą chwilę jak skarb niezwykły
Bo czas nie ogląda się wstecz i nie czeka
Jest tylko teraźniejszość co płynie jak rzeka.

Życie to nie przypadek

Losy pełne krętych dróg
Oczy żywe migotliwe
Losu trwanie jak bieg rzeki
Wciąż wypływa z górnych źródeł.

Życie to nie jest przypadek
A płynąca melodia losu
W tańcu marzeń i tęsknoty
W gniewie radości i bólu.

W każdym oddechu kryją się niepewności
W każdym spojrzeniu tkwi tajemnica
W snach i na jawie siła ukryta
Życiem utkana góra niezdobyta.

Dni przemijają jak gwiazdy migocą
Skrzydłami czasu w dal ulatują
A w sercach zostaje ślad
Życie to nie jest przypadkowy traf.

Początek czasu

W gwiezdnej przestrzeni gdzie nic nie trwało
W początku czas świtem się ukazał
Ciemność odeszła jasność powstała
Nastąpił dzień i czasowa chwała.

Czas rozkwitał jak kwiaty polne
Zaklęty w tańcu mgły i gwiazd
Głosem z kosmosu pieśń tworzył słowem
Rodził się życiem ideą nową.

W ramiona zbierał minuty i doby

Tworzył historię bez wstępu i końca
Przez wieki płynął rzeką bez dna
Początek czasu wieczności gra.

W nocy ciemności i blasku gwiazd
Czas jest początkiem i trwa bez kresu
W ludzkich sercach w natchnieniach snu
Początek czasu w stałym dniu.

Bałwochwalstwo

We świątyniach pełnych złudzeń
Bałwochwalstwem zapełnionych
Ludzie na twarze padają
Przed idolem bez duszy tronem.

Przed ołtarzami bogactwa
Snują modły nieprzerwane
Zagubieni własnym strachem
Wierząc w to co jest nierealne.

Bałwochwalstwo szczyty osiąga
Prawdzie i cnocie nadmiernie urąga
Zniewolone halucynacje
Dziwne domniemane racje.

Zrzućmy brzemię plagi fałszu
Złudę i chwały kamiennych posągów
Tylko prawda nas jedynie wyzwoli
Wiara w Boga żyć wiecznie pozwoli.

Jak żyć

Jak żyć żeby życia nie zmarnować
Iść drogą która myśl serca wskazuje

Z drogowskazem własnego powołania
Co się pragnie widzi i czuje.

Żyć pełnią chwil z czuciem wiatru na twarzy
Tak wiele niespodzianek nas czeka
Z nadzieją w dobrodusznych marzeniach
W promieniach słonecznych uśmiechach.

Żyć pełnią miłości rozkwicie
W prawdzie co szczęście upiększa
Dzielić chwile z przyjaciółmi radością
Cieszyć świata łaskawą pięknością.

Wsłuchani w głosy własnych sumień
Bo w nich tkwią wartości naszego czasu
To życie jest naszym celem
A w podróży spełnionym pragnieniem.

Żyć - to nigdy nie żałować niczego
Nie marnować daru boskiego cudu
Przejść przez życie w pełni świadomie
Na drodze krętej pełnej trudu.

Sprzeczka

W krainie piekieł i niebios w pełnym świetle strugi
Spotkali się anioł z diabłem
Anioł z kijem w promieniach cnoty
Diabeł z kijem w gniewie zbrodni.

Na ziemi w ogniu i dnia deszczu
Stali w blasku gwiazd do ostatniej chwili
Anioł czysty i lekki jak ptak w locie
Diabeł ostry i chciwy jak góry paszkwili.

Walka się rozpoczęła na niebie o brzasku
W powietrzu dźwięki szarpanie i trzymanie rąk
Anioł lekko się uchyla w błysku kija swego
Diabeł w okrzyku pychy w obronie swojego.

Lecą iskry i gwiazdy jak płatki śniegu złotem
Walka była ciężka między złem a dobrem
Anioł zwyciężył bo w sercu miał miłość
Zgodę co światu potrzebna prawda i sprawiedliwość.

Nurt wiary w siebie

Wiara w siebie nurtem życia
Nie zna zgryzoty jak rzeka płynie
Siła prawdziwa jest w każdym sercu
Pokona wszystko co nieprawdziwe.

Wiara pokona każde zwątpienie
Chociażby było twardsze od skały
Wiara jest mocą która wzlatuje
Nadzieję tworząc na czasie chwały.

W nas samych tkwi siła zwycięstwa
W nurcie wiary jest nasz dom
Rodzina przyjaciele i sami swoi
Wiara prawdy się nie boi.

Trzon wiary w siebie - to moc co w nas drzemie
Jest iskrą co nigdy nie zgaśnie
Z następującym rankiem dnia blasku
Opatrzności Boskiej jest łaską.

Kwiaty pokoju

W ogrodzie serca gdzie cisza panuje
Kwiaty pokoju kwitną w łagodności
Ich delikatne listki jak łezki różane
Rozsiewają spokój i szepty wolności.

W blasku słońca zielonych krzewów
Wiatry szeptem niosą nadzieję
Woń kwiatowa bóle niweczy
Milczeniem odchodzą w knieje.

Moc kwiecista tak bardzo kojąca
Deszczem płynie w spragnioną ziemię
W ludzkich sercach wznieca radości
Znika złość i gniewliwe brzemię.

To jest pieśń o kwiatach pokoju
W sercu ogrodu zawsze pachnących
Niech moc wasza rozświetla bezpiecznie
A pokój po wszystkie nasze czasy
Zapanuje w duszach na wiecznie.

Głupi mądrego nie rozumie

Głupi mądrego nie rozumie
W jego prostocie tkwi moc
Myślami krąży w mętnej wodzie
Wiedzy głód to jego smok.

Głupi widzi świat przez barwne okulary
Wszystko piękne niczym bajka
Nie zważa na rozterki i niepokoje
W jego sercu tkwi pokój niestały.

Mądry w obawach głupi w ufności
Głupi lecz w swym sercu bogaty
Światło w ciemności promyk nadziei
W jego spojrzeniu spoczywa magia.

Wiedzy knieje mądrość drzewa
Głupi mądrego nie rozumie
W życiowych labiryntach szuka drogi
W miłości odnajduje sens i kształty.

Głupi uważa że wszystko wie
Mądry wie że wiele mu brakuje
Głupi w swym przekonaniu tkwi
Mądry cierpliwie szuka klucza do drzwi.

Niechaj głupi uczy się od mądrego
Jak być szczęśliwym i żyć spokojnie
Bo życia krąg w nim każdy błądzi
Głupi mądrego nie rozumie.

Czy świat się kończy

Czy świat się kończy gdy cień zapada
Gdy zmierzch na ziemię cicho opada
Czy w mroku nocy nadzieje rosną
Gdy wiatr rozpocznie żałosne pieśni.

Czy świat się kończy gdy drzewa płaczą
Gdy liście więdną i płyną z wiatrem
Czy w zimie śmierci życia jest granicą
Czy w śniegach chłodnych odnajdziemy siłę.

Czy świat się kończy gdy pękają serca
A miłość ginie w bezdennej toni
Czy w bólu nowy dzień nastanie

I nowa nadzieja z popiołów wzejdzie.

Czy świat się kończy gdy czas przemija
A każda chwila odchodzi w zapomnienie
Czy w ruchu zegara jest odpowiedź
Czy we wiecznym kręgu tajemnice wieczne.

Świat się nie kończy o cichym zmierzchu
We mgle i drżeniu liści drzew
Świat trwa w sercach i myślach
W miłości która nigdy nie ginie.

Choć mrok nadchodzi nie bójmy się końca
Bo w każdym końcu jest nowy początek
W zmierzchu nocy jasności dnia
Świat nie umiera lecz ciągle trwa.

Ścieżki pokoju

Na ścieżkach pokoju moce rozważań
Głos natury w sercach gesty w marzeniach
Mądrość myślowa splecione dłonie
Śladem pokoju nadzieją płonie.

Na wspólnej drodze serca się łączą
Odkrywając piękno całego świata
Ścieżki pokoju niech wiecznie trwają
Rozświetlą ciemność i siłę dają.

W każdym człowieku trwa miłość i radość
Która na ścieżkach rozkwita w pełni
A więc połączmy nasze dążenia
W harmonię szczęścia i współistnienia.

Ukarać zdrajców narodu

W ciszy nocy gdy gwiazdy płoną
I cisza mroźna spowiła świat
Naród się budzi w gniewie i znoju
By zdradę zgładzić w czasie.

Zdrajcy którzy wiodą nas ku ciemności
I kradną nasze marzenia w mroku
Ich grzechy niech słyszy echo historii
A kara spadnie na ich karki.

Niech prawo mierzy sprawiedliwość ręką
Bezkarność niech nie znajdzie chwili
Nasz naród zjednoczony w sile
I zdrady w końcu złamie wprost.

Niech mowa prawdy i wierność blasku
Oświecają drogę ku sprawiedliwości
A ci co zdrajców cieniem chodzą
Niech wiedzą że czas minął już.

A naród jak lew walczyć gotowy
O wolność honor i swój los
Niech wróg nie myśli że naród mu przebaczy
Ukarać zdrajców to nasz głos.

Siła pasji

W sercach ludzkich płonie ogień
Pasja płomieniem się wznosi
W sile ku marzeniom pędzi
Na tle niewiary światłem rosi.

Wiatrowym echem śpiewu w przestrzeni

Odwaga w sercach w duszach spełnienie
Pasja jest rzeką co nurty zmienia
Siłą promieni marzeń istnienia.

W trudnych chwilach gdy życie stawia przeciwności
Moja pasja trwa jak skała niezłomna
W promieniach nadziei cieniu nocy płonie
Króluje w wyobraźni trwała i przytomna.

W żarze twórczego ognia powstające dzieła
Ciało i dusza - to nie tylko płomienie i trud
Lecz spełnienie w nim duszy pragnień
Dobro i miłość w myślach zawładnie.

Niechaj siła co we mnie drzemie
Budzi w innych iskry co kiedyś rozbłysną
Siłą pasji poprowadzi ich przez życie
W sensie istnienia i tajemnicy.

Symfonia bez wojny

We świecie gdzie słońce złotem barwi niebo
Trwa symfonia pokoju bez fałszu i nędzy
Ziemia bogata w pamięci skarbami
A serca biją w rytmie między obłokami.

Wiatry niosą ze sobą nuty pokojowe
Ptaki w locie grają symfonię miłości
Ludzie jedność tworzą i w harmonii żyją
Wspólnie budują świat oparty na wolności.

Żaden miecz nie przetnie więzi między ludźmi
Tylko dłonie wznoszą się by je połączyć
Nie trzęsienia ziemi i grzmoty wojenne
Tylko śmiech dzieci i chwile spokojne.

Symfonia jest miejscem gdzie kwitną marzenia
A serca pozbawione ciężarów przeszłości
Każde słowo jest w znaczeniu prostoty
Fundamentem symfonii czasowej przyszłości.

Niech w sercach zapanuje spokój
          jak dawnych pieśni strofy
A dźwięki symfonii na wieki przetrwają
Symfonio oazo w morzu burz i wojny
Twoje imię po wieki wszyscy powtarzają.

Głębia wiedzy

Pogłębiaj myśli zadawaj pytania
Szukaj odpowiedzi pomimo trudności
Wiedza jest skarbem nieocenionym
Do wysiłku jaki wkładasz w swojej dążności.

Lecz uważaj bo zalew informacji
Może zatruć twój zdezorientowany świat
Wybieraj mądrze co wnoszą twoje kroki
By nie utracić drogi w niewiedzy.

Z głębi przemyśleń wyrasta mądrość
W świetle prawdy człowiek staje się wolny
Działajmy mądrze choćby trudno było
By nie zgłupieć w nurtach współczesności.

Zdrada

Zdrajcy których dusze zniknęły w mroku
Którzy kraj swój zdradzili
Niech usłyszą wołanie spod znaku godności
Niech poczują gniew prawości i zaznają kary.

Bo naród to żywa istota serce ziemi
Niepodległości stróż dumny wierności zwierzeń
Niech płonie płomień narodowego gniewu
By zdrajcy poczuli co znaczy sprzeniewierzyć się
                                        Ojczyźnie.

Ukarać zdrajców narodu póki nie jest za późno
By ocalić co najświętsze co nam drogie najbardziej
Bo naród to nie tylko ziemia i granice
To duch i idea wspólnota serc bijących narodu.

Powstańcie bracia i narody
Niech zgraja zdrajców drży w gniewie
Póki serca biją w piersiach prawych ludzi
Nigdy nie jest za późno by ukarać zdrajców narodu.

Niech los będzie ostrzeżeniem dla potomnych
By nigdy nie zgubili drogi do wolności
A pamięć o zdrajcach trwa wiecznie w narodzie
Byśmy byli gotowi bronić naszej ziemi.

Życzenia

W krainie marzeń swobodnych snów
Gdzie życia melodia w naszych sercach trwa
Pytamy się gwiazd co sobie życzyć
By osiągnąć szczęście co w sercu gra.

Życzymy sobie nieba które nie zna chmur
By serce nie doświadczyło smutku i burz
Życzymy sobie słońca w promieniach łaski
Omijania dróg pełnych trudności.

Życzymy sobie morza o lśniących falach

Odkrywamy perły skarby niewiadome
Życzymy sobie drzewa które swą koroną
Otuli nas w ramionach ukoi we śnie głęboko.

Życzymy sobie serca które kochać umie
By miłość nigdy w sercach nie wygasła
Życzymy sobie wiatru co góry przenosi
By wierzyć że nadzieja lepsze dni przynosi.

Życzymy sobie życia pełnego spełnienia
Aby każdy dzień był wierszem a chwila pieśnią
A w krainie marzeń które serca snują
Wszystko jest możliwe i się spełni.

Taniec zawału

W tańczącym sercu pulsów rytm
Pod niebem w świetle brzasku
W rytmie żyjących serc troska tkwi
Gdy tańczą w trosce radosnego znaku.

Pod błękitnym niebem wiatr cicho szepcze
Promienie tańczą wśród rozległych pól
A w sercu mym niepewne kryją się słowa
Taniec zawału groźny jak burza gromowa.

W wirze emocji serca bije alarm
A życia rytm faluje wciąż i wciąż
W tańcu zawału tragedii życia dramat
Zamyka w klatce pozytywny ciąg.

Lecz tam gdzie jeszcze jest nadzieja
Gdzie miłość jest i oddech trwa
W tańcu zawału słychać serca rytm
Odejdzie ból powrócą dobre dni.

Taniec zawału nie kończy się tą chwilą
Bo w moim sercu na nowo rytmy biją
Więc tańczmy chociaż los niepewny jest jak dym
Taniec zawału przeminął wiwat nowe dni.

Nadzieja w nas

W serca głębinach gdzie cisza głucha
A myśli toczą w nieznanym brzegu
I wątpliwości krępują ducha
Płynie nadziei cichy strumień biegu.

Wszystko się zmienia jak w kalejdoskopie
Dzień każdy nowe barwy maluje
Nadziei melodia w nas wciąż gra
Wyzwala z mroków radość buduje.

Więc trzeba wierzyć choć droga kręta
A życie zmienia nieustannie bieg
Mocą która w sercach drzemie
W każdym z nas nadzieja trwać będzie.

Ścieżki serca

Ludzkość wędrując w labiryncie życia
Ścieżkami serca wiodących dni
Jak strumienie płynące w milczeniu
Ku spokojowi marzenia chwil.

Ścieżki kręte czasem proste
Płonne niosą tajemnice
Wzloty i upadki jak fale morskie
Na brzegu wspomnień tworzą granice.

Wędrujemy zawsze w przyszłość
Choć czasem tracimy drogę w mroku
Lecz w sercach nadzieja się wije
Promień światła dodaje uroku.

Niech ścieżki serca nas prowadzą
Przez chwile szczęścia i ból cierpienia
Przez całe życie fazą wolności
Tka naszą historię jak pieśń wieczności.

Wiersz skowytu

W szumie wiatru tańcu liści
W szepcie strumieni falach mórz
Ukryte są słowa niepokoju i smutku
W kręgu życia wolności słów.

Echem przeszłości skowyt płacze
Ponuro wznosi się z głębi duszy
Promieniem świeci co gasnąć musi
W mroku nocy w przestrzeniach głuszy.

Pieśnią istnienia jest wiersz skowytu
Strachem przed zmrokiem jękiem tęsknoty
Lecz w nim nadzieja migocze cicha
Wraz ze świtem sen ukojenia cnoty.

Życie płynie jak rzeka o zmierzchu
Wędrujemy wierszowym echem zagłuszeń
Poprzez marzenia i wielkie burze
W świetle dali gdzie spoczną nasze dusze.

Bieg życia

W świetle dnia i ciemności nocy
Czas płynie niezłomny jak rzeka
Nie zatrzyma go żadna z sił
Na zawsze pozostanie jakim był.

Nieubłagany tajemnicą okryty
Nie kończy nigdy nie rozpoczyna
Tańczy w zegarach godziny zbiera
Maluje rzeczywistość nie umiera.

Płynie z uporem odporny na bóle
W marzeniach we śnie codziennym życiu
Żyje wspomnieniami nie poprzestaje
Przepowiada przyszłości rozkazy wydaje.

Bieg czasu się nigdy nie zmienia
W samym sobie pozostaje
Każdy dzień jest dla nas drogocennym darem
Dobrodziejstwa pełnym wymiarem.

Palenie papierosów

W mrocznej nocy w dymu gęstym tchnieniem
Paląc papierosy zdrowie tracimy
Klątwa się sypie gdy ogień pała w nas
W łańcuchu nałogu zgubiony trwa czas.

Papierosy płoną jak życia kruchy trzon
Serce w klatce płacze w bólu
Dym wokół wiruje płuca dusi każdy gest
Palącym jarzenia robią czarny bieg.

W dymie grzechu z każdym wdechem

Papierosów klątwa która ciało targa
Plączą się smutki duszą płonie jasno
Nadziei źdźbło w mroku i szkodą własną.

Zapłonął lontem co piekłem kusi chciwie
Serce wciąż krwawi dusze się buntują
Złudzenia mgieł co szarpią płuca blade
Nienawiść wiary co mówiąc oszukują.

Kłęby dymu unoszą się jak grzechów ciężki smutek
Palenie papierosów to groźny toksyczny skutek
Ogień trawi ciało płonie w nim złośliwa moc
Klątwa to palenie w słońcu nocy mrok.

Ciało drżące jak liście w jesieni szklistej
Zapomniane marzenia duszy wciąż płonąco
Ogarnia noc w wędrówkę ciemną prowadzi
Papierosów klątwa w duszy trwa nieustająco.

Skok ku marzeniom

Na skrzydłach myśli w oczach blasku
Podążam ścieżką w marzeniach czasu
Bez granic bez barier bez dna
Myślami dobiegam tła kontrastu.

Wiatr wplątuje w locie włosy
A serce w rytm bicia kołysze
Nieznanych zamierzeń losu
W kroplach rosy snów tajemnicze wizje.

Niechaj serca biją dobrocią
Gdzie marzeń wyspa tętni od życia
Skok ku słońcu ku gwiazdom ku niebu
Gdzie spełnienie snów drzemie z ukrycia.

Na szczytach myśli królują marzenia
Góry śniegu w morzu fal targa
Skok w dal skok w głąb skok wzwyż
Tchnienie na spragnionych wargach.

Polityczne niedorajdy

W ogromnych salach sejmowych
Polityków moc się zbiera
Widowiska tam się tworzą
Które wstyd i śmiech pożera.

Wielkie słowa deklaracje
Każdy mędrcem chce się jawić
Lecz gdy dochodzi do akcji
Cała chwała szybko traci.

Moc obietnic plany butne
Na papierze wszystko gra
Ale kiedy czyny trwonią
Ten sam schemat ciągle trwa.

Każdy tylko mąci słowem
Wrogów swoich próbuje bić
Lecz gdy idzie o odpowiedź
Na pytania proste - wstyd.

Niedorajdy polityczne
Wciąż na scenie w tym teatrze
Bez odwagi i rozwagi
Wciąż ich zmienność chyli w cienie.

Władza jak magnes pociąga
A odpowiedzialność ciężka

Przydałoby się tu niejednemu
Coś co troszkę rozum zwiększa.

Ludzie patrzą na te zgrzyty
Bitwy spory dzikie kłótnie
W sercach rodzi się tęsknota
By zakończyć te gry brzydkie.

Marzymy o dniu że może wreszcie
Mądrzy ludzie pełni pasji
Staną na czele Ojczyzny
Bez kłamstwa pychy i nienawiści.

A póki co znów na ekranach
Patrzymy jak aktorzy grają
Niedorajdy polityczne
Naszą przyszłość znów oddają.

Spór o jadło

W gęstym lesie ciszy śpiewu
Żyły dwa niebieskie ptaki
Jeden gruby z wielkim brzuchem
Drugi chudy i zazdrosny.

O chleb często się spierali
I o smakołyków wiele
Lecz gdy spojrzeć na to bliżej
To prawdy można poznać więcej.

Gruby był nie taki zły
I do tego pracowity
W lesie własne zboże miał
I przyrządzał ile chciał.

Chudy zawsze głodny był
W oczach miał ogromny żal
Nie miał nic co jeść by mógł
Do grubego złości miał.

Dzielili chleb na pół lecz mało było
Gruby żądał więcej - chudy krzyczał nie
Do kłótni często dochodziło
I rozwiązania nie było.

Lecz czy w lesie czy na łące
Wśród ludzi tych którym znamy
Nie tylko chleb i pieniądze
Liczy się dobro i wspólne działanie.

Przyciąganie ziemskie

Kto wymyślił przyciąganie ziemskie
Że z nieba na ziemię nas trzyma
Może to Newton co spał pod jabłonią
Jabłko mu spadło na czoło.

Być może to Bóg co stwarzał świat
Nakazał abyśmy stąpali po ziemi
A może to zasługa natury
Nogi na dole głowy do góry.

Gdy patrzę na gwiazdy w nocy
Czuję jakby mnie do siebie wołały
Ale dziwna siła trzyma mnie w mocy
Bym nie odfrunął w komosy.

Któż więc przyciąganie wymyślił
Może nikt albo wszyscy naraz
Wszystkie prawa siły wszechświata

Tworzą cud życia obraz baśniowy.

W przyciąganiu co nas utrzyma przy życiu
W tańcu planet wśród gwiazd i księżyców
Pytamy wciąż o to samo - kto wymyślił przyciąganie?
Czy odpowiedź mamy?

Spokój

W ciszy wieczoru spokój tkwi
Głęboko w duszy gdzie sen się tli
Milczenie tuli w myślach świat
Dźwięk tworzy łagodny spokoju szlak.

Światło księżyca i blask gwiazd
Ogarnia serca duszę i czas
W harmonii ciszy płynie gra
Spokój wypełnia duszę tła.

Spokój to cisza i serc harmonii
W obietnicach jutra w uśmiechu gwiazd
Na pięknej ziemi w bliskości snu
Pokój jest wieczny i kocha się tu.

Spotkanie z czartem

W mrocznym lesie w ciszy nocy
Gdzie cienie tańczą a wiatr szaleje
Krok za krokiem wiodą ślady
W poszukiwaniu ukrytej prawdy.

Przed czymś nieznanym i tajemniczym
Zwierciadłem duszy co mroki znaczy
Wyzwanie skryte w sercu się mnoży
Spotkanie z diabłem co czeka mnie.

Czart stanął wznosząc czarne szaty
Diabeł czerni jak nocna poświata
Oczy jego płoną płomieniem piekielnym
Usta wykrzywione złośliwym uśmiechem.

Czego tu szukasz - pyta mnie czarny
Czy prawdę poznać czy moją potęgę
Na skrzydłach chwały czy na skraju zguby
Mów czego duch twój potrzebuje zgłębić.

W oczach jego ogniste iskry tańczą
A serce w piersi bije mi dziko
W obliczu diabła w obliczu prawdy
Wybierasz wolność czy zło kochany.

Ja cicho szepcze w mroku się modlę
Mój głos wewnętrzny szuka dróg w mroku
W twarzy diabła widzę odbicie siebie
W bitwie duchowej wybór nieunikniony.

Wiem kim jesteś czarcie
W twoich oczach widzę same lęki
Wybieram światło i drogę prawdy
Odejdź niecnoto zakończ wrogie śpiewki.

W mrocznym lesie ciszy nocy
Odrzucam cienie światło wybieram
Spotkanie z bestią jak cień przemknęło
Zacząłem nowe radosne dzieło.

Cień egzystencji

Na bezdrożach życia myśli samotności
Mroki czasu mkną w cieni zaciszach

Nasze kroki milkną w przestrzeni
W głosie tęsknoty doznanych ciszach.

Zagubieni w labiryncie marzeń
W kręgu niedomówień i tęsknoty
Śladem swoich myśli wędrówką
W egzystencji wiernym towarzyszem.

W blasku promieni słońca
Światło dni powiela blask gwiazd
W oceanie mroku wzrok zagubiony
W labiryncie nocy zwodzi nas.

Jak zrozumieć cele egzystencji
Jako dar i niezgłębione tajemnice szelestem
W wędrówce po omacku stawianych kroków
Dopatrując się sensu - kim naprawdę jestem.

Mrok nocy rozjaśnia płomień światła
Cel podróży został osiągnięty
W rozumieniu własnych wartości
Jest sens i odnalezienie siebie.

Dbanie o zdrowie

Jak dbać o zdrowie jak serce pielęgnować
Miłością karmić ciepłem otaczać
Jak dbać o umysł jak ogród kwiatowy
Myślami go nawadniać wiedzą wzmacniać.

Jak dbać o duszę jak o ptaka w klatce
Wolnością ją hołubić spokojem wyznawać
Jak dbać ciało jak o białą perłę
Ruchem ją pobudzać a zdrowiem otaczać.

Jak dbać o życie jak właściwy skarb
Z pasją je przeżywać marzeniem
Jak dbać o wszystko co wokół nas istnieje
Z miłością troską by nigdy nie stracić.

Puls cierpienia

W skrytości dnia i ciemności nocy
Puls cierpień bije i w sercach gra
A cienie płyną w mroku krainie
W lęku i bólu tańcu godzinie.

We łzach dotyku spojrzeń oblicza
Odżywa żałość i smutek gorzki
Głęboki w duszy ciężar nieznośny
Tęsknotą śpiewa głosem donośnym.

Pomimo mroku i bólu w sercu
Promyk nadziei myślą się jarzy
W najgłębszym cieniu mego poznania
Rodzi się wielka siła przetrwania.

Każde cierpienie ma swoją miarę
Kształtuje duszę wiarę i siłę
Pomimo mroków co myślach goszczą
W pulsie cierpienia życie jest mostem.

Życie w rytmie serca

W rytmie serca życie płynie
Jak strumień który w fali rzecznej znika
W kręgach czasu się obraca
Głosem echa trwająca muzyka.

Chwile mkną jak błyskawice

Dni się roją w pulsach serca
Słońca promienie i łzy deszczowe
Tańczą w rytmie na życia kobiercach.

Życie gra swoje melodie
Czasem wolno czasem szybko
Uczucia słowa i zwroty
Skryte w sercach słów poloty.

Marzenia rosną w sercach wspomnień rytmie
Niczym motyle płyną na srebrzystej łące
Życie nie pyta i barwy zmienia
Nadzieje rosną w naszych pragnieniach.

Smutek pisany słowem

Smutki strumieniem ciemnym płyną
W sercach mrokiem zniewolenia
W pisanych słowach uwięzionych dymnie
Chwil zapisanych sennej godzinie.

Oczy smutku we mgle gęstej
W duszy echo dnia opłakuje
Ciszy fali zmartwień dziennych
Pełzających niechcianych bezdennych.

W obrazach malowanych czernią
Smutek wersami wiersza przenika
Szarych liter kształtem sennym
Pasmem scen końca bezimiennych.

W mroku smutkach rozkwitnie nadzieja
Głos serca walczy musi się wznieść
Mimo że smutek trudno wyrzucić
Wierzę że radość osiągnie cel.

Smutek niesiony w słowach i czynach
Jest tylko kroplą w życiu przetrwania
Odejdzie w otchłań w cień zapomnienia
Zostaną tchnienia mocy pragnienia.

Tradycje

Tradycje są falą wspomnień dawnych dni
W przeszłości splecionych jak przędza
Zawarte w korzeniach życia naszych przodków
W sercach głęboko świata zakątków.

W domach na polach pod gwiezdnym niebem
Moc tradycji tkwi ogniska domowego ciepłem
W ludowych pieśniach na biesiadnych stołach
W spojrzeniach uśmiechach i opowieściach.

Tradycje oparte na prawdzie i wierności
Obyczajowo jak skarby w skrzyniach ukryte
W zbiorowej pamięci o wielkiej sile
W tańcach opowieściach legendzie przeżyciach.

Wiernie przekazywane mądrości pokoleniom
Z szacunkiem do dziedzictwa przodków
W korzeniach naszych tkwi siła jedności
Pamięcią budujemy cel duchowości.

Tradycja jest klejnotem naszego bytu
Swoją mocą pomnaża czas bez końca
Dziedzictwo trwa na wieki w sercach naszych
Nieśmiertelna pieśni żywa naszych marzeń.

Nigdy nie cofam się do tyłu

Nigdy nie cofam się do tyłu
W moim sercu tkwi głośny krzyk
Pomimo że droga jest trudna
Idę w myślach mam jutra świt.

Wichry hukiem moje słowa targają
W niezłomnej pieśni wolności zew
Krok za krokiem w blasku słońca
Prę do przodu nie oglądam się wstecz.

Nic mi smutek czy jakieś sztormy
W mojej duszy płomienie nie gasną
W wierze sile hartu ducha
Nigdy nie cofnę się wstecz.

W moim sercu duch nadziei trwa
Niczym blask gwiezdny w nocy szarości
Choć przede mną kręta jest droga
Kroczę dumnie snem wolności.

Nigdy do tyłu się nie cofnę
Chcę się spotkać z nowym dniem
W zgodzie prawdy własnym losem
Z wiarą dumą z boskim głosem.

Nadzieja w słowach

W słowach skryte słońce promieniuje
Nadziei iskra zawsze płonie
W czarnych chmurach gdzie szarość ginie
Słowa nadziei rozświetlają cienie.

W dźwięku słów w szmaragdowych tonach

Nadzieja tka swe swe niewidzialne szlaki
Nigdy nie znika choć czasem spokojna
W myślach i sercach ciągle żywa.

Nadzieja w słowach tańczy jak motyle
Przynosząc wiosnę w każdy dzień mroczny
I nawet gdy los plany pokrzyżuje
W słowach nadzieją zawsze buzuje.

W języku uczuć w dialogu marzeń
Nadzieja w słowach żyje i trwa
Wyzwala serca z ciemnych więzów
Nadzieją w słowach - jak wieczny dar.

Straszenie piekłem

W krainie ludzi i świecie snów
Gdzie mrok się miesza z blaskiem gwiazd
A prawda czasem gdzieś ukryta
W chwilach gdy lęki trwają w duszy.

Straszenie piekłem jakimś strachem
To nie jest droga do mądrości
Nie ma tam cienia moralności
W tym co nam serca mogą zbroić.

Gorzej jest w duszy tworzyć lęki
A może kroczyć ze szczerością
Czy piekło grozi bo ponoć jest
W ludzkich strachach jest niebezpieczne.

Piękniejsza jest na pewno droga
Gdzie prawda prowadzi przed siebie
Gdzie nie ściga nas cień oszustwa
Gdzie serce walczy z własnym lękiem.

Straszenie piekłem to grzech sam w sobie
Bo to buduje mur między ludźmi
A prawda miłość to nasze tarcze
W walce z ciemnością i niepewnością dnia.

A więc odważnie kroczymy naprzód
Zanurzeni w prawdę miłość i światło
Bo straszenie piekłem jest łatwe
I niemoralne przykre głupie.

Czas na uśmiech

Gdy smutki tworzą szare cienie
A w sercach braknie wzajemności
Uśmiechy jak promyki jasne
Rozproszą mroki tworząc radości.

Czas na wesołość i serdeczność
W uśmiechach jest moc barw wolności
A każdy cel dokąd zmierzamy
Buduje mosty ku przyszłości.

Więc światło w duszy niechaj świeci
Radości dzienne niech nas łączą
Uśmiechem w tle kwiecistych bukietów
Rozświetlą drogę w złotym słońcu.

Polityka

W krainie ludzi gdzie życia bieg
Polityka trwa jak wróg pędzący
W myślach i sercach gdzie nadzieja trwa
Wtłacza swój znak jak cios niszczący.

Polityka to królestwo zawisłości i chciwości
Gdzie niby moc a słów szare cienie
Obietnice błyszczą jak złoto
Lecz w obłokach pychy gubią lśnienie.

Wielkie debaty burze słów jak wichry
Gdzie prawda tonie w morzu kłamstwa terenie
A dłonie zawiłe kierujące losy
Za plecami spisków ukrytych arenie.

Polityka polityki sztuka manipulacji
Gdzie marzenia giną w ciemnościach zdrady
A ludzkie serca jak żagwie w burzy
Toczą walkę między nadzieją a rozpaczą.

Lecz mimo burz i chmur złudnych zjaw
W ludzkich sercach nadzieja płonie
Bo mądrość tkwi w oczach otwartych
By politykę jak głupszą rzecz zrozumieć.

Chwile humoru

Śmiech jest lekarstwem na trudy życia
Porównywalny do skarbu w pamięci
Każdego dnia chwilami humoru
Obdarowywane są nasze serca.

W śmiechu jest niepojęta siła
Wesołych chwil życiowe smaczki
Często się zdarza coś nas rozbawi
Świat jest piękniejszy pełen barwy.

Ulicą kot w kapeluszu spaceruje
Starsza pani tańczy na wrotkach
Humorki kryją się w obrazkach

Codziennie i w dużych ilościach.

Za oknem deszcz a w głowie słońce
Na ścieżce kłócą się żyrafy
Mimo trudności krążących wokół
Śmiech łagodzi każdy ból.

Cóż pozostaje - cieszyć się tym co życie daje
Niech radość płynie w naszych żyłach
A chwile wesołe niech zawsze trwają
W serduszkach naszych się udzielają.

Słoneczna strona życia

W promieniach złotych barwy wiosny
Słoneczna strona życia radości i troski
Światło promieni oświetla drogi
Śpiew ptaków sonatą harmonii.

W deszczu i burzy ukryte wielkie moce
Odwaga i siła w hymnie przezroczy
Zapomnij smutki i otwórz w sobie siły
Aby się w sercu marzenia spełniły.

Słonecznej strony życia przeboje i żarty
Mrówki w koronach tańczą a koty grają w karty
Na wiosce wesoło w operze śpiewa krówka
Tam kurczak zna angielski a jeż stroi żarty.

Każdy dzień przygód śmiechu i zabawy
Słoneczna strona niech nas prowadzi
Zmierzamy ku niej w świetle jej blasku
Bo w niej odnajdujemy sens i spokój w nas.

Cień egzystencji

W mrokach wieczoru cienie pełzają
Na kręgach nocy egzystencją drgają
W świetle księżycowym nadzieje blcdną
Cieniem egzystencji duchowości łamią.

Poszukując sensu w czasu labiryncie
W przestrzeni życia wędruję myślami
Wśród marzeń się gubi moje przeznaczenie.
W duszy zatraca tęsknoty krążenie.

Widmo istnienia w fazie zapomnienia
Śladami przeszłości w mgle się przesłania
Przemijają wspomnienia śladami wiodące
Światłość odchodzi a noc w sen zapada.

Cień egzystencji wiecznie towarzyszy
Wędruje nocą tajemniczy gość
Zagubiony w myślach blaskiem tajemnicy
W sercu uwięzionym niepewności szok.

Wśród szarych cieni promienie jaśnieją
W egzystencji sfery życia tkliwy głos
Nadejdzie moment kiedy samotność
Ujrzy w sobie światło i nadziei wzrok.

Humorystyczne chwile

Humor w sercu radość w duszy
Świat się staje pełnią czaru
Śmiech jest lekarstwem na smutki dzienne
Humor jest siłą i ukojeniem.

Życie to teatr my jego aktorzy

Przeżywamy zabawne sytuacje z uśmiechem
Wesołe chwile i pełne humoru
Doznajemy radości wspólnej do pospołu.

Wiatr szumi w złączonych dłoniach
Krasnoludki tańczą wesoło na drzewach
Pisanki śmiechu na trawce rozsiewa
A ryby grają na skrzypcach tak jak na obrazie.

Humor i przygoda jest naszym światem
Gdzie nawet smutek jest uśmiechnięty
W śmiechu jest siła wspólnie z radością
Dla każdego swój uśmiech otworzy szeroko.

Trzęsienie ziemi

Chwilami tracimy grunt pod nogami
Trzęsienie ziemi - metaforą życia
W zmowie z odwagą wiarą w lepszy dzień
Wznosimy się ponownie omijając cień.

Ziemia zadrżała a niebo zapłakało
A w naszych sercach nadzieja trwa
W najciemniejszej nocy i burzowym wietrze
Znajdziemy siłę by świat odbudować.

Góry tańczą rzeki szaleją w gniewie
Ludzie tracą grunt pod nogami
Fala potężna wali w mury domów
Trwoga i piekło mroki pośród cieni.

Trzęsienie ziemi to nie tylko wstrząsy
Lecz serca i marzenia duchowe
Mimo że burza pogrąża nas w mroku
W nas samych drzemie życiowa moc.

Nie pozwolimy się oszukać

W krainie złudzeń która nas otacza
Głosy fałszem po brzegi wypełnione
Czy jesteśmy w stanie odróżnić
Co jest kłamstwem a prawdy tronem.

Czy możemy ufać komuś jego racji
A prawda jest tylko jedna która trwa
W szambie złudzeń dochodzenia czegoś
Ważmy mądrość póki jest jeszcze czas.

Nie pozwólmy się oszukać domysłom fałszu
Chrońmy wartości ukryte w głębi
Mostem do prawdy są nasze słowa
A sumienia błękitną gwiazdą na ziemi.

Wiele pokus na świecie nas zniewala
Dla nas ważna jest prawdzIwa prawda torem
Szlachetność wiara i uczciwość nas prowadzi
Zostaniemy dla pokoleń dobrym wzorem.

Nie wszystko można darować

W życiu jest drogowskazów pełna sieć
Gdzie serce czasem ścieżki traci
Nie wszystko co boli można w darze mieć
Choćbyśmy chcieli z całych sił.

Zapomniane słowa zamknięte drzwi
To niełatwe dla duszy łzy
Choćbyśmy co boli wypuścili z dłoni ogrom złota
Nie zagoi rany na zawsze.

Darować można uśmiech i czas
Podarować można serce
Lecz nie zawsze to wystarcza
By przywrócić spokój i ciszę w nas.

Gdzieś w sercu ciemności dźwięczy echo
Przeszłości cień który ściga nas
Nie wszystko można wymazać z pamięci
Wyrzec się choćbyśmy tęsknili.

Zaiste nie wszystko można darować
Choć byśmy pragnęli gorąco
Lecz mamy mieć w sercu nadzieję
Że gdzieś w przestrzeni czeka nas szczęście.

Nogi nie bolą

W tańcu nogi nie bolą
Zdrowieją przy dźwiękach muzyki
Wesołości kroki zwinnie
Radość rośnie w sercu płynie.

Na parkiecie nogi drgają
Beztrosko w kręgu uciechy
W tańcu rodzą się dwa światy
Bez granic bez smutku i troski.

W świetle reflektorów błyszczą
Radość płynie strumieniami
W tańcu wszystko jest możliwe
O wszystkim zapominamy.

W tańcu nogi nigdy nie bolą
To serce wpaja się w kroki
W rytmie życia i wolności

Przeznaczenie w tańcu gości.

Mrówka i słoń

W wielkim lesie mieszkał słoń
A mrówka w mrowisku drzew cieni
Przypadkiem się kiedyś spotkali
I spierali przy wielkim kamieniu.

Słoń wielki pychą owładnięty
Twierdził że las do niego należy
Mrówka cicha i skromna w słowach
Odpowiedziała w spokoju.

Choć wielki słoniu jesteś mało rozumiesz
Ja jestem mała i wspieram świat
Wszyscy zarówno wielcy i mali
Mamy swoją rolę w tej grze życiowej.

Słoń zaniemówił uderzony słowami
Które mrówka wypowiedziała jegomości
Zrozumiał że wielkość nie jest najważniejsza
A szacunek do innych to droga do mądrości.

Od tej pory w lesie gdzie życie trwa wiecznie
Słoń i mrówka nie będą się kłócić
Bo nawet największy i najmniejszy
Mogą od siebie wiele się nauczyć.

Życie po życiu

W cieniu snu gdzie światła brak
Życie po życiu ukryty szlak
Czas jest bez granic w głębokiej ciszy
Tchnieniem tajemnic niebiański szlak.

W krainie tamtej gdzie sen się kończy
Dusza wędruje nie znając granic
Energia płynie ciała już nie ma
Mądrością wieczną zanika scena.

Nowe spotkania w duchowej formie
W czasie wydaje się nie jest zmienne
Życie po życiu nieznany stan
Czas nie istnieje a miłość trwa.

Tam każda chwila wieczności zmiana
Bez skrępowania bez żadnych granic
Światłość drogowskazem wieczności bram
Miłość największą jest tam.

Życie po życiu to nie koniec drogi
A nowe początki do nowego życia
Świetlisty świt nadziei się rodzi
Oto głęboko tkwiąca tajemnica.

Odwrotny czas

Kiedy czas zacznie płynąć odwrotnie
Wiosna nam migiem rozkwitnie modnie
Liście z drzew fruną do samej góry
i rozjaśniają na niebie chmury.

Zegary się migiem wstecznie zakręcą
Styrane twarze zrobią się młode
Słowa przebrzmiałe zmienią na wstępne
A serca cofną w miłości wsteczne.

A lata wrócą - aż do początku
I poniedziałek będzie po wtorku

Gdzie się zaczęło a nie skończyło
Wrócą na nowo tamte pamięci.

Gdy czas popłynie wstecznie od nowa
Odwróci gesty stopnieją śniegi
Serca połączą stracone drogi
W autach odwrotnie popłyną biegi.

Serca w przeszłości odtają w cieple
Zgubione chwile nagle ożyją
Migiem odkryją się tajemnice
Żyję nadzieją i na to liczę.

Pojęcie głupoty

Głupim można łatwo sterować
Jak łodzią bez wioseł i żagli
Płynie bezmyślnie w tunelu falą
Bez sensu zrozumienia bez celu.

Głupi po swojemu kroczy przez życie
Jak marionetka w rękach losu
Mądrych rad nie akceptuje
Myśli że lepiej wie sam.

Kto się nie uczy jest głupi
Nie widzi światła w ciemności
Głupota prowadzi do zguby
A wiedza jest kluczem do mądrości.

Głupotą jest pomijać nauki
Które nam stwarza życie
Wobec prawdy być niewzruszonym
Bezmyślnym i zniewolonym.

Mądry może swój kształtować
Głupim jest łatwo sterować
Wybór należy do mnie samego
Czy chcesz być sterowany czy sterować.

Muzyczne kolumny

Nasze muzyczne kolumny w pokoju
Zabytkowym dźwiękiem grają
Słuchając tych pięknych melodii
Lata młodości się przypominają.

W ich obecności świat jest piękniejszy
W melodii tańczą niczym motyle
Od cichych tonów po głośne dźwięki
Wspomnień muzycznych czasowe chwile.

W ciszy wieczoru nasze kolumny
Dźwiękiem wypełniają przestrzeń
Nutka po nutce wędruje echem
Z wielką radością miłym uśmiechem.

Melodia unosi się romantycznie
Rozbrzmiewa w duszy porusza serca
Niczym ptak w locie i wiatr we włosach
Tworzy muzyczne echa na kobiercach.

Słowa i dźwięki w magicznym tańcu
W sennych marzeniach wzlatują w niebo
Wielkie emocje w tajemnicach skryte
Duchem pociechy serca potrzebą.

Maski obłudy

W XXI wieku w labiryncie czasu
Obłuda kroczy cicho bez hałasu
Pod maską uśmiechu kłamstwa się skrywają
W sercach ludzkich błędy nowe odżywają.

W mediach społecznościowych świat lśni
Lecz za fasadą tajemnica tkwi
Słowa jak cienie ulotnie przemijają
Prawda zagłuszona kłamstwa ponawiają.

W spojrzeniach ludzi skryte są tajemnice
W gestach i słowach ukryte zdrady
Gdzieś się podziała uczciwość i prawości
Zgubiła się w obłudzie fałszu i słabości.

XXI wiek jest czasem wielkich technologii
A jednak ludzkość w obłudzie tonie
Czy kiedyś znajdziemy drogę do uczciwości
Czy pozostaniemy zakładnikami nowoczesnej złudy.

Niech świat odzyska szczerość i jasność
A prawda zagości w sercach ludzkich
Bo tylko wtedy gdy uczciwość zwycięży
Wtedy nadzieja na lepszy świat ożyje.

Dolina dobroci

Dolina dobra jasnym światłem świeci
Dobroć tu rozkwita w cieniu drzew gałęzi
Serca biją w rytmie miłości i zgody
Przenika powietrze wesołością pieśni.

Drzewa się wznoszą ku niebiosom dumnie

Ptaki śpiewają wesołe melodie
Strumyki spływają po skalistych zboczach
Krajobraz bajeczny dolina urocza.

Tutaj ludzie z uśmiechem na twarzach
Zgodnie żyją bez swarów i kłótni
W dolinie dobroć króluje
Wesołość na co dzień się czuje.

To miejsce jest perłą w koronie
Blaskiem swoim otula serca
W dobroci jak diamentowa skała
Nie ma końca i wiecznie trwa.

Pytanie dlaczego

Dlaczego żyję na tym świecie
Pytanie to mam ciągle w myślach
Żyję by móc sens życia poznać
I w sercu prawdy blask rozniecić.

Żyję żeby marzenia spełniać
I w codzienności nieść dobroci
W ciemnych chwilach odnaleźć światło
I w nocy odkrywać nieznane nadzieje.

Żyję by wznieść się ponad trudności
Mimo burzy stać nieugięcie
By każdy dzień mógł być szansą
Na odnalezienie życia istnienia sensu.

Dlaczego żyję na tym świecie
Pytanie zawsze w sercu noszę
By odkrywać sens mojego istnienia
I żyć zgodnie z własnym losem.

Zimowy deszcz

Zimowy deszcz z niebios spada
Krople błyszczą w świetle zorzy
Zimno w powietrzu drzemie
Świat zamarza w białej ciszy.

Światło księżyca przebija chmury
W zimowym mroku tajemnice tworzy
Deszcz ziemię w lód zamienia
W zimowy mokry taniec zdziwienia.

Drzewa chwieją się pod ciężarem lodu
Wiatr w gałęziach szepcze w chłodzie
Każda kropla w mroźnym tle
Obrazy maluje na szkle.

Deszcz zimowy w swoim tańcu
Melodię tworzy w marzeniach
Teatralny mokry śniegowy
W naszych duszach sen zimowy.

Obietnice przyszłości

Gwiazdy niepoliczone w oddali migocą
Cud zapowiedzi co czekają nas
Słowa jak czyny ku niebiosom zwrócone
Przestrzenie wypełniają bijący czas.

Wizyjne jutro w obietnicach przyszłości
Wzlatują marzenia w przestrzeni
Na horyzoncie nowych możliwości
Światło nadziei prowadzi wśród cieni.

Obietnice przyszłości jak zorze na niebie
Ciągle rozkwitają dając wciąż nadzieję
Pomimo trudności i chwil budzących zwątpienie
Palcem przyszłości rysują nadchodzące dzieje.

Idąc krokami śladami obietnic
Przez zawiłości czasu i życia wiodących
Idziemy z losem przez chwile nieznane
Tam gdzie spełni się marzenie to oczekiwane.

Wizje dnia jutrzejszego i obietnice przyszłości
Niechaj nowe nadzieje w naszych sercach płyną
Podążamy wspólnie ku światłej przestrzeni
Tam gdzie spełniają się nasze marzenia.

Chęci do życia

Nasz świat jest uroczy i pełen tajemnic
Wciąż zaprasza nas do tańca
Nasze marzenia duchem niesione
W sercach miłością są przepełnione.

W moim sercu płoną chęci do życia
Jak jasne gwiazdy na nocnym niebie
Marzenia z nadzieją kroczą w słowach
Kwitną ochoczo duchowo we mnie.

W słońca promieniach szumie oceanu
Wszystko nabiera blasku pamięci
Chęci do życia jak rzeczne fale
Wcielają w duszę coś w ideale.

W nieskończoności pól możliwościach
Do wyzwań dumnie muszę stać
Nigdy się nie zatrzymam w miejscu

Bo życie trzeba poważnie brać.

Chwytajmy siły życia ze zdwojoną siłą
Urokiem piękna i prawdą ujęci
Twórzmy prawość w naszych sercach
W chęci do działań w duchu pamięci.

Powrót do życia po śmierci

W mrokach śmierci kryjących się cieni
Zabrakło siły marzenia odchodzą
Gdzie serca gasną jak gwiazdy
W tajemnicy owiane wiecznością plany.

W zapomnieniu błąkające się dusze
Wraz z nimi pogrzebane nadzieje
Wtórują echem żalu smutku i tęsknoty
W ciszy wiecznej płaczliwej niemocy.

Ale iskry nadziei powrotu tkwią w mroku
Drzemiące w uśpionych sercach
Światłem które mroki przebije
Źródło żywe odrodzenia nie minie.

Połączmy się i idźmy do przodu
W wierze która oświeca dni nasze
Życie po śmierci - nigdy nie jest końcem
A kolejnym nowego początkiem.

Zapomnijmy o cierpieniu w przeszłości
Akceptując przeznaczenie nowej drogi
Bo chociaż zagubieni w mroku nocy
Powrócimy do życia po śmierci.

Cieszymy się życiem

Cieszę się tym co otrzymałem - to jest życie
Odnalazłem w nim radość co w sercu kryje
Nie mam bogactw nie targa mną chciwość
A w sercu mam spokój i miłość.

Cieszę się widokami słońca wschodu i zachodu
Ze spotkań w rodzinnym gronie
Z gwiazd na niebie migoczących nocą
Z codzienności cudów magi mocą.

Cieszę się że żyję we wspólnocie ludzkiej
I tym co obecnie posiadam
Tym co myślę życia skarbem i gestem
Każdą chwilą spojrzeniem oddechem - jestem.

Pustka po życiu

Po życiu jest pustka gdzie czas nie istnieje
Nie ma radości bólu i tęsknoty
Tam nasze łzy są bez znaczenia
A uśmiechy gasną w bezdennym mroku.

Pustka po życiu nie jest przerażeniem
Jest spokojem niebytu i ciszy
Brak pragnień i trosk jedynie cisza
Która otula jak koc w zimowy wieczór.

Po życiu pet pustka serce bić przestaje
A pamięć w nas zanika jak cienie na ścianie
Nie ma dróg które musimy przebyć
I słów które chcielibyśmy wypowiedzieć.

W tej pustce choć strasznej jest ulga

To koniec trudu bólu i zmartwienia
Po życiu jest pustka i może w tym tkwi sens
Że w ciszy odnajdziemy wieczny odpoczynek.

Czy to koniec wszystkiego czy może początek
Kto wie co nas czeka po drugiej stronie
W ciszy i pustce może jest sens głębszy
Którego możemy zrozumieć dopiero po przejściu.

Pojedynek

W czasach starożytnej krainie
Gdzie marzenia snuły się jak modły
Nastąpiło zdarzenie niezwykłe
Kogut stanął naprzeciwko słoniowi.

Kogut mały pierzasty ale żarem płonie
Słoniowi wyzwanie z góry wielkiej składa
Słoniu krocz ku mnie niech świat się dowie
Ja kogut jestem pewny że pokonam cię.

Słoń zamarł z wrażenia na koguta spojrzał
Wielkim śmiechem wybuchnął na pół
Mały koguciku grzebyku zabawny
Najlepiej już teraz wykop sobie dół.

Słoń trąbą łagodnie koguta podnosił
Kogut w locie opadał i do góry wznosił
I dziobem o trąbę słonika zahaczał
Fruwał skrzydłami trzepał i za ogon łapał.

A gdy zaczęło się rozwidniać i mgły odeszły
Słoń z kogutem przestali walczyć nerwy im przeszły
Doszli do wniosku że to co robią jest niewybaczalne
A myślenie w porę najbardziej normalne.

Przyciąganie ziemskie

W kosmosie pełnym tajemniczych nocy
Nasza ziemia krąży wśród gwiazd
Pytamy dlaczego tak mocno przyciąga
A nie odpycha ku brzegom blasku.

Odpowiedź kryje się w głębinach czasu
W prawach fizyki harmonii wszechświata
Siła przyciągania jak miłość nam znaczy
Łączy nas z ziemią niezłomną i wspaniałą.

To ziemskie pole magnetyczne
Nasze serca ku sobie prowadzi
Chociaż z dala błądzimy w ciszy
Zawsze nas wiedzie do domu.

Więc pytanie i odpowiedź brzmi
W harmonii tańcząc na ziemi
W objęciach ciepło i moc życia pulsuje
Wśród gwiazd nasze serce pokój odzyskuje.

Wędrówka

Wędrowałem w labiryncie codzienności
Zagubiony często w niepewności
W sercu mojego istnienia płonęło skrycie
W grze zwycięstwa - które stało się życiem.

Na drodze pełnej wyzwań i trudności
Gór wysokich w dolinach i ciszy
W moim sercu się tliły iskry nadziei
Że przetrwam burze i wygram bitwy.

Nie chwała bez granic nie sława
Pokonanie samego siebie - to niełatwa sprawa
Jest największą nagrody wymiarem
Żywym skarbem Boskim darem.

Koniec świata

Gwiazdy zgasną na czarnym niebie
A wiatr przynosi smutek i łzy
Ostatnie słowa w księdze czasu
Opowieść o końcu dni.

Morza unoszą się wysoko
Góry utopią się w ogniu złości
Lasy szumem żegnają światło
Wszystko za moment zniknie w nicości.

Miasta utoną w morzu płomieni
Szum przerażenia wokoło brzmi
Ludzie szukają wszędzie schronienia
Choć wiedzą że to już koniec ich dni.

Anielskie chmury w ciszy płaczą
Łzy Boże spływają po ziemi
Ale i oni nie zatrzymają
Końca czasu na naszej ery.

W oddali słychać ciężkie westchnienia
Ostatnich chwil życzeń modlitwy brzmi
Światła gasną ciemność pochłania
To koniec świata i strasznych dni.

Czy w mroku kryją się nadzieje
Czy gdzieś jest światło na horyzoncie
Czy nowe życie powstanie z popiołów

Kiedy dojdziemy do końca znoju.

Krajobraz tonie w szkarłatnym blasku
Słońce gasi promienie ostatnie
Ziemia drży agonalnym tchnieniem
To koniec świta kończy się cieniem.

Lecz nawet w końcu nadzieja nie gaśnie
A w ludzkich sercach otucha trwa
Na horyzoncie dzień nowych zdarzeń
Choć koniec świata nie koniec marzeń.

Bogactwa dobroci

Oddaj wszystko co jest w twoich rękach
I zobacz jak los twój się zmienia
Nie skarbami się życie mierzy
Lecz sercem bogactwa myślenia.

W biedzie skryta radość tkwi
W prostocie żywych spokoju dni
Nie hajs nie złoto nie ślepa władza
Lecz dobroć serca pokój wprowadza.

Wyrzućmy z dłoni żądzę chciwości
Niech miłość i pokój staną się gościem
A niebo będzie powszednim dniem
Bo biednym w niebie zawsze jest lżej.

Bo nie bogactwo lecz serca czystość
Osiąga szczęście mocą swoją
Oddaj więc wszystko co posiadasz
A niebo własne w sercu duszy znajdziesz.

Życiowa wygrana

Jak wygrałem życie - pytasz mnie dzisiaj
Droga to była trudna i zawiła
Wędrówka w czasie pełna tęsknoty
Wiatru marzeniach dali horyzontów.

Nie na arenie tryumfu czy krzyku tłumu
Nie w złocie lecz sercu sumieniu i dumie
Zwycięstwo nie w liczbie zer konta banku
Lecz w uśmiechu ciepłej miłości.

Jak wygrałem życie - odpowiedź brzmi sama
Na drodze pełnej wzlotów i dramatów
W każdym kroku w znaczeniu w sercu
W spełnionych marzeniach co kształtuje twarze.

Wygrałem życie - ku samemu sobie
W poszukiwaniu prawdy własnego istnienia
W małych gestach codzienności radości utkanych
W miłości w przyjaźni sztuce piękna danych.

Nie na szczytach górskich i błyszczących salonach
Lecz w prostocie życia na drodze którą wybrałem
Tak wygrałem życie nie w pojedynku z innymi
Lecz w pokonywaniu własnych słabości
W budowaniu siebie w miłości do ludzi.

Uśmiech o poranku

Uśmiech o poranku wita dzień
Radości w sercach słoneczny błysk
Każdy zakątek rozbrzmiewa śmiechem
Wiosny melodia ptaków śpiew.

Uśmiech o poranku jak czysty strumień
Przenika dusze cienie znikają
Wesołość w powietrzu doda otuchy
Jest światłem życiu w codziennym dniu.

W oczach ludzi promienie tańczą
Śmiech rozbrzmiewa jak dzwon na wieży
Podążaj za nim jak za złotym promieniem
Uśmiech o poranku otuchy napełnieniem.

Niech trwa i rośnie dzionek o świcie
Uśmiech o poranku pieśni szczęścia
Witaj świecie w promieniach uśmiechu
Mamy poranek radości dzień.

Pieśń wolności

Wolność - hymn serca mojego
Jak orzeł w locie niezmienny
Nad górami lasami morzami
Wolność która serca wznosi w dali.

Wolność to prawo która daje siły
By marzenia spełniać i losy zmieniać
Wolność to dar który zbliża
W jedności miłości braterskiej mocy.

Wiatr wplątuje się w moje włosy
Drzewa szumią pieśń o wolności
Słońce świeci nad horyzontem
W sercu bije moc szczęśliwości.

Niech pieśń wolności brzmi w każdym sercu
Nigdy nie zgaśnie w myślach dozgonnie
Wolność to dar co łączy nasze dłonie

A w sercach rozjaśnia przytomnie.

Świat bez granic

Przestrzeń bez granic oczy otwarte
Świat marzeniami kwitnie
Bez ograniczeń dla każdej istoty
W dobroci miłości i cechach cnoty.

Bez murów i drutów kolczastych
W przyjaźni dłonie splecione
Dobro strumieniem płynie w harmonii
A ludzi jedność łączy.

Wspólna przestrzeń i cele
Każdy swój dom ma w posiadanie
Otwarte serca dla wszystkich
Bez względu na wyznanie.

Ludzie ze sobą żyją w harmonii
Nieznani obcy stają się braćmi
Miłość szacunkiem serca przenika
Nadzieja nigdy nie znika.

Dopóki nasze granice w myślach stawiamy
Sen granic dobra jest tylko snem
Pracujmy więc by je zbliżyć i zrównać
A krainę bez granic uczynić wszystkich dniem.

Dziękujemy słońcu za ładną pogodę

Dziękujemy słońcu za ładną pogodę
Twoje promienie rozświetlają mroki
Gdy tylko się pojawiasz na niebieskim niebie
Wszystkie ziemskie istoty garną się do ciebie.

Moc twojego ciepła kunsztem ziemię grzeje
Pojawiasz się raniutko i budzisz nadzieję
Tańczysz z kwiatuszkami na zielonej łące
Wtórują tobie ptaszki w górze fruwające.

Dziękujemy za boskie promienie
Które dają światu tak wiele radości
Przynosisz nam zawsze wiarę i nadzieję
Czarujesz każdy dzionek darem wykwintności.

Dziękujemy za piękną pogodę
Jesteś z nami od zawsze na jawie i we śnie
Utwierdzasz swoim światłem nasze serca młode
Aby powitać słońce budzimy się wcześnie.

Świeca gromniczna

Świeco gromniczna świeć nam zawsze
W ciemności mrokach dnia i nocy
Swoim światłem jak gwiazda na niebie
W sercach ludzi Boskiej mocy.

W każdym dniu we świetle i mroku
Twoje promienie nadzieje dają
W ciszy nocy gdy dusza marzy
Światło twoje pokrzepia mocą.

Świeco gromniczna - w symbolu siła
W wietrze i burzy zawsze trwała
Namiętność prawdy nam utrwalaj
Na drodze życia cześć i chwała.

Świeco gromniczna świeć nam zawsze
Bądź z nami we dnie i noce

Twój blask niech w ludzkich sercach trwa
Widzimy w blasku twoim żywe moce.

Nie płyń tak szybko

Nie płyń tak szybko czasie - ty się opanuj
Pozwól nam złapać chwilę zatrzymać się
Uciekasz z wiatrem stale niewidoczny
Łamiąc marzenia sprawy naoczne.

Za dnia i nocy bez przerwy gnasz
Chcemy spokoju niechaj trwa
A ty strumieniem i wciąż do przodu
Zabierasz chwile tak bez powodu.

Mój czasie jesteś nieubłagany
Pozwól nam zrozumieć - że bieg to chwile
Ciszą przepływu i lotem skrzydeł
Tworzysz znaczenia istnienie żywe.

Więc nie płyń czasie tak szybko zwolnij
Daj oddech czas i miejsce by żyć
W twojej egzystencji i pulsie istoty
Znajduje się nasza historia i siły wzloty.

Wolność jest najważniejsza w życiu

Wolność jest najważniejsza w życiu
Jak pożywienie i powietrze w płucach
Bez niej serce jest w klatce dusza w mroku
Świat traci piękno i spokój.

Ona jest sensem naszego istnienia
Płomień w sercu nigdy nie gasnący
Wznieca w nas duchowe siły

Bez niej życie staje się cieniem.

Wolność jest światłem świecącym w ciemności
To siły unoszące się podniebne
Nieograniczona bez łańcuchów i kajdan
Jest życiową największą wartością.

Wolność jest darem i trzeba go szanować
Walczyć o nią gdy jest zagrożona
Jest prawdziwą siłą w nas samych
W niej jest godność i mocy stworzona.

Nasza wolność jest w życiu najważniejsza
Największym istnienia skarbem
Warto walczyć o nią by trwać niezawodnie
Tylko wolność może tego dokonać
Że będziemy żyć prawdziwie i godnie.

Szalona wiewiórka

Szalona wiewiórka w drzew koronach
Skacze wiatrową ścieżką gałęzi
Zapomina się w biegu wesoła
Radości jej błyszczą w oczach tęczy.

Jej ogonek jak wachlarz się wije
W słońcu radość wśród liści wpatrzona
Wszyscy w lesie po bukowe ostępy
Patrzą co wyprawia ta szalona.

Po lasach buja po łące biega
Pełna żartu flirtu i niezwykłości
Skrytych w gałęziach skarbów poszukuje
W harcach pełnych wdzięku i radości.

Futro kuse błyszczy jej w słońcu
A orzeszki gromadzi wytrwale
W gęstwinie krzaków wesoła i śmieszna
Szalona leśna królewna pocieszna.

Melodia młodości

W młodości czule melodia gra
Jak ptaków śpiew w majowym świcie
Na skrzydłach marzeń w dal wlatuje
Tętni w sercach nadziei rozkwicie.

Świat ma przed nami wiele tajemnic
Nieśmiałość w oczach płonie
Wiatry spajają melodie odległe
W sercach tęsknota płynie.

Śmiechem dni nasze są wypełniane
A kroki pełne wigoru
Obce nam lęki i zmęczenia
Młodością napełnione serca wzoru.

W naszych duszach ciągle tkwi radość
Nieważne że dni przemijają
Melodia trwa uczucie mnoży
Młodości wiecznie trwają.

Pieśń o młodości mamy na ustach
Przed nami życia labirynty
A serca nasze grą miłosną
Szczęściem dobrocią i radością.

Co robisz chłopie na froncie

Co robisz chłopie na froncie

Stanisław Pysek Prusiński

Ze wzrokiem wpatrzonym w dal
Obłudą obarczony niespokojny
Jakie myśli masz w obliczu wojny.

Wiatrem powiewa na pustych polach
Krew po ziemi płynie ciurkiem cicho
Słychać głos strzałów w oddali
Czy jesteś tu z własnej woli za kasę
Czy ci te żmije wojować nakazali.

Głosu matki w sennym krzyku nie słyszysz
Na wiosce na ciebie czekają
Co robisz chłopie na froncie
Z głupoty zabijasz - chcesz wrócić z chwałą.

Świt się zbliża a z nim w sercu niepokoje
W dłoniach broń drży i na czole poty
Co robisz debilu na froncie
Czy ty nie masz już nic do roboty.

Zastanów się chłopie wojenny
Czy tam gdzie są groby jest wolność
Co robisz bałwanie nieludzki na froncie
Wybierasz się do piekła pierdoło.

Ścieżki przyszłości

W myślach nadziei wędrówka w czas
Marzenia wznoszą się jak ptaki
Wiatr porywa lęk i strach
W skoku do przyszłości odnajduję znaki.

Wiją się ścieżki niezbadanych dróg
W oczach nadzieje tańczą błękitne
Serca biją w rytmie miłości i mroku

Odczuwam potrzebę spokoju uroku.

A światło lampy kroczy przed nami
W ciemności wiodąca refleksję
Skok w przyszłość to skrzydlate myśli
Wolności spełnienie unoszą.

Odlatujemy w krainy nieznane
Zanurzając się w oceanie czasu
Świadomość w nas nowe ustala
W przyszłości wita naszą duszę.

Widzę się w lustrze

Ujrzałem dzisiaj w lustrze swój obraz odbity
W szkle czasu i jego przestrzeni
Cienie i światło jak tańczące światy
Rozmawiają ze mną kiedy się zapatrzę.

Patrzę w lustro wzrokiem w tęsknocie
Za tym co dawno temu już przeszło
Samego siebie w wersji co odchodzi
W mroku zapomnienia we mgle się rozeszło.

Widzę się w lustrze - lecz czy rozpoznaję
Siebie samego co w odbiciu tkwi
Czy to ja jestem naprawdę czy to tylko obraz
Czy głos duszy - czy może sen moich dni.

Czy w duszy ukrywa się cel istnienia
A może pozory zmysłowe ułudne
Widzę się w lustrze pytam i wątpię
Czy to ja naprawdę - czy to coś obłudne.

W każdym odbiciu życia kryje się piękno

Prawda i kłamstwo i głębia duszy
Widzę się w lustrze na drodze do celu
W odbiciu duszy nieznanej dla siebie.

Samego siebie w lustrze odnajduję
Wygląda na to że w grze tej uczestniczę
Widzę się w lustrze w prawdzie i bojaźni
A prawda i piękno wkrótce się ujawni.

Debil na froncie

Na polach bitew w królestwie mroku
Stoi taki jeden debil dwóch i dziesięciu
Głupców wśród wojny gdzie groza płonie
Trzymają karabiny i syczą w napięciu.

Głupi nieświadomi nieznośnie zawzięci
Wśród strzałów w cierpieniach wrzasku
Na obcym świecie myśli diabelskie ich niosą
Wiatrem polowym nicością losu.

To jest szaleństwo potężna zgaga
Machina wojny ich tam wciągnęła
W wir krwawy płacz i strach i agresję
Gdzie krzywdą pęka nadziei gestem.

Debil na froncie - czy anioł w ciemni
Przeklęty czy może pobłogosławiony
W wojennym gwałcie obłędnym wzroku
Biega i strzela w czarcim amoku.

Niech taki debil pomyśli w końcu
Zastanowi się nad sobą unika wypaczeń
Powróci do domu do miłości i ciszy
I wojenne koszmary porzuci sobacze.

Tak modli się serce wśród płaczu i strachu
Za debila na froncie za człowieka brata
Niech pomyśli i los zmieni i odnajduje światło
A koszmar wojenny w piekło niech ulata.

Wyzwolenie

W sercach ludzkich tkwią pragnienia
Aby zdobyć szczęście dotknąć nieba
Lecz droga wiedzie przez przestrzenie
Chwilowe wyroki i zniewolenie.

Oddaj wszystko co posiadasz
Abyś mógł się wzbić do gwiazd
Dumę gniew i egoizm
By serce dotarło do nieba na czas.

Niechaj oczy świecą jak gwiazdy na niebie
Marzenia się spełniają płyną w świat
Oddaj swoją miłość dobroć i współczucie
A niebo otworzy niebo przed tobą.

Niebo nie jest miejscem na mapie i globie
Jest stanem ducha wyzwoleniem od ziemskich więzów
Gdzie nie ma strachu nie ma cierpienia
Tam czeka wieczna radość i spokój.

Oddaj co posiadasz a niebo będzie twoje
Nie materialne bogactwo a duchowe
A kiedy dotkniesz gwiezdne sklepienie
Poczujesz radość i wyzwolenie.

Droga do nikąd

Wędrowałem bez celu sam jeden
Po życia bezdrożach w ciszy
Drogą niepewną i krętą
Jak tańcząca niebiańską zachętą.

Wiatr śpiewał mi ciche melodie
Zaklęcia przeszłych czasów zdarzenia
A ja krok po kroku kroczyłem w ciszy
W poszukiwaniu sensu istnienia.

W moich oczach płonęły marzenia
W drodze co prowadzi donikąd
A gwiazdy tonęły w mrokach nocy
Serce biło bez chwili wytchnienia.

Melodia trwała w rytmie wolności.
Zatrzymałem się na rozstaju dróg
Przed wyborami nieznanego losu
Bo czasem droga prowadzi donikąd
                    Gdzie odnajduje sam siebie.

I kroki w ciszy echem zanikają
Horyzont się zatraca w mroku powszedniości
Droga ta to jak pieśń bez końca
Wiodła przez życie na nieznane włości.

Czytam te słowa i wzdycham bezradnie
Czy to jest droga czy trasa wspinaczki
Droga donikąd do krainy marzeń
Wiodła przez życie do wielkiej tułaczki.

Walka byka z kotem

W krainie tam gdzie cienie trwają
Królują tajemne siły na skałach
Odbyła się walka na rynku
Kot przeciw bykowi w pojedynku.

Kot zwinny jak diabeł czarny
Z pazurami i dzikim spojrzeniem
Staje do walki z bykiem
Olbrzymem nad wyraz silnym.

Miecze migocą w promieniach słońca
Chmury drgają w szyku zdumione
Kot się kryje wśród protosów
Byk uderza gromem ciosów.

Pod bykiem ugięły się nogi
Kot bestii szpadą ucina rogi
Byk krwią zbroczony upada
Kot triumfuje w górze szpada.

Wielkie brawa szumią lasy
A zdziwienie też jest niemałe
Bo siła nie leży w muskułach
Sztuka w sprycie niesie chwałę.

Piękna pani

Oczy piękne uśmiech lśni
Pani wygląda jak wstające zorze
W salonie fryzjerskim magia działa
Włosy tańczą i myśli śmiała.

Z kwiatami w ogrodzie rozkwita uroczo

Pani zjawiskowa nowa jak codzienny cud
Fryzjerka wyrzeźbiła jak artysta mistrz
Niczym rzeźby fryzury nowy kształtny twór.

Oczu blask jak gwiazdy na niebie lśnią
Pani promieniuje radością bajecznie
Młodość w jej postaci cofa czas
Pani postać jak marzenie świąteczne.

Wiatr unosi taktem cechy zmysłowości
Włosy lśnią jak fale rozognione
Pani wyglądem jak dzieło sztuki
Zadowolona po wyjściu z salonu.

Sceny życia

W krainie czasów gdzie żyją marzenia
Sceny życia obrazowo malują zakątki
Tam świt i zmierzch współistnieją
Miłość i zdrada splatają tła wątki.

Na scenie życia tańczą marzenia
Wzloty upadki tchnące bezsenne
Nadzieja króluje serca się wznoszą
Los jest bezlitosny a rozpacz w gehennie.

W ludzkim tłumie różne role grają
Czasem się śmieją a czasem cierpią tam
Aktorzy w wielkim spektaklu trwają
Poszukują sensu istnienia u bram.

Sceny życiu są pełne kontrastów
Światło i cień miłość i zdrada
Ale w tej sztuce trudno odgadnąć
Piękno ukryte jest w każdym akcie.

Na scenach życia każdy gra swój wątek
Czasem w zwycięstwie czasem w porażce
A każda chwila każdy gest i słowo
Współtworzą niepowtarzalny cel na nowo.

Witamy

Witamy piękny dzionku dzisiaj
Przy blasku słońca i porywach wiatru
W promieniach złotych otwieramy oczy
Czekaliśmy po tak długiej nocy.

Witamy dzień co niesie nowe szanse
Niech każdy krok prowadzi ku spełnieniu
A każdy gest buduje ku zrozumieniu
W pełnym tajemnic w muzycznym ukojeniu.

Niech każdy świt przynosi nam nadzieję
A serca biją głośno w takt muzyki
Witamy w dniu co spełnia nam marzenia
Życiem rozkwita w pełni piękna.

Nie decyduję o sobie

Wędruję w niepewności w labiryncie myśli
Gdzie światło gaśnie w mroku się plącze
Nie decyduje o sobie los jest moim panem
Wędruję w życiu w niepewności stanie.

W oddali majaczy świt w oddechach ciszy
Na krzyżówkach serca drogi się rozchodzą
Ścieżki niewiadome i liczne zaklęcia
Nie decyduje o sobie zmiennych losów przęsła.

Czy mnie wiatr powiedzie w fali morskich szum
Czy gwiazdy prowadzą mnie we mgle
W tej symfonii czasu ja tylko tonem żyję
Nie decyduję o sobie w kosmosie płynę.

Moje istnienie jak mgławica rozświetla mrok
Wiersze moje snują jak gwiazdy w niebiosach
Ale czy to ja piszę - czy los w moim istnieniu
Nie decyduje o sobie tylko słowa płyną.

Tak wiele tajemnic się w nocy snuje
I pytań w ciszy bicia serc
Nie decyduje o sobie w losie serca splot
Ale tej niepewności odnajduję głos.

Kotek

Kotek figlarek w małym miasteczku
Z uszami jak strzały futerkiem kudłatym
Oczami wpatrując się w książki stronę
Czytał o przygodach na progu chaty.

Mądry kotek żył w starym domku
Był najmądrzejszy ze wszystkich naokół
Słuchał szeptu wiatru i gapił się w niebo
Rozumiał zwierzęta i cieszył się wiedzą.

Kotek był mądry i uczony w słowach
Pełen dobroci żartu wesołości
Pomagał myszkom ptaszkom i dzieciom
Biegał udzielał się w dobroczynności.

Kotek księgowe znał tajemnice
W słowach splecione słowa oddające
A gdy słoneczko za chmurki się chowało

Kotek na spacer ruszał z zającem.

Kolorowy świat zabawy

W krainie w której szlaki już znasz
Tam słońce świeci rychło w czas
A świat zabawy pełen kolorów
Tętni życiem bajkowych amorów.

Miasteczko pełne marzeń w dzień
Domki utkane dróżką z rózgi
Dziecięce słychać tam melodie
W tańcu kolorów pełnym energii.

Niebieskie wróżki przyszłość wróżą
Czerwone lalki w kole tańczą
Tajemne słowa szepczą drzewa
A słońce jasnym blaskiem sączy.

Świat kolorowy pełen radości
W powietrzu ptasi chór rozbrzmiewa
Z każdą chwilą wesołość kwitnie
Barwą fantazji trwania wiecznie.

Kraina bez smutku zawsze radosna
W kolorach które nigdy nie znikną
Zawsze jest miejsce dla wesołości
Prawdy szacunku złotej wolności.

Świat po wybuchu

W ciszy spowite ruiny siną tęczą
A światła słońca już nie wstają
Opustoszałe miasta pola i lasy
Nastała głusza straszliwe czasy.

Góry popiołu żalu rzeki płyną
Niebios i ciemność blask nie istnieje
Cień przeszłości w powietrzu gęstnieje
Światło pogrąża w dali nadzieję.

Drzewa zgięte jakby modliły się o przebaczenie
Nad grobem cywilizacji płaczące niebo
Drogi znalazły koniec w stercie gruzów
Zostawiły wspomnienia zaklęcia duchów.

Wiatr niosący oparzenie płaczący
Ostatni świadek czasów zostawił ślad bólu
Świat po wybuchu atomowym jest cichy jak grób
A echo pustki gra żałobny chór.

Dźwięk ciszy zabija ostatnie oddechy
Żywe na ziemi tylko wspomnienia
Za oknami pustki szarość przeraźliwa
Koniec nadziei zagubiona droga.

Czyżby mądrość ostateczna zrodziła się z cierpienia
W dniu gdy ludzkość zapomniała o swojej godności
Niech ta opowieść ostrzeże by człowiek zrozumiał
Że w obliczu zagłady mądrość jest jedyną drogą.

Dzisiaj

Dzisiaj jesteśmy kroczymy w świat
Pełni nadziei i zapału
W świetle słońca blasku gwiazd
Śladem marzeń biegniemy w dal.

Dzisiaj jesteśmy co dalej
Czas płynie jak rzeka w nurcie

Świat się kręci los nas prowadzi
A my dryfujemy jak na wietrze liście.

Dzisiaj jesteśmy ufni w sercach
Mamy siły by zdobywać góry
Wiarą w nas samych serca nam biją
Światło nadziei niech nas prowadzi.

Szukając sensu w życia podróży
Z ufnością co przyniesie nam los
Dzisiaj jesteśmy tutaj i teraz
Żyjąc pełnią życia nie wiemy co dalej.

Drzewa rosną w niebie

Wśród niebios majestatycznym świcie
A gwiazdy tańczą w nocy w czasie
Drzewa w niebie korony swoje wznoszą
Wśród mglistych chmur sięgają gwiazd.

Ich listki migoczą jak złote płatki
A srebrny księżyc nad nimi czuwa
Korzenie w chmurach tkwią w bezmiarze
Żaden deszcz nie zdoła zmyć im twarze.

W gałęziach drzew usnute marzeń moce
Sny i nadzieje budzę się o mroku
Drzewa w niebie są strażnikami światła
Ocalić duszę chcą od złego kroku.

A wiatr gdy śpiewa piękną pieśń wieczorną
To drzewa w niebie tańczą w rytmie czacza
Nadzieja i wiara w koronach się kryją
Drzewa w niebie są naszym hymnem.

Kto jest właścicielem świata

Kto jest właścicielem świata
Pytają ludzie każdego dnia
Czy to jest władca czy to jest siła
Sprawa się dotąd nie wyjaśniła.

Czy to są pieniądze które rządzą światem
Czy może moc jakiegoś władcy
A może właścicielem jest miłość
W ludzkich sercach o tym świadczy.

Być może nauka odkrywająca tajemnice
A może sztuka co dusze podnosi
Ale może właścicielem jest natura
Która do życia mądrości wnosi.

Być może odpowiedź tkwi w sercach ludzi
W ich marzeniach uczuciach i troskach
A może to każdy jeden z nas
Kształtując wokół siebie świat.

Kto jest właścicielem świata
Pytam się siebie każdego dnia
Odpowiedzi może być wiele
Wszyscy jesteśmy świata współwłaścicielem.

Nie uciekam przed jutrem

Nie uciekam przed jutrem - choć mgły kryją świat
W promieniach słońca tkwi siła i cel
Wiatr rozproszy cienie i nastanie dzień
Otrzymam odwagę i pokonam cień.

Nie uciekam przed jutrem choć los niełaskawy

Bo ukryte tam tajemnice sensem odkrywamy
W każdym dniu są życzenia i nowsze wymogi
Jutro będzie wyzwaniem nie ucieczką z drogi.

Nie uciekam przed jutrem chociaż myśl kołacze
W moim sercu tkwią marzenia i duchowy rytm
Z każdym rankiem nowa szansa by odnaleźć się
A w tę podróż wyruszyć po właściwy cel.

Nie uciekam przed jutrem pomimo spraw mnożących
Bo na mnie czekają nowe dzieła jeszcze
Wierzę w siły własne omijam trudności
Bo wśród wyzwań i przeszkód nowe buduję wartości.

Nie uciekam przed jutrem nadzieja mi radzi
Z każdą nową chwilą zyskamy nową moc
Przygoda na mnie czeka podaję jej rękę
Nie uciekam i wierzę że osiągnę swój cel.

Nie uciekam przed przyszłością
Mimo trudności i częstych zawodów
Z ufnością kroczę śmiało do przodu
A co jest najpilniejsze to jedyna rzecz
                Nigdy nie cofam się wstecz.

Ojczyzno - co się z Tobą stało

Ojczyzno - co się z Tobą stało
Czy zapomniałaś swojego szlaku
Gdzie się podziały pola w zbiory bogate
I ludzie co sercem w miłości trwają.

Czy zapomniałaś jak kiedyś byłaś
Murem niezłomnym dumą otoczona
Gdzie twoje lasy pełne majestatu

I wiatr grający wolnością stworzoną.

Ojczyzno - co się z Tobą stało
Czy zgubiłaś drogę i marzenia
Gdzie Twoje rzeki swobodnie płynące
Pod niebem góry niezmierzonym śpiące.

Czy zapomniałaś jak kiedyś walczyłaś
Czy w sen zapadłaś i zgubiłaś drogę
Gdzie Twoje dni długo szukały edukacji
A nauka była drogowskazem mądrości i racji.

Przebudź się moja Ojczyzno z głębokiego snu
Zajaśnij znowu w blasku dziedzictwa
Niech Twoje serce bije pełne siły
Dumą pokoleń co w czasie traciły.

To Ty Ojczyzno będziesz naszym domem
W Twoich barwach tęczy kryje się historia
Wstań więc Ojczyzno niechaj nas prowadzi
Do lepszego czasu w której kwitnie wolność.

Tęsknię za Tobą

Tęsknię za Tobą jak wiatr za morzem
A fale morskie szepczą w moich snach
Twoje słowa jak melodie we mnie grają
Gdziekolwiek jestem Ty jesteś tam.

Tęsknię za Tobą dotykiem Twojej dłoni
Słońca promieniem w złocie oświetlonym
Twoje oczy jak gwiazdy na nocy niebie
Rozświetlają mrok rozjaśniają cienie.

Wspomnienia nasze jak kwiaty w ogrodzie

Czerwonymi różami pachnące
Chociaż tak szybko mijają lata
Tęsknota w sercu do Ciebie ulata.

Czekam na Ciebie jak pokorny goniec
Wierzę że powrócisz jak powraca dzień
Tęsknota nigdy niech nas nie rozdziela
Tęsknię za Tobą na zawsze i wciąż.

Rola diabła w świecie

W mroku zaklęty w cieniach kręty
Diabeł krąży poluje na dusze
W ludzkich myślach i złych czynach
W nocy ciemności zło w sercach tkwi.

Uwodzi kusi grzechem mani
W ludzkim świecie w roli cienia
Wędrówka w duchowej roli
Wydaje dźwięki jak sroga pieśń.

W każdym kroku i myśleniu
Skrada się jak nieustanny cień
Słodkie słowa do ucha szepce
Kusi kiedy tylko zechce.

Wieczny buntownik wojownik ducha
Władca ułudy i kłamstwa król
Diabeł krąży wokół nas jak cień
W bojaźni czczony ale wzgardzony.

W ludzkim świecie życia czasie
Diabeł gra nieznane role
Żądzą rozpala smaga sumieniem
Wpaja w serca czarną wolę.

W świetle prawdy diabeł słabnie
Bo w sercu człowieka siła tkwi
Odpowiedzialność i wybór czynów
Światło miłości niweczy zło.

Diabeł na świecie w potężnej roli
Nigdy nie zwycięży mocy dobra
W sercach ludzkich jest pełno światła
Zwycięży prawda i Boska chwała.

Przeminęło z wiatrem

Życie przeminęło z wiatrem
Jak liście tańczące w powietrzu
Dni mijają jak zmienne chmury
A ja błądzę w ulotnej przyrodzie.

Czasem słońce świeci za mocno
Często deszcz pada gęsto
Ale ja idę naprzód
Niesiony wiatrem.

Wiatr niesie ze sobą wspomnienia
Przypadkowe spotkania i uśmiechy
Ale wspomnienie i tęsknota
Za tym co dawno odeszły.

Ale życie płynie dalej i dalej
Jak strumieni który nie zna końca
Niechaj wiatry mnie prowadzą
Na przygody które czekają.

Narodziny wszechświata

W czarnych głębinach skrytych tajemnicach
Gdzie cisza nie zna granic
Rozpoczęła się historia niepojęta
Narodziny wszechświata epopeja.

Zrodził się czas bez granic bez mocy
Przestrzeń bez końca bez czerni i bieli
Wiry galaktyk w tańcu nieskończonym
Zaśpiewały gwiazdy hymn nowego świata.

Z promieni pulsarów w gwiezdnym kosmosie
Zrodziły się planety w stworzeniu łaskawym
Na niebie pojawiły się światła i gwiazdy
Narodziny wszechświata cudowny czas.

Z ziaren kosmicznych z pyłu gwiazd
W symfonii życia przez miliony lat
Wśród mgławic i wszechświata błysków
Narodziny świata wielką tajemnicą.

Wokół wirują światy w tańcu nieustannie
Pod nieskończonym niebem kosmicznym oceanie
Światło gwiazd odbija się w źrenicach nocnych
Narodziny wszechświata wieczności wydaniem.

Dogonić czas

W krainie czasu nurcie życia
Ktoś próbował zatrzymać bieg czasu
Zagubiony w myśleniu swoim
Chciał czas który płynie oswoić.

Rozpoczął walkę z rzeczywistością

Wysyłał sygnały by chwycić jutro
Lecz czas się nie dał ujarzmić łatwo
I się zmianami odgrodził smutno.

Ten ktoś miał oczach błyski nadziei
Lecz czas nie zważa na westchnienia
Nie pomogą płacze zegar nie cofnie końca
Zostawi za sobą wspomnienie cieni.

W międzyczasie jest taka tajemnica
Ktoś zrozumiał że czasu nie da się zawrócić
A wędrując przez życie koniecznie
Z każdą chwilą się trzeba liczyć.

Ktoś próbuje ścieżki czasu zmieniać
Rozpala ogień który zgasnąć musi
W świadomości co minęło już nie zmieni
A przyszłości ku marzeniom cieni.

Ktoś przegrał z czasem te rozgrywki
A zyskał mądrość w sercu otuchy
Bo w walce z czasem mimo klęski
Nadzieje wciąż nowe zrodzić może.

Nie jedz tak dużo grubasie

Nie jedz tak dużo grubasie
Bo zdrowie twojego ciała ucierpi
Jedzenie nie jest najważniejszym celem
Bo potem może być nieszczęście.

Nadmierne jedzenie to dużo kłopotów
Waga w nadmiarze a serce ma zgagi
Ostrożnie z jedzeniem mierz porcje i dbaj
By zdrowie zachować nie zyskać nadwagi.

Smakowite przysmaki kuszą nas często
Ale umiar w jedzeniu jest lepszy niż feto
Żyj zdrowo ćwicz regularnie i zadbaj o siebie
A życie pełne energii i radości przybędzie.

Grubasie nie jedz dużo to są mądre słowa
Zdrowie jest najcenniejsze niż skarby na świecie
Ograniczaj się jak możesz i zadbaj o formę
A życie stanie się weselsze i bardziej wytworne.

Ku wolności narodu

Zdrajcy krążą jak cienie w mroku
Chcą zniszczyć marzenia wolność naszą złamać
Ale niech wiedzą że nasz naród nieugięty
Stanie murem w obronie wolności prawa.

Bo ta ziemia na której krew się rozlała
Ku wolności ku godności i sprawiedliwości
Niech drżą ci którzy chcą ją zbeszczeszyć
Bo sława w nią jest niezłomna i wieczna.

Nie prowokujcie wojny zdrajcy
Bo płonącym ogniem spali wasze zamiary
Zapomniana będzie wasza przewaga
W mroku historii zaginionej bez śladu.

Wasze intrygi wasza chciwość i zdrada
Jak trucizna która zniewala ciało
Podstępne uśmiechy i kłamliwe słowa
Zatracą się w chaosie na zawsze.

Zdrajcy wasze plany o skały się rozbiją
Bo nasza miłość do Ojczyzny nie zna granic

I chociaż próbujecie ja zniszczyć z każdym dniem
Nasza siła i duma nie da się zniewolić.

Więc śpiewajmy pieśni o naszej ziemi ukochanej
O Polsce w której światło prawdy będzie świecić
Niech każdy zdrajca drży przed mocą narodu
Wie że nie uda się nas zniewolić.

Samo życie

Oczy wpatrzone w chwilę nie w dal
Wiatr delikatny muzyki ton
Pokochajmy życie nim uleci z nas
Światło we mgle okalające twarz.

W szeptach liści odczytujemy dźwięki
W deszczu dotyku na każdy dzień
Pokochajmy życie jakim jest teraz
W promieniach słońca póki jest czas.

Niech radość tańczy w kroplach deszczu
A troski topnieją w miłości blasku
Pokochajmy życie nim minie nasz czas
Jak ptaki w locie bez granic kresu.

Bo dziś jest cudem jutro niepewnością
Chwytajmy każdy moment z radością
Pokochajmy życie jakim jest teraz
Bo tylko teraz w nim jesteśmy całością.

Łatwiej oszukać niż zostać oszukany

W kręgu życia gdzie tkwią marzenia
Człowiek w wędrówce tęsknotą płonie
Świat witając w sercu i ma nadzieję

Bywa że czasem w wierze się chwieje.

Jakże łatwo jest uwierzyć w złote słowa kłamstwa
W obliczu obietnic w błyskawiczną chwałę
A w duszy ludzkiej trwa pragnienie szczęścia
Wiara miłość otucha i wyrozumiałość.

Na drodze pełnej pokusy i zmowy
Człowiek pada często jak skrzydlaty ptak
Łatwiej kogoś oszukać niż samemu wierzyć
Łatwiej zwieść niż być zwiedzionym w biegu.

W obliczu złudzeń kuszących jak wiatr
Życie traci często swój sens i blask
W walce z kłamstwem największym wrogiem
Odnajduje swoje serce w boju.

Kiedy już zrozumiesz jak bardzo łatwo
Zostać oszukanym jakbyś został skąpcem
Zrozumiesz że to prawda czasami surowa
Jest jedynym światłem jak wysoka góra.

Trzeba walczyć z kłamstwem
Nie we wszystko wierzyć
Bo chociażby łatwo kogoś oszukać
Prawda w końcu zwycięży.

Więc idziemy śmiało przez życiowe zawieruchy
Trzymając się prawdy mimo burz i ciemności
A w świetle prawdy i uczciwości
Łatwiej być sobą w swojej mądrości.

Ziemia przed wielkim wybuchem

Na skraju nicości w ciszy omdlałej kosmosu

Ziemia leżała w objęciach ciemności
Bez gwiazd bez słońca bez światła
W krainie zapomnienia bez czasu i wolności.

Wędrując przez nieznane bezmiary
Ziemia bez swojego losu i celu
Śpiąca królewna wśród kosmicznych marzeń
Czekała na porządek nowy bieg wydarzeń.

W sercu ziemi tajemne płonęły jasne zorze
Głębokie pragnienie życiowe natchnienie
Ziemia czekała na czas na istnienie
Gdy zapłonie gwiazdą w mroku przeznaczeniem.

Cisza była świadkiem a czas ciągle płynął
Ziemia czekała na życie jak klejnot w kamieniu
Połyskujące perłą w mrokach wszechświata
Zanim wielki wybuch dał początek świata.

I wtedy nadeszła godzina przeznaczenia
Gdy wszechświat rozdarł się w huku i świetle
Ziemia zatrzęsła się w tanecznym uniesieniu
Wzniecające życie jak żywe płomienie.

Tak narodził się świat tak poczęło się życie
Ziemia po wielkim wybuchu ożyła
Wędrując po bezkresach nieznanych kosmosu
W nowym świetle życia płomieniem istnienia.

Cele życia

Oczy życia w czasie błyszczą
Ścieżki w trudzie dnia się mnożą
Nie igraszka a istnienie
Marzenie się tka z cierpieniem.

Wstajesz rankiem by zmierzyć się z dniem
Nadzieją ze świtem zmęczenie w tle
Śmiech i łzy splecione w losie
Wspomnień przeszłych czasu głosie.

Wierzę że życie ma sens i cel
W mroku drzemią iskry niezmiennych chwil
Życie to nie igraszka a sztuka bycia
Każdy gest jak znaczenie w wierszu cel ukrywa.

Chciałoby się wszystko mieć

Chciałoby się wszystko mieć
Góry złote srebra lśnienie
Sławę chwałę i bogactwo
Życie bajeczne i uwielbianie.

Marzenia nasze w promieniach słońca
Wzlatują wysoko ku słońcu
Ale my zawsze to czego chcemy
Zawsze prowadzi ku szczęściu.

W tęsknocie za wielkimi rzeczami
O małych szczęściach zapominamy
O uśmiech do bliskich o poranne słowa
Chwilach pokoju w miłości bez końca.

Bo to czego pragniemy najbardziej
To jest to co mamy obok siebie
W naszych sercach gestach miłości
W dniach zwykłych porankach radości.

Chcieć by mieć wszystko tak się wydaje
A może wystarczy troszkę marzeń i wiary

Aby życie w drodze sens miało
Żyjmy zgodnie w miłości przystanią.

Pamięć o rodzicach

W pamięci mego serca kręgu wspomnień
Pozostał żal pełnej rozterki
Słońca blask umknął w mroku noc nadeszła
Tkwią wspomnienia miłości i zadumy.

Pamięć o rodzicach co odeszli do wieczności
Gdzie wzrok nie sięga i głos nie dobiega
Pamięć o rodzicach nadzieją unosi
W sercu mego istnienia dobroci.

Za każdym słowem i gestem miłości
W świecie deszczu i promieniach słońca
Wasza obecność w duszy dosięga nieba
Nawet gdy dłonie nie dotkną jest serca potrzeba.

Ojca męstwo matki dobroć w moim sercu biją
W każdym uśmiechu mądrość się przewija
Chociaż drogi nas rozdzieliły
Wasze mądrości i zasługi trwają.

Niech los nas nigdy nie rozdziela
Wasze myśli i nasze się jednoczą same
Wasza miłość nigdy nie zgaśnie
Drodzy rodzice jesteśmy połączeni z wami.

Wspomnienie o drogich rodzicach to księga
Pełna historii radości i tęsknoty
Ich nauki ich przykłady ziemskie przeszłe
W moim sercu na zawsze pozostaną.

Łzy ciszy

W oceanie myśli i ciszy łez
Czuć w sercu głęboką tęsknotę
Łzy ciszy w mrokach promieniują
Pieśń cichą w smutku wyśpiewują.

Wiatru fale we mgle się mnożą
Cisza kołacze z każdym westchnieniem
Szeptem gwiazd łzy malują tor na niebie
We śnie tajemnic milczącym świecie.

W świetle gwiazd i promieniach księżyca
Pod nocy płaszczem ukryte
Cisza echem powraca z oddali
We wspomnieniach na magiczną skalę.

Łzy ciszy opadają w milczeniu
Oplatając serca wokół drzew
W sennych ścieżkach tkwią nuty szarpane
Szeptem wiatru cierniowym znakiem.

We łzach ciszy odległych zdarzeń dźwięki
W tęsknocie płyną noty życzeń
Łzy ciszy znajdują schronienie
A cisza przynosi wybawienie.

Noc opowiada niezwykłe historie
Co skrywają niemałe tajemnice
Krople łez ciszy na twarzach
Chwil świadomych spokoju granice.

Człowiek który sam siebie nie znosił

Pewien człowiek sam ze sobą się zmagał

We własnej codziennej wędrówce
W lustrze widział się beznadziejne
W głosie ducha ciągle się gnębił.

Nie znosił wyglądu twarzy i własnych słów
Z ust własnych wypływających goryczą
W wypowiedziach i myślach się gubił
Sam siebie samego nie lubił.

Bywało że stał w miejscu jak posąg
W ogromnym smutku i tępym żalu
Oczami zgorzknienia drążył dal
Gdy inni biegali on się z nich śmiał.

A w człowieku który siebie nie rozumiał
Przyszedł dzień że nadzieję odzyskał
Chociaż z trudem wyzwolił tożsamość
Wygrał walkę o życia całość.

W wędrówce życia zmagań ze sobą
W strofach wiersza się mocy kryje
Opatrzność pozwala wygrać walkę
Każdemu kto sam siebie odkryje.

Migoczące idee

W krainie snów i myśli tła
Migoczą idee w jasnym świetle gwiazd
Wzlatujące jak anioły na podniebnym szczycie
Rozświetlające mroki w miłosnym zachwycie.

W torach zdarzeń gdzie czas się zatrzymuje
Idee rosną jak iskry nad głębią
Unosząc się w promieniach dnia
Energią przepływającą w samych nas.

W sercach ludzkich marzeniach i dążeniach
Idee roztaczają swoje wdzięki
Jak łabędzim lotem trafności
Udzielając się zachwycie wolności.

Człowiek i powietrze

Wędrował człowiek przez góry i lasy
W poszukiwaniu czegoś czego nie znał
Wiatr cicho szeptał mu tajemnie
Odsłaniając światła nieznanych chwil.

Człowiek nie jadł nie pił lecz oddychał
W sobie samym odczuwał moc życia
Światło oświeciło mu twarz dawało siły
Był istotą wolną bez ograniczeń.

Ludzie patrzyli niezrozumienie w oczach
Nie pojmując tajemnicy w jego istnieniu
Sądząc że on głodny i słaby jest
Nie rozumieli że w nim siła nieznana jest.

Tak błądził człowiek odżywiający się powietrzem
Śladem gwiazd wiodąc tchnieniem życia
Bo w sercu jego spoczywał klucz tajemnicy
A w powietrzu siłę która go karmi.

Spokojne sny

Gdy noc okrywa ziemię cichutkim szeptem
A sen chwyta w objęcia nasze myśli
W ciszy szukamy spokoju w ciemności
W nadziei że sen się ziści.

Zasnąć spokojnie z nocką zaprzyjaźnić
A myśli wirują w sercu bieli
Ścieżka marzeń we mgle się unosi
Sen przebiega w łagodności nocy.

Tak ważna jest cisza w sercu myśli
Uspokojenie w głębi serca od dnia zdarzeń
Otworzę okna zmysłu tożsamością
Szeptem myśli minionych skojarzeń.

Zapomnijmy o scenach i dniu zgiełku
I zanućmy się w cieple otulenia
W ciszy ramionach spójrz w głąb siebie
Spokojem otul oddech zatrzymując.

A gdy zasypiam myśli niech odpłyną
Na łodzi snów ku dalekim brzegom
By w ciszy nocnej sen ująć mocno
I nie budzić się odpoczywając nocą.

Dbanie o własne zdrowie

Zdrowie jest bezcennym skarbem
W duchu w ciele w życiu codziennym
Bez zdrowia człowiek jest bezsilny
Zdrowie jest darem w naszej opiece.

Gdy słabnie moc i sił brakuje
Zdrowie jest najwyższym dobrem
Nie złoto nie bogactwo ziemne
Zdrowie jest skarbem i trwa wiecznie.

Zdrowie to nie tylko brak chorób i bólu
To stan harmonii i spokoju
Dzięki zdrowiu czujemy smak życia pełni

Bez zdrowia bogactwo staje się cieniem.

Dbajmy o zdrowie to najważniejsze
W zdrowym ciele zdrowy duch
Siła życia leży w zdrowiu
Zdrowie jest najwyższym dobrem.

Oaza spokoju

W złotym blasku słońca pod błękitem nieba
W oazie spokoju z daleka od miasta
Wśród palmowych liści gdzie wiatr powiewa
Znajduje się raj gdzie spokój w sercach śpiewa.

Na piaszczystej plaży fale brzeg muskają
Szeptem morza opowiada historię bez końca
Na niebie złote słońce błękitem się rumieni
Pozwala zapomnieć o niemałych troskach.

W otoczeniu przyrody rajskie ptaków gniazda
Drzewa się uginają wiatrowym szelestem
Razem z naturą jesteśmy w harmonii
W oceanie spokoju swoistości gestem.

Niechaj każda droga po której kroczymy
Będzie nutą radości w wakacyjnym szale
W sercach niech pozostanie to magiczne miejsce
W oazie spokoju odnajdujemy siebie.

Ogień namiętności

W płomieniach uczuć żaru serc
Ogień namiętności w nas płonie
Gorące spojrzenia iskry w oczach
Wielkich pragnień tęsknoty tonem.

W miłosnym tańcu zaklęte chwile
Serce uderza jak burza na brzeg
Namiętność nigdy nie zagaśnie
Ogień miłości goreje w nas.

W zmysłowej ekstazie w pożądaniu wzroku
Gorąca miłość płynie naszych słowach
Ogień namiętności niech nas rozpala
W życia labiryntach wskazując nam drogę.

Marzenia i nadzieje

W krainie snów gdzie gwiazdy błyszczą
Marzenia wiatr z oddali niesie
Ptaki śpiewają pieśni nadziei
A serca w locie tkają wieńcem.

Marzenia jak różane płatki
Na wiosnę w sercach rozkwitają
Nadzieje jak promienie słońca
Dnia mroki w światło zamieniają.

W ciemnościach nocy gęstej dżungli
Marzenia w ciszy się spotykają
Nadzieja iskrzy w naszych sercach
Drogę w ciemności oświetlając.

Wędrujemy niezłomnie w cieple marzeń
Na drodze która nie ma końca
Tam istnień ducha sieć trwająca
W nadziei wolność niegasnąca.

Cieszę się życiem

Cieszę się że żyję o wstającym świcie
Gdy słońce wznosi się ku niebu
W promieniach świetle blasku promieni
Witam dzień życiową potrzebą.

Wśród barwnych kwiatów na zielonej łące
Wiatr mnie przytula jak matka syna
W powietrznej woni rosy wiośnie
Cieszę się życiem w sercu radośnie.

Spoglądam czule w niebo odległe
Gdzie marzenia jak statki żeglują
Witam chmury wodne milczące
Pozdrawiam jasne wiosenne słońce.

Na twarzach ludzi uśmiechu wesołości
W uścisku dłoni i serc otwartych
Cieszę się że żyję w poczuciu godności
W każdym geście raźniej i owocniej.

Cieszę się że żyję tutaj w tym momencie
W chwilach smutku gdy łzy płyną
W okresie trudności losu przeciwności
Wiem dlaczego po co i w jakim celu żyję.

Cieszę się że żyję w tej pieśni nadziei
W dobie współczesności świadomego celu
W każdym westchnieniu i głosie tęsknoty
Cieszę się że żyję dzięki Opatrzności.

Wady losu w nas samych

Wędruję w głąb swojej duszy

Gdzie wady losu we mnie tkwią
Błędy które tworzy nasz los
W nas samych się kryją jak głos.

Zdarzenia przypływają z wiatrem
Czasem nasze serce się złamią
Nie wiadomo kiedy los w nas uderzy
W nas samym iskry gniewu powstaną.

Czy to los może dzieło przypadku
Być może ręki niemoce
Tkwiące wady los w nas obraca
Nagle w myślach zaczyna się wrzawa.

W naszych wadach kwitną nadzieje
Więc starajmy się je zmienić w siłę
W nas samych leży moc przemiany
Aby los nie był cierpienia wyznaniem.

Wady losu w nas samych to lekcja
Trzeba wiedzieć że los nie jest naszym panem
W nas samych tkwi siła i wybory
By przezwyciężać złe losowe spory.

Moje jutro

W jutrze mojego serca tkwi tajemnica
Jak rześkie źródło strumienia
Gdzie nowe myśli się rodzą
A czas je na lepsze przemienia.

W jutrze mojego istnienia tkwią nadzieje
Być może osiągnę sukces
Wędrując przez nocy ciemności
Nie zawiodę się na przyszłości.

W jutrze mojego losu tkwi niespodzianka
Jak strumień łączący doliny
Wpisując się na wyzwań szczyty
Zyskam nowe życiowe godziny.

W jutrze mojego świata tkwi miłość
Niezachwiana siła serca łącząca
Znikną troski i wszelki niepokój
W niej odnajdę sens do życia i spokój.

Moje jutro to niezapisana karta
To ja jestem pisarzem własnego losu
Krok po kroku słowo po słowie
Tworzę opowieść o jutrzejszym sobie.

Nie wierzcie

Nie wierzcie owce pasterzowi
Bo on was może oszukać
W ciszy szeptanej wciągnie w pułapkę
Gdzie myśli grzęzną w błocianą papkę.

Pasterz na dłoniach ma zuchwałe hasła
Słowem kusi byście szli za nim gdzieś
A jego oczy toną w złudzeniach
Czy to wasza wiara - czy to wasz grzech.

Gdzie trawa zielona wydaje się sucha
Tam owce zmusza się do oszustwa
Pasterz jak wilk ubrany w owcze futra
Niszczy marzenia paląc wiernych słowa.

Nie wierzcie owce temu pasterzowi
On cichcem was sprzeda

Lepiej stańcie w szeregu swoich własnym myśli
Jak uwierzycie - czeka was bieda.

Ufajcie sercu i własnej mądrości
Nie dajcie odebrać wam waszych marzeń
Ten pasterz was krzywdzi i łże przez pokrętność
On próbuje wam wszystkim odebrać świętość.

W ciszy rozważania - posłuchajcie głosu
Prawda pasterza jest zła i często tania
Odwagi - bądźcie sobą by prawdy nie ominąć
Nie wierzcie pasterzowi - tak żeby nie zginąć.

Średniowiecze

We wspomnieniach dawnych wieków
Gdzie sen na jawie się splatają
Karty mojej historii księgi ujawniają
Urodziłem się w średniowieczu w maju.

W starych murach w zamku z kamieni
Pod gwiaździstym królewskim niebem
Wśród mężnych dostojnych rycerzy
Tam ujrzałem światło na wieży.

W cieniu kolumn wysokich murów
W ciszy klasztornej chórów śpiewu
Gdzie modły trwały nieprzerwanie
Tam zostałem położony na dywanie.

Widziałem płonące paleniska
Ciemność groźną za oknami nocną
W pamięci moich narodzeń tajemnicę
Utkwiły ostrzem w wyobraźni mocno.

Na drogach miast spiski snują
W labiryntach kniei zamków strachu
Ja dzielnie w epoce ciemności
Wyrastałem wzorem rycerskości.

Czułem wiatr z dalekich krain płynących
Słyszałem echa bitew i hołdów śpiew
Wygrałem też bitew niemało
A teraz się wszystko wydało.

Teraz świat jakiś dziwny nieszczery
Kaprysy przepisy bajery
Typowe bujanie w obłokach
Atomowe groźby klapki na oczach.

Darmo przyszło darmo poszło

Darmo przyszło darmo poszło
Cichą nutą ku pociesze
Jakże częste życie krótkie
Każda chwila w dal się niesie.

Bez wartości bez znaczenia
Złoto sława nic tu nie trwa
Wszystko mija odlatuje ginie
Jak ulotny sen w przyczynie.

Darmo przyszło darmo poszło
W duszy ślady zostawiło
Cenny dar co nosi w sobie
Serdeczność w każdej osobie.

Darmo przyszło darmo poszło
Słońce złote wiatr wesoły
Plamy losu płatki śniegu

Minęły się jak w myśli w biegu.

Odeszły cienie światłem rzucone
W życia labiryncie i sen i świat
Czas jak rzeka myśli wszczęte
Darmo poszło co zaczęte.

Czy znaczenie ma czy bez sensu
To co było co stanęło
Radości pełnią czy troską pustki
Wiatr rozwiał było minęło.

Ciągłe pytania strofami wieją
Bez odpowiedzi czy każdy to wie
Czy warto walczyć może się poddać
Czy mocno kochać a może nie.

Czyż nie jest piękno w tym co darmowe
W chwilach prostoty milczenia wieczoru
W uśmiechu dziecka i blasku gwiazd
Darmowy płynie niepojęty czas.

Darmo przyszło darmo poszło
Lecz w naszych sercach tkwi co zostało
Wspomnienia jak gwiazdy świecą na niebie
Darmo przyszło do mnie i do ciebie.

Duch wyszedł z ciała

W ciszy nocy blasku gwiazd
Duch opuszcza ciało tylko raz
Wędruje do krainy nieznanych dróg
Tam gdzie światłość spotyka mroki.

Bez ciała lekki jak promienie świtu

Przemyka we wszechświecie szukając mitu
Czuję wiatr na skórze choć jej nie ma już
Gubi się w czasie gdzie nie jest już tu.

Czy drogę odnajdzie wśród planet
Czy dotrze do nieba bram
Pytań mnoży się miliony
A on wciąż wędruje wolny czy zniewolony

Ciało pozostaje ale duch płynie
W głąb wszechświata gdzie nie ma granic
W bezkresie czasu oceanie kosmosu
Czy znajdzie spokój czy inny etap losu.

Pieniądze

Czy pieniądz jest panem świata
Czy człowiek rządzi nim
Za złotem ludzie biegną
Zapominając co serce mówi.

Czy bogactwo daje szczęście
Czy cieniem jest noc i w dzień
A co jak dusza głoduje
I próżny jest triumf i cel.

Czy pieniądz jest panem ziemi
Czy odciska na drodze swój ślad
A marzenia tracą znaczenie
Pod naporem złoconych szat.

Nie pieniądz jest panem ziemi
Lecz miłość i sprawiedliwość
Nie złość lecz bogactwo duszy
W dobroci tkwi moc i uczciwość.

Czy pieniądz jest panem ziemi
Czyż nie czujemy buntu
Przeciwko pewnym systemom
Co wyrastają z zamętu.

Dla jednych bogactwo jest celem
Dla innych - to droga do zguby
Ale czy wśród tej gonitwy
Nie zatracamy swej duszy.

Nie zawiodę się na sobie

Nigdy nie zawiodę się na sobie
W biegu życia w każdej dobie
Nic mi strach i wątpliwości
W moim sercu płonie płomień wolności.

Miewam w sobie moc ogromną
Nie ulegam fali zwątpienia
Z każdym krokiem każdym dniem
W sercu umacniam swoje marzenia.

Nie ulegam zniechęceniu
Chociaż wpadki są nauką
Idę ciągle dalej w przód
W moim sercu nie ma smutku.

Czasem życie cienie rzuca
A ja ciągle trwam w nadziei
Złote sny i trudne drogi
Przejdę z wiarą nie zawiodę.

W samym sobie znajduję spokój
Gdzie marzenia mają kształt

Z każdym dniem się w tym utwierdzam
Że to jest mój własny świat.

Nie zawiodę się na sobie
Wielką wiarę nam w tą moc
Każdy cel osiągnę
Siłą myśli w sercu pracą rąk.

Zimowe noce

W ciszy pól białych gdzie śnieżek sypie
Zimowe noce snują opowieści
Gwiazdy migoczą na mroźnym niebie
A wiatr się wzmaga w gałęziach szeleści.

W domowym zaciszu pod ciepłą kołderką
W kominku ogień gorąca herbata
A serca biją w rytmie zimowej pogody
W mroźnej krainie puchowej przygody.

Szepty opowieści przenikają pokój
O dawnych czasach marzeniami złotych
O miłości i trwania w zacisza półmroku
O nadziei i kłopotach i zimy uroku.

Zimowe noce w krainie śnieżnej
Myślami wędrujemy w blasku księżycowym
Szronem pokryte są drzewa i chaty
Każda chwila zimowej nocy jest ciągle tym nowym.

Wolny świat

W krainie marzeń bez granic
Wolności barwnym świecie
Gdzie góry morza i horyzonty

A myśli bez przeszkód przenikają.

Ziemia bez granic jak wielki ocean
Myśli płyną idee emocje
Nie ma podziałów i barier
Wszystko połączone w jedną harmonię.

Tam ludzie przyszłość tworzą jednością
Bez względu na kolor język czy wiarę
Tam gdzie troska o drugiego jest prawem
Miłość i szacunek królują.

Świat bez granic gdzie ludzkość w jedności
Walczy z niesprawiedliwością i nędzą
Gdzie dusza znajdzie swoje miejsce
Nadzieje są wieczne jak gwiazda.

Niech nasze serca łączą się w pieśni
W nowej erze i światłości
Świat bez granic gdzie wszyscy razem
Wspólnie idziemy ku przyszłości.

Nadzieje na jutro

Moje jutro jest nieprzewidziane
Nie mam na to żadnego wpływu
Niedokończonej księgi otwartej strony
Wierszem życia jest zapełniony.

W tętniącym sercu poranka
Marzeń iskra się rozpala
Nadziei chwile wzruszenie tchnienia
W moim jutrze życia opowieść się snuje.

Światło słońca w oknach rozkwitają

Moje jutro pełne barw i dźwięków
W drzew szumie i dźwiękach miasta
Kroki moje wiodą ku nowym zdarzeniom.

Na kartach dni nieznanego drogowskazu
Moje jutro jak ptak w locie
W tańcu miłosnym spojrzeniu
Odpowiada na pytania zrodzone.

Chociaż częste burze nachodzą
W moim jutrze nadzieja trwa
Jestem strażnikiem mojej historii
W opowieści mojego jutra.

Kto widział

W lesie głębokim nocy ciszy mroku
Gdzie cienie snują w rytm smutku złożone
W ukrytych tajemnicach gęstym mroku
A gwiazdy płoną jak oczy spalone.

Kto widział diabła niech podniesie rękę
To on krąży pośród drzew ciernistych
Ze wzrokiem ognistym piekielnym uśmiechem
Niosącym zgubę chichotu echem.

Czy to tylko mit czy rzeczywistość tajemna
Czy diabeł istnieje czy to złudny sen
Nikt nie odważył się wątpić publicznie
Bo lęk zapełnia rozum i działa psychicznie.

W sercach ludzkich gdzie tkwi grzech zaklęty
Diabeł drzwi otwiera prowadzi ku zgubie
W pokusach dręczy wątpliwość zasiewa
Dusza traci pewność i grozą zalewa.

Stanisław Pysek Prusiński

Lecz gdy nadzieja tka nici prawdy cienkie
Tam diabeł traci moc i zło się gasi
Bo siła wiary wielkość niepojęta
Ufność jest nieśmiertelna i prawdziwie święta.

Kto widział diabła niech podniesie rękę
A walka między dobrem a złem wciąż trwa
A serca mocne jak dąb w burzy wietrznej
Stawia czoło mrokom niech błyszczy.

A gdy nadejdzie czas w który dusza się wzbije
Z tego świata do kraju wieczności
A diabeł zniknie jak sen w przebudzeniu
I wieczność rozkwitnie w blasku nocy.

W obliczu zła trwaj i nigdy się nie lękaj
Bo siła jest w wierze dobroci i miłości
I mocą dobra pokonać zło możemy
A wiara w duszy wiecznością zagości.

Piesek Crusher

W zielonym ogródku w świetle gwiazd
Piesek Crusher biega żwawo
Mały piesek o futerku złotym
Do wszystkich się uśmiecha i podskakuje z radości.

Dobrze zna język angielski i polskiego troszeczkę
Ochoczo podrzuca do góry piłeczkę
Cieszy się raduje i łasi
Przy śniadanku nie grymasi.

Gdy słońce wschodzi na niebie błękitnym
Crusher wita poranek szczekaniem dobitnym

Ostrzega ptaszki że nadchodzi burza
Oznajmia kwiatom że wiosna się zbliża.

Przy ognisku kominka w cieple domowych progów
Crusher opowiada historyjki śmieszne opowieści
Jego głos pełen wdzięku jak melodii strumień
Rozbrzmiewa wesoło porą wieczorową.

I chociaż to mały piesek ale w wielkim świecie
Jego mądrość i odwaga mknie w niebo niebieskie
Crusher to nasz przyjaciel na calutkie wieki
Jest mądry dowcipny odważny i piękny.

Umarłem w nocy

W nocy umarłem i jestem
W ciszy gwiazd i cieni łun
W mroku gdzie serca kroczą
Gdzie myśli toną w grzechu.

Światła gwiazd między mgłą
Wszystko znikło nawet czas
W tej ciszy w której czuję
Że jestem choć umarłem już.

Śmierć nie istnieje lecz zmiana
Zmierzch wieczności otwiera brama
W nieskończoności błękit łez
Umarłem w nocy lecz jestem wiem.

Na skraju snu na granicy dnia
W nieskończoności tańcząca mgła
Jestem chociaż umarłem w nocy
Gwiazdy śpiewają moje imię w ciemności.

Zimowy poranek

Zimowy poranek biały i cichy
Śnieg pod stopami delikatnie skrzypi
Drzewa pokryte srebrzystą szatą
Słońca promienie płyną na światy.

Powietrze świeże chłodem powiewa
Wiatr delikatnie gałązki buja
Światło rozświetla biały krajobraz
Czas drzemie w sercu uroczej zimy.

Ptaki szeleszczą skrzydłami w locie
Liczne ślady zwierząt na śniegu
Zimowy poranek jak sen się toczy
W ciszy spokoju świat otula cały.

Świt zimowego piękna poranka
Zachwyty w oczach radości toni
Natura maluje swoje arcydzieło
W powiewach zimowych życia harmonii.

Wesołość

Wesołość w sercu jak gwiazda rozbłysku
Droga do sukcesu i życia muzyka
Krok za krokiem prowadzi nas
Przez zawiłości losu i trudny czas.

Uśmiech jest kompasem wędrownym
W wierze i wesołości potężnym dzwonem
Śmiech towarzyszy nam każdego dnia
W drodze do sukcesu własnego ja.

Wesołość jest siłą - na duchu podnosi

Przez burze życiowe chmury i mrozy
A radość prowadzi na szczyty marzeń
Wesołość jest mocą i kolebką wzruszeń.

Wesołość jest w życiu naszym towarzyszem
Na ścieżkach bycia gdy los się kołysze
A radość płonie ogniem niegasnącym
Wesołość jest sukcesu wiernym towarzyszem.

Wesołość jest namiastką tego co mnie czeka
W objęciach przyjaźni miłości i nadziei
Niech każdy krok dodaje nam sił
Wesołość jest darem który w sercach tkwi.

Życiowe szanse - praca

Praca przez życie ku górze prowadzi
Nadzieją w duszy i marzeń mnogości
Nigdy nie zgaśnie w nas ogień wytrwałości
A praca buduje w sercu prawdy i mądrości.

Nie my sami - lecz czas nam drogę wytycza
Z pracy wyrasta siła i pełnia czujności
Niech twarde ręce godzą się z trudem
Bo praca stwarza nam nowe możliwości.

W polu fabryce w biurze i domu
Bo praca to siła droga do korony
Niech dumnie prowadzi nas przez życia zawiłości
Bo praca nie hańbi jest filarem godności.

Praca buduje wznosi domy
Łamie kamienie dążąc do przyszłości
W szkole nauczyciel umysły kształtuje
Wiedzą i mądrością młodym cel wskazuje.

W polu oracz swój pług po ziemi prowadzi
Żmudną pracą zbiera plony obfite daje
W fabryce tkacz na nici snuje nowe wątki
Swoje dzieło tkaniną czasu nuty staje.

Tak w życiu każdy z nas pracę czuć powinien
Bo to jest zaszczyt w trudzie swym istnienia
Niech praca nas prowadzi ku lepszej przyszłości
Bo praca jest zaszczytem i prawem wolności.

Wesoły leniuch

Wesoły leniuch odpoczywał na łące
Wylegiwał się pod słońcem
Nie myślał nigdy o niczym
Z niewiadomych sobie przyczyn.

Nic go nie obchodziło o nic się nie troszczył
Marzył w lenistwie w spokoju i ciszy
Gdzieś w oddali dzwoniły dzwony
On dumał leniwie w gęstwinie zaciszy.

Wesoły leniuch nie miał żadnych zmartwień
Cieszył się życiem i każdą chwilą
Bo dla leniucha każdy dzień wesoły
Ponoć na leżąco kroki się nie mylą.

Leniuchu podźwignij się z letargu swego
Przez lenistwo czas tracisz kolego
W krainie obowiązków twardy nakaz trwonisz
Nie trwaj w bezczynności chociażbyś się bronił.

Do pracy leniuchu ruszaj ruszaj w biegu
Bo czeka na ciebie świat niecierpliwy

Znajdź cel w działaniu we własnej osobie
I każdą chwilą zwyciężaj w sobie.

Jutro będzie lepiej

W mrocznej nocy gwiazdy migocą
Serca nadzieją się przepełniają
Chociaż trudności nas otaczają
Jutro nadchodzi nadzieją całą.

Świt odbierze cienie nocy
Wiatr przywieje nowe dźwięki
Z każdym wschodem słońca nowa siła
Jutro nadejdą nowego wdzięki.

Chociaż dzisiaj jest pochmurno
A serca ciężkie jak kamienie z ról
Pamiętaj każdy dzień się kończy
A z nim trudności i ból.

Nawet gdy deszcz spadnie gęsty
A w duszy szaleją burze
Pamiętaj że za chmurami jest światło
Jutro przyniesie siły w naturze.

Jutro będzie lepiej i weselej
A w życiu czeka nas wiele cudów
W każdym zakamarku tkwi nadzieja
A siła w nas drzemie głęboko.

Więc nie tracimy nadziei a jutro
Będzie wspaniałe i uroczyste
Z wiarą w sercu i uśmiechu na twarzy
Nowe nadzieje i powietrze przejrzyste.

Komunizm

W czerwonych barwach równości i obiecanek
Komunizm kusił zniewolone umysły
W marzeniach o sprawiedliwości i przyszłości
Wiarę w lepszy świat w ideałach wolności.

Obietnice były ogromne niczym rozwiane echa
W rzeczywistości mrok kryły krzywdy powielały
Uległość wymuszanie w duchu zniewolenia
Zawiodłem się na komunizmie.

W sercach przywódców komuny tkwił egoizm cichy
Ciągła walka o władzę w działaniach bez sensu
W imię równości królowały podziały
A marzenia o wolności w nadziei przepadały.

A kiedy mury betonowe powstawały
Ciągłe zasiewane w umysłach strachy
Zrozumiałem że te idee są nieczyste
Bo wolność i godność władzy antychrystem.

Zawiodłem się na komunizmie zrozumiałem
Jak ludzkie marzenia toną w stekach kłamstwa
A przywódcy władzę w garści trzymali
A lud szukał sensu w zaklęciach szakali.

Minione czasy niech będą nam przestrogą
Byśmy nie utopii godności w utopii
Bo tylko w ludzkich sercach nie w systemach politycznych
Leży godność wiara i siła i ludzkie wolności.

Oczy zimy

Oczy zimy w lutym błyszczą
Śnieg puchem na ziemi się kłębi
Wiatr wokół drzew szeleści
Zima przenika w sercach się iskrzy.

Zasypiają pola pod kocem białym
Ptaki zniknęły w błękicie nieba
Zima w lutym jak bajka cicha
Maluje krajobraz w bieli wyjątkowej.

W oknach mroźno kryształowe wzory
Jak kwiaty szronem na szybach splecione
Cisza gęstnieje jakby świat zasypiał
Zima lutego nie odstępuje.

W ciszy spokoju i białych echach
Choć trudno mroźno i szaro
W sercach tęsknota za ciepłem się budzi
Wiosna nadzieję przed sobą niesie.

Nie wierzę

Nie wierzę w bajki o dobrobycie
Gdzie góry złota i diamenty błyszczą
Bo samo życie jest bogactwem
I to co w sercach naszych ukryte.

Bajkowe czasy zamkowe wieże
A rzeczywistość jakże odmienna
Bo nie pieniądze czynią bogatym
Lecz szczęście w gronie rodzinnej chaty.

Nie wierzę w bajki sukcesu mrzonki

Bo droga do tego nie jest prosta
Trzeba pracować walczyć upadać
Nie przestać wierzyć dobro zakładać.

W bajce z reguły zło kończy się tragicznie
A w życiu bywa często zwycięża
Jednak wierzymy że dobro wygra
I zostaniemy w chwale oręża.

Nie wierzę w bajki lecz w nasze siły
W możliwość zmiany lepszej przyszłości
Życie nie jest bajką lecz walką w trwaniu
Aby osiągnąć dobrobyt i szczęście wolności.

Każdy dzień - nowe życie

Każdy dzień jest nowym życiem
Zaprasza do ciekawej podróży
Z nastaniem świtu w promieniach słońca
Ściele początek i nie ma końca.

W sercach radość w oczach blask
Każdy dzień nowe szanse i czas
Zapomnij o wczoraj patrz na dzisiaj
Bo życie od nowa się kołysze.

Życie jak bajka i chwilę trwa
Dlatego ciesz się dniem który masz
Poczuj wiatr na twarzy i dotyk słońca
Każdy dzień jest cudem bez końca.

Niech marzenia płyną jak rzeka
A nadzieja trwa jak kwiaty na łące
W każdym dniu tajemnica się kryje
Która czeka na nowe odkrycie.

Każdy dzień jest nowym życiem
Darowanym nam przez Boga
Otwórz serce otwórz oczy
I ciesz się życiem darem losu.

Pierwsze Walentynki Pani Yolandy w Chicago

Pani Yolanda Ramzesa Mama
Długo w Teksasie mieszkała sama
W przepięknym domu uroczym mieście
Sen miała piękny - jaki uwierzcie.

Któregoś ranka Syn Ramzes
Odwiedził Mamę na zawołanie
Zaproponował Mamo kochana
Będę szczęśliwy odrzekł z powagą
Mamo przeprowadź się do Chicago.

Zima nastała śnieżna i piękna
Do przeprowadzki Mama jest chętna
W domu porządki zaprowadzili
I do Chicago przeprowadzili.

Tak ciężka praca jest uwieńczona
A przeprowadzka jest zakończona
Pani Yolanda zadowolona
Z siódmego piętra z wielką uwagą
Podziwia piękne widoki Chicago.

Chicago to duże i piękne miasto
Pełne tajemnic mnóstwo zagadek
W pięknym mieszkaniu dużo ciepełka
A na balkonie różowe światełka.

Pani Yolanda kocha przyrodę
Uwielbia czytać książki i opowieści
Oglądać ciekawe programy
I rozwiązywać zagadkowe newsy.

Joasia i Syn Ramzes
Odwiedzają Mamę bardzo często
I bardzo Mamę kochają
Wspólnie ucztują tańczą śpiewają.

Pani Yolanda kocha nowinki
Dziś w Chicago wita Walentynki
Dużo zdrowia życzą Mamie
      Joanna i Syn Ramzes
         Oraz wszyscy z całej Rodzinki.

Dar zdrowia

Zdrowie jest bezcennym darem
Otoczone marzeń blaskiem
Życie radość w nim ujmuje
W zdrowiu bezpiecznie się czuję.

Zdrowie - to ciało sprężyste
Duch i serce uroczyste
Zdrowy umysł na świat wrażliwy
Zdolny cieszyć się z każdej chwili.

Każdy krok dnia powszedniego
Prowadzi nas do zdrowia lepszego
Chrońmy siłę o ciało dbamy
To droga do spełnienia marzeń.

Świat jest piękny pełen mocy
Gdy zdrowie jest na sto procent

Czuwajmy i dbajmy o zdrowie własne
A życie będzie prostsze wspanialsze.

Potrzeba szczęścia

W ludzkim istnieniu marzeń i troski
Szukamy szczęścia i ducha losu
Myślami często że w bogactwie jest moc
Prawda jest inna jak nieznany głos.

Potrzebujemy ciepła i prawdy
Otwartych drzwi uśmiechów bliskich
Chwil spokoju w ciszy i wierze
Radości w sercach płynących szczerze.

Nie w złocie czy materialnych dobrach
Nie w bogactwie czy strojach przepychu
Szczęście kryje się w sercach prostych ludzi
W miłości która smak do życia budzi.

Potrzebujemy bliskości przyjaciół
I rodzinnej wspólnej pomocy
Potrzebujemy marzeń co się ścielą
I serc co razem się weselą.

Bo szczęście nie polega na bogactwie
Ale w gestach i serdecznych rozmowach
W życiu najważniejsze są wartości
I więzi między ludźmi w społeczności.

Oddaj wszystko

Oddaj wszystko co masz w sercu i dłoni
Zrezygnuj z dóbr wiodących na łoni
Niebo tam czeka na ciebie i anioły grają

Gdzie spokój i miłości nieustannie trwają.

Złoto i srebro to ziemskie nikłe pyły
W niebie śpiewają anioły wieczyste
Oddaj dumę swoją chciwość i złości
Znajdziesz w zamian niebiańskie spokojności.

Nie szukaj bogactwa na ziemi kruchej
Bo to co materialne przeminie w mgnieniu oka
Oddaj wszystko co posiadasz tutaj na świecie
A zyskasz niebo gdzie widać śmiech i radość.

W niebie nie liczy się ziemski majestat
Lecz miłość dobroć co w sercach się kryje
Oddaj wszystko co masz troskach i rękach
A osiągniesz niebo gdzie anioły tańczą w pieśniach.

Niech twe serce będzie otwarte dla miłości
Niech dobroć i pokora będą twoją siłą
Oddaj wszystko co posiadasz a osiągniesz niebo
Gdzie wieczny spokój i szczęście trwa wiecznie.

Skok w przyszłość

W ciszy nocy gdy gwiazdy migocą
I srebrne łzy księżyca spływają
Człowiek marzeń wyrusza w podróż
W czasie w bezmiarze przestrzeni.

Skok w przyszłość bez granic i miary
Gdzie marzeń mgła zanurza się w czasie
Tam gdzie gwiazdy snów układają szlaki
Gdzie serca nadziei nie łaknie.

Wiatr płynie między palmami jutra

A gwiazdy jak punkty na niebie
Kroki w tańcu bez granic
A marzeń melodyjny rytm śpiewa w nas.

Czy tam gdzie światło gwiazd gasi świt
W labiryncie gwiazd czy zorzy blasku
Skok przyszłość to tylko początek czasu
A marzeń światło drogę nam wskazuje.

Więc skocz w przyszłość dzielny człowieku
Tam gdzie sny tkwią w nieskończoności
A tam gdzie marzeń ramię wyciąga ku tobie
Tam gdzie nadziei złoty świt błyszczy.

Bo w skoku w przyszłość tkwi siła marzenia
W promieniach nadziei i wiary w spełnienie
Tam gdzie serce wiedzie tam droga zaczyna
W skoku przyszłości tkwi losu przyczyna.

Istota społeczeństwa

W sercach ludzkich tajemnic są głębi
Coś nieuchwytne co się w nas kręci
W krainie dusz ludzkich labiryncie
Istnieje coś co w nas się kryje.

Czym jest to co tkwi w nas niepojęte
Czy to jest miłość co w sercach bije
Czy to marzenia co w ciemności błądzą
I w myślach naszych wiecznie ukrywają.

Czy to pragnienia co nas napędzają
By dosięgnąć gwiazd i chwytać za niebo
Czy to tęsknoty co nas prowadzą
Przez życia labirynt przez burze potrzebą.

Może to wiara co nas podtrzymuje
W chwilach zwątpienia w ciemnościach nocy
Może to nadzieja co nam się śni
Że lepsze jutro przyjdzie za kilka dni.

Coś się kryje w istocie społeczeństwa
Jak perła w skorupie jak kwiaty wśród traw
Tajemnica co w nas definiuje
Jest źródłem siły naszym znakiem praw.

Więc odkrywamy to co w nas tkwi
W sercach i duszach codziennym życiu
Bo w tajemnicach ukryta jest moc
W nich odnajdujemy sens i szczęście bytu.

Mężczyzna nie płacze

W ciszy nocy w krainie westchnień
W świetle gwiazd na etapie zagrożeń
Stoi mężczyzna silny i twardy
Nieugięty wolny w myśli zwierzeń.

Przechodził przez burze i grzmoty
Poznał ból i przeciwności losu
Gdzieś głęboko ukryte w sercu
Skrywa łzy jak kropelki rosy.

Ktoś powie że ten mężczyzna
Nie zna życia i uczucia słabości
Ale serce jego tęskni ogromnie
Rozpala potęgę miłości.

Na zmęczone ramiona mężczyzny
Spływa zmierzch i ogromne dnia trudy

Lecz mężczyzna choć silny i twardy
Pozwala w sercu płakać cicho wprzódy.

Nigdy świat tego nie może zapomnieć
Że mężczyzna choć silny i twardy
Też z kruchego materiału jest zbudowany
I czasem opłakuje swoje rany.

Zakochani nie płaczą

Zakochani nigdy nie płaczą
Bo ich serca są pełne radości
W ich świecie rosną marzenia
A w sercach rozkwitają miłości.

Pod złotym słońcem tańczą wietrznie
Uśmiechy jak promienie nigdy mrok
W miłości świat jest piękniejszy
Gdy razem idą krok w krok.

W ich oczach błyszczą iskry nieba
Dotyki jak magia niekończąca
Zakochani nigdy nie płaczą
Bo w ich sercach jest miłość nie stygnąca.

Gdy deszcz pada i chmury szarzeją
Trzymają się za ręce jak dzieci
W ich sercach tyle ciepła i blasku
Powietrzne trąby nie są im straszne.

Zakochani nigdy nie płaczą
Bo ich miłość jak ocean głęboki
Przez burze sztormy dni słoneczne
Idą dłoń w dłoni bezpiecznie.

Emeryt przy lasce na losu łasce

Wędruje emeryt przy lasce w dłoni
Zmęczony losu łaską aż po grób
Pod lat ciężarem marzeń tęsknot trwoni
W sercu ból nosi wiatrowych smug.

Spojrzenia zmęczone jak drzewo stare
Gdzie korzenie ziemi marzeń się zmieniają
Dni płyną cicho jak echo drzemie
W żałobie czasu w którym uciekają.

Wspomnienia kłębią się w głębi czasu
Jak mgły nad stawem gdy sny toną w ciszy
Życia opowieść w każdej zmarszczce tli
Jak ptak co śpiewa policzone dni.

Choć droga wąska jak nitki na płótnie
On wciąż idzie do przodu twardy postawnie
Bo choć go los łaską nie rozpieszczał do końca
W sercu jego nadzieja jest ze wschodem słońca.

Tak wędruje emeryt przy lasce wśród marzeń
Zanurzony w tajemnicy życia oceanie
Bo choć czas płynie a los zmienia barwy
W kręgu duszy śpiewa melodię bez przerwy.

Niech więc idzie dalej emeryt o świcie
O każdym wschodzie słońca nadzieja w nim drzemie
A chociaż nie każda chwila jest dla niego łaskawa
On wciąż kroczy do przodu otuchą napawa.

Nie ma nic głupszego od wojny

Wojna to okrutna plaga ludzkości

Wszystko pod słońcem

Serca zastygają w lodowym strachu
Słowa giną w huku dział i krzyków
A życie traci niepowtarzalny smak.

Nie ma nic gorszego od wojny
Gdzie nienawiść karmi żądze chciwości
Krew i łzy tysięcy płaczących twarzy
A ziemia chłonie cierpienie i hańbę.

Wojna nie jest symbolem męstwa
A odwrotnie upadku ludzkiego ducha
Tam gdzie umierają marzenia i nadzieje
I ginie piękność i szlachetność.

Czyż nie jest głupotą mierzyć się z bratem
Zamiast rozumem sercem i pokojem
Czyż nie jest hańbą palić miasta i kraje
Zamiast budować mosty i zrozumienie.

Nie ma nic głupszego od krwi rozlewu
Gdzie serca giną a ludzie mdleją
W imię chwały czy w imię boleści
Nadziei zgaszonych miłości cierpiących.

Smutno jest patrzeć gdy dzieci się błąkają
Bezdomne zbite z traumą w oczach
Gdzie jest szlachetność tej szarży bestii
Gdzie jest mądrość w tych zatargach pychy.

Niech w sercach rozbrzmiewa pieśń pokoju
Zamiast szabel niech kwitną przyjaźnie
Bo tylko w pokoju jest nadzieja na jutro
A wojna prowadzi ku zgubie i bezprawiu.

Życie to nie jest bajka

Życie to nie jest bajka z happy endem
To labirynt dróg przestrzennych
Niezauważalne tonie czasu płyną
Życie jest podróżą gdzie marzenia giną.

Życie nie jest baśnią gdzie zło przegrywa
Czasem trzeba walczyć czasem może zginąć
Ale w opowieści serca biją mocno
Pokonujemy znoje w siną noc mroczną.

Życie to rozmowy otoczone względem
Jest dróg labiryntem płonącym zastępem
W trudzie i bólu we łzach i radości
Idziemy naprzód w imię praw wolności.

Życie to nie sen i wszystko wyjaśnione
W codzienności gdzie trzeba być silnym
W sercach przyjaźni ciepłe ludzkie dłonie
Odnajdujemy istotę bytu co nigdy nie utonie.

Pomimo burzy życia która nami wstrząsa
A ból i cierpienie często dosięga
Wierzymy we własne siły głęboko
Bo życie to nie bajka a wartość myślowa.

Idiotyzm wojenny

Tylko idiota i głupek idzie na wojnę
Odpowiedzi na spory i żar nienawiści
Bezduszne strzały i krwawe łzy
Na polach bitewnych giniemy my.

Idiota wierzy w chwałę i wojenną sławę

Głupek i marionetka tańczy wokół
Nie słyszy wołania nie widzi cierpienia
Zakłamuje prawdę sztandarem na górze.

Bo wojna to piekło bezsensowny ból
Zmarnowane życie złamane serca i gniew
Tylko idiota i głupek bluźnierca
Zostają na polach w zapomnieniu serca.

Gdzie wojna przemija zostaje ruina
I krzyże na mogiłach świadkowie czasu
Tylko idiota i głupek w opowieści trwa
Na kartach historii zapisanej w słowach.

Nasze czasy

W dzisiejszych czasach pełnych zamieszek
Gdzie prawda z fałszem splata się w tańcu
W sercu człowieka twardym jak skała
Prowadzi droga spokoju i mocy chwała.

Nie dajmy się zwieść złudnym obrazom
Co migocą na ekranach i w sieciach
Opanuj umysł nie daj się pokonać
Rzetelność i mądrość niech będą tęczą.

Czytaj ucz się zgłębiaj tajemnice
Wiedza które daje siłę i światło
Bo tylko wiedza może być bramą do prawdy
Przed fałszem który ścieżki w sercach knoci.

Nie wierz ślepo a zdobywaj dowody
Rozum niech będzie twoim przewodnikiem
Świadomie krocz przez życia korowody
By nie zatracić swej prawdziwej istoty.

Szukamy prawdy choćby była trudna
Nie ulegamy modom powszednim i bredniom
Bo tylko w prawdzie jest spokój
A oszustwo prowadzi przez pustkę zawodną.

Co zyskałeś

Wojna to znikoma błędna rozkosz
Zyskujesz czy nie głupi gościu
Czy twoje ręce zbrojne w mroczną siłę
Zdobyły coś więcej niż krew i trwogę.

Żaden triumf w grobach nie tkwi
Nie ma chwały w strumieniach łez
Czy twoje serce widziało cierpienie
Czy to rozumie że to ludzka twarz.

Wojna nigdy nie rodzi mędrców
Lecz szaleństwa i straszne spustoszenia
Zyskujesz moce i wierzyłeś
Lecz co zyskałeś naprawdę idioto.

Może na grobie płomień w oczach
Lecz ziemie zniszczone dusze zdeptane
Co zyskałeś pytam w twych dłoniach zbrojnych
Czy pokój w sercach czy mrok i rozpacz.

Opowiedz wojowniku słuchaj tych słów
Niech twoje myśli zbadają czyny
Bo zysk na wojnie to zgliszcza i cierpienie
Niech mądrość rozjaśni wam drogę.

Przyjdzie czas

Przyjdzie czas gdy ci panowie w czarnych sukmanach
Odpowiedzą za błogosławieństwa krzyżem
Tych co idą za pieniądze na wojnę
Dla swoich korzyści dajecie przyzwolenie.

Wasze kalkulacje wojenne i gry
Rozgrywane na plecach niewinnych
To są dzieła waszych ciągłych chciwości
Wy którzy krążycie wokół mocy złota i kosztowności.

Niech pieśń ta was zrówna z ziemią jak potęga losu głosu
Wasze sukmany czarne jak noce bez gwiazd
Wasze chciwości jak roje szerszeni w krwawej ciszy
Kiedy wojna wasza pożera dusze.

Przyjdzie dzień kiedy płacząc w bezdennym żalu
Staniecie przed obliczem sprawiedliwości Boga
Wasze korzyści wasze łzy krzyki w mroku
Zapłacicie odpowiecie za każdą kroplę krwi.

Niech ta pieśń jak echo rozbrzmiewa
W sercach tych co nadzieję w pokoju rozwiewają
Przyjdzie czas gdy odpowiecie wy debile
Przed Bogiem przed ludźmi i przed samym sobą.

Wasza chciwość wasza wojenna zaraza
Niech zstąpi z was jak mrok i wicher srogi
Przyjdzie czas jak płomień was oświeci w czarnej nocy
Biada tym co tworzą wojny i tym co je popierają.

Czas się zatrzyma

Co się stanie gdy serce zatrzyma swój puls
Gdy miłość zaśnie a świat wstrzyma oddechy
Gdy wskazówki zegara znikną
 A czas zastygnie w bezruchu.

Czy wiatr będzie śpiewał w koronach drzew
Czy obrazy staną się nieruchome
Czy znajdziemy schronienie w czasie
Czy dusze odejdą w nieskończoność.

Może w chwili gdy świat zastygnie w ciszy
Odkryjemy piękno świata w uśmiechu
Może miłość stanie się ideałem
Zaprowadzi nas do wiecznej chwały.

Gdy czas się zatrzyma my będziemy istnieć
Jako świadkowie miłości bez granic
A w sercach naszych płynie pieśń wieczności
Tam gdzie jest miłość czas nie ma znaczenia.

Gdzie wyląduję po śmierci

Gdzie wyląduję po śmierci
Gdy życie opuści moje ciało
Czy spotkam w chmurach anioły
Czy ugrzęznę w czarnej otchłani.

Może znajdę się na gwiezdnym szlaku
We wieczności tajemnie osnutej
A może stanę twarzą w twarz
Z Boskiej wieczności luksusem.

Gdy zanurzę się w ciszy oceanie

Gdzie myśl giną a słowa milkną
Wejdę do krainy wieczności
Zostanę w spokoju wartości.

Pytań wiele - brak odpowiedzi
Gdzie znajdzie się po śmierci któż to wie
Niech serce wiarą się kieruje
Gdziekolwiek będę i dowiem się.

Kim jestem

Czy naprawdę jestem tym kim jestem
Czy w istnieniu czy tylko we mgle
Odnajduje w sobie osobowość
Czy rozumiem sens własnych dni.

W lustrze widzę obraz czy to jestem ja
Czy to cień kogoś innego tła
Moje dni wiatr rozwiewa
A ja stoję bezczynnie i ziewam.

Czy pytam się siebie kim jestem
W ciszy nocnej czy może za dnia
Czy znajduje na to odpowiedź
Czy coś we mnie jest tak do cna.

Jestem istotą istniejącą w czasie
Wypełnioną marzeniami i lękiem
A to wszystko co noszę ze sobą
Czy spotyka się z przeznaczeniem.

Świat to scena ja jestem aktorem
Grającym w danej mi roli
Czy to śmiech czy płacz mojej twarzy
Czy to ja czy przypadek w tle zdarzeń.

Wiele pytań brak odpowiedzi
Płynę tam tylko gdzie to niewiem
Może kiedyś zrozumiem kim jestem
Na końcu podróży zapewne.

Kiedy sen moim życiem zawładnie
W odpowiedzi istnienia zagości
Czy naprawdę jestem tym kim jestem teraz w tej godzinie
Czy tylko oddechem chwili która minie.

Dar myślenia

Myślenie to dar ludziom dany
Bez granic i barier
W myśleniu odkrywamy tajemnice świata
W nieprzebranej myślowej otchłani.

W myślach tkwią siły niepojęte
Bez cen bez opłat bez limitów
W umysłach światy roztaczają
Marzenia płyną w takcie zachwytu.

Choć czasem serce jest rozterce
Być może dusza jest zraniona
Myślenie skrzydeł nam dodaje
I tworzy w sercu nowe siły.

Nie wszystkim

Na świecie gdzie prawo rządzi władza trwa
Komu wolno komu nie wolno zwykle gra
Czy tylko mocarzom co trzymają w ręku stery
Czy zwykłym ludziom co trawią losy w grze.

Wolno bogatym wśród złotych progów grać
Wolno im decydować jak światem kierować mają
Wolno im siać i zbierać owoce złote
                    A biednym co im wolno
Tylko w ciężkiej pracy łzy chłonąć w rosie.

Wolno władcom wojować ziemię sobie chwalić
Wolno otwierać granice w imię krwawej chwały
A biedny lud na polu bezsilny chłonie trud
                    Komu wolno komu nie wolno
Czy to jest naprawdę sprawiedliwy cud.

Wolno burżuazji handlować - wyzysk w sumieniu tkwi
Wolno im z chciwości budować piramidy
A biedak w cieniu cicho szeptem kwili
Czy wolno czy nie wolno z jego płaczem ust się tli.

Komu wolno a komu nie wolno
By sprawiedliwość zapanowała brzmieniem
Wolno każdemu człowiekowi celem wyznaczonym
Iść własną drogą z prawdą i sumieniem.

Jestem rad

Jestem rad - bo urodziłem się bez wad
W kręgu życia na nowy znak
Bez zmrużenia światła w takt
W pełnym jasnych kształtów fakt.

Z kropli rosy zbieram promienie
Bez grzechu ciała wątpliwości cienie
Radość we mnie płynie jak rzeka w dal
Jestem rad - urodziłem się bez wad.

Bez wad bez skazy bez lęku w mroku

W istnieniu płynie we mnie strumień dźwięku
Otwieram oczy na świat co na mnie czeka
Jestem rad - że urodziłem się w roli człowieka.

Nie zważam na drobiazgi i niedoskonałości świata
W moim wnętrzu spoczywa spokój i siła
Noszę marzenia jak ukryty w głowie skarb
Jestem wdzięczny za każdy dzień i chwilę.

Każdy dzień

W życiu tkwi cud wspaniały dar
Pełen radości marzeń bezmiarze
Ścieżki wiodące przez pola kwiatów
Poprzez chmury snów majestatu.

Dziś słońce świeci jutro dzień płacze
W każdy dzień nowa niespodzianka
Choć czasem trudno i różnie jest
Życie się toczy i nie jest źle.

Za oknem światła promienieją
Każdy dzień nowe nadzieje niesie
Wiatrowych myśli skrzydlata rzeka
W każdy dzień nowa przygoda czeka.

Istota życia

Pytamy często w czym tkwi istota życia
Gdzie leży sens i co jest najważniejsze
Czy w miłości chwili czy bogactwie mądrości
W życia podróży spokoju ciszy.

Poznawaniu siebie tajemnicy świata
Czy w marzeniach które rozpalają serca

W małych gestach rzeczach codziennych
Otwieraniu serca miłości przestrzeni.

W istocie życia nie ma odpowiedzi
To gra w której każdy z nas uczestniczy
To odkrywanie piękna i szukanie prawdy
Dzielenie się radością i budowanie nadziei.

Istota życia tkwi w pytaniu samym
W podróży przez czas w każdym nowym dniu
W poszukiwaniu sensu życia nie tracimy wiary
Istota życia miarą siły każdej naszej chwili.

Bezdomne serce

Bezdomne serce wędrujące z wiatrem
W poszukiwaniu jakiegoś schronienia
W tęsknocie wśród ciszy i hałasu
Szukając spokoju w bezmiarze czasu.

Wędruje przez zaułki miast i dróg
Szuka ciepła w mroku nocy
W jasności gwiezdnej i słońca
Poszukuje schronieniu bez końca.

Bezdomne serce pod płaszczem tajemnicy
Przebrzmiałej historii zapomnianych marzeń
Znużone podróżą pełne wiary
Że znajdzie schronienie swój dom.

Ścierając łzy z powiek zrzuca z siebie brzemię
Wiedząc że odnajdzie niebo nad głową
Bezdomne serce takie jak ty i ja
Wędruje przez życie w poszukiwaniu schronienia.

Niebiański lot

Krzyś młody lotnik zwiedza piękny świat
Joasia obok pełna wdzięku
Przez góry i doliny na niebie błękitnym
W locie jak ptaki w słońcu promienistym.

W złotym samolociku na niebieskim niebie
Krzyś i Joasia lecą w przestrzeni
Przed nimi niebo bez granic i ścian
A pod nimi świata bajeczne krajobrazy.

Krzyś trzyma stery i patrzy w dal
Joasia obok pełna otuchy
Ich serca biją rytmem śpiewu
Lecą w dal w nieznane krainy marzeń.

Na skrzydłach marzeń jak ptaki w locie
Krzyś i Joasia odkrywają nocne zdroje
Wiatr we włosach słońce na twarzach
Czują się wolni w przestrzennym czasie.

Niechaj ta podróż trwa bezpiecznie
Krzyś i Joasia śmieją się ze szczęścia
Bo w locie nic nie jest to co jest niemożliwe
A serca biją rodzinnie szczęśliwe.

Praca we śnie

W pewnej krainie o nieznanej nazwie
Pracuje człowiek na sposób ciekawy
Jego praca polega na spaniu głębokim
We własnych myślach pojętych szeroko.

Nie patrzy na zegar - czas go nie obchodzi

Pod kołdrą smacznie drzemie we śnie spaceruje
Pączki popija mlekiem zagryza kawiorem
Spokój we śnie własnym błogo odnajduje.

Co lenistwem jest w oczach innych
W jego oczach skarbem
W ciszy snu kryje się świat nieznany
Bo praca we śnie to również trud doznany.

Trudno ocenić taką pracę senną
Ale to może być powód do dumy
Praca we śnie nie jest bajką
A i wypłaty ogromne sumy.

Kto jest mądrzejszy

W krainie myśli gdzie czas płynie
Na szlakach istnienia życia tajemnicy
Pytanie kto jest mądrzejszy od człowieka
Na urodziwej naszej ziemskiej ciszy.

Pytania krążą w myślach i sercach
W dzień i w nocy ciszy i wrzawie
Odpowiedzi tkwią poza granicą marzeń
W krainie nikomu nieznanej.

Człowiek szanujący swoje idee
Ma mądrość w sobie skrytą głęboko
W spojrzeniu w uśmiechu w dziele cierpienia
Skalą mądrości w świecie naokół.

Gwiazdy na niebie morza i rzeki
Mają swoje pieśni i tajemnice
W sercu człowieka bije mądrość
Co uzupełnia myśli kwieciste.

Niechaj mądrość w ludzkości trwa
Odpowiedzi tkwią w sercach i snach
Kto jest mądrzejszy od człowieka na ziemi
Jest pytaniem wśród wydarzeń dnia.

Praca i codzienność

W świecie gdzie czas jest najłaskawszy
Praca jest życia drogowskazem
Wędrówka ludzka dniem i nocą
Ku celom życia duchowym nakazem.

Praca jest sztuką życia fundamentem
Tkwi w niej siła mądrość i duma
Ku górze wznosi się bezpiecznie
A w sercach bije rytmem wiecznie.

Praca jest celem nie tylko środkiem
W pracy tkwi sens pasja i radość
I każdy krok każdy wysiłek
W myśl celu życia jest przygodą.

W dzień i w nocy słońcu deszczu
Człowiek w pracy szuka ukojenia
W codzienności sens znajduje
A praca jest podstawą naszego istnienia.

Komu wolno komu nie wolno

Wolno człowiekowi myśleć i marzyć
Wolno szukać sensu tęsknoty w życia grze
Lecz nie wolno przekroczyć granic innych
Gdzie wolność kroplą samozaparcia jest.

Komu wolno a komu nie wolno zapytamy
W dźwięku cichym rozbrzmiewają odpowiedzi
Wolno temu co sercem mądrość nosi
Nie wolno temu co w drodze innych gnębi.

Wolno tym co w sercach uczucia pielęgnują
Wolno tym co w dążeniu do prawdy wytrwają
Wolno tym co w miłości odnajdują sens
Wolno tym co w drodze do celu trwają.

Nie wolno tym co nienawiści los swój kują
Nie wolno tym co w kłamstwie i oszustwie toną
Nie wolno tym co sercach złości żądzą
Nie wolno tym co w szarej rutynie swój sens gubią.

Komu wolno a komu nie wolno
To pytanie co w sercach gra melodie
Wolno tym co w dobroci swej drogi szukają
Nie wolno tym co w złe ścieżki się utykają.

Oko w oko

W głębi puszczy w burzy przemyka
A liście szeleszczą tajemniczo
Trwa walka nieustanna o byt
O przetrwanie o życie o chwałę i świt.

Oko w oko z lwem stoję dzielnie
W moim sercu niepokój się rwie
Potęga jego majestatu w oczach płomień
Zieje gniewem i przybliża się do mnie.

Jego spojrzenie nieokiełznane i dzikie
Przez tysiące burz i stepów płynie
A ja malutki listek na wietrze

Drżąc przed jego obliczem tkwię.

W jego oczach dzikość w moich determinacja
Oko w oko z lwem stoję
Bo w życiu walka a w walce siła
Niech zobaczy w nim - kto jestem w końcu.

Obiecanki

W krainie snów i obietnic złotych
Gdzie słowa lśnią niczym promyki słońca
Tam w sercu pełnym marzeń
Płynie strumieniem tętniących obiecanek.

Obiecanki jak kwiaty wiosenne
Pachną słodko mamią nasze zmysły
Lecz czy każda obietnica jest szczera
Czy niektóre tylko dla zabawy.

Bo obiecanki to cacanki
Jak głosy wiatru w dal ulatują
Głupiemu radość mądremu płacze
W obiecankach wygląda to inaczej.

Uśmiech

W dzisiejszym życiu pełnym troski
Gdzie życie często barwy zmienia
Śmiech jak błysk słońca moc zawiera
Przebija chmury serca otwiera.

W uśmiechu jest moc co leczy rany
Rozświetla drogi niesie przyszłości
To skarb niezwykły nam darowany
Buduje mosty mnoży radości.

W radości małej drobnych uśmiechach
Kryje się radość co serca otwiera
Śmiech towarzyszy nam w codzienności
Dobroć buduje nasze przyszłości.

W promieniach uśmiechu kryje się magia
W jego sile kryje się moc co serca uzdrawia
Niech w codzienności życiowej drogi
Śmiech w nas pulsuje radością wschodzi.

Starzenie

Pytam siebie często dlaczego się starzeją
To mój los czy może przeznaczenie
Czas jak krople deszczu pływa
Moja twarz w lustrze się zmienia.

Na mojej twarzy zmarszczki niemałe
Bywam szary w takt jesieni
Młodość niczym wiosna w blasku
Przemknęła jak ptaszki w locie.

Lata biegną w sercu pamięć trwa
Każda rysa na twarzy to wspomnienia znak
Często radość czasem smutek przynosi
Ale serce mimo wszystko się unosi.

Być może to mądrość co dojrzewa z wiekiem
Może doświadczenie co umacnia duszę
Starzenie to podróż w nieznane
Każda chwila nie chcę ale muszę.

Starzeję się bo taki już jest mój los
Każda chwila jest zwycięstwem zdarza się cios

Patrzę na świat co się ciągle zmienię
W oczach iskry a w sercu marzenia.

Głupota

W świecie mądrości i światła
Głupota cieniem się przemyka
Bez lekarstwa na jej blask
W jej mrokach gubi się czas.

Głupota wkracza śmiałym krokiem
Bezradności umysłu łaskocząc
Nie czując granic żadnym skrzydeł
W wirze bezmyślności tonąc.

W myślach czynach i słowach
Głupota wciąż się pokazuje
Nie zważając na mądrości
Bez litości w nasze umysły wplątuje.

Lecz mądrość jak gwiazdy na niebie
Wiedzie nas drogą rozsądku i dumy
W mądrości znajdujemy nadzieję
Na głupotę która przemija z cieniem.

Upadek głupoty

W krainie mroku gdzie snują się cienie
Głupota dumnie wznosiła twarz
Nadęta pycha w jej sercu płonęły
Zasłaniając oczy przed światem.

Wędrowała po ulicach ślepo
Wbrew prawdzie i zdrowemu rozsądkowi
Szerzyła chaos głosiła kłamstwo

A słowa jak trucizna w dusze się wkradały.

Aż przyszedł czas gdy los przekreślił plany głupoty
Nadszedł upadek jak wizja straszna
Bo choć głupota nadal królowała
Prawda w końcu zwyciężyła.

Głupota runęła jak z papieru domek
Jej zasłona rozdarła się w strzępy
Ludzi oczy się otwarły
A mądrość powróciła i światło rozświetla.

Upadek głupoty jak burza mocy
Otwiera oczy na nową erą
Bo mądrość triumfuje jak słońce
A głupota jak sen przeminie.

Nic za darmo

W świecie pełnym złudzeń i marzeń
Gdzie życie snuje swoje tajemnice
Zadania trudne pełne poświęceń
Nic nie ma za darmo to jest oczywiste.

Promienie słońca na horyzoncie
Blaski i cienie ktore sobą niesie
Za każdym uśmiechem za każdym gestem
Kryją się opowieści które życie niesie.

Praca wysiłek i codzienny trud
Za każdym sukcesem stoi praca ciężka
Żaden dar nie spadnie z nieba bez powodu
Tylko praca prowadzi do zwycięstwa.

W każdym zakątku myśli pociesze

Miłość która kusi swym pięknem i mocą
Nie jest wyłącznie słowem czy gestem
Gotowość do poświęceń by zaznać szczęście.

Nic nie ma za darmo w dziele tkwi moc
W każdym wysiłku drzemie potencjał
Życie układa się z wyborów i działań
Za każdym sukcesem ukrywa się trud.

Idź śmiało świadomy swej siły
Choć droga może być pełna przeszkód zmienna
Niech wiara w siebie prowadzi naprzód
Bo za darmo nic nie ma.

Skarb miłości

W mojej duszy płonie ogień miłości
Gdy patrzę w oczy Tereski Żony ukochanej
Jej uśmiech w gestach i czułości
Serdecznej miłości zwierciadlanej.

Tereska jest otoczona aureolą tęczy
Oświetla mrok naszej codzienności
Jej czułe spojrzenia jak balsam na duszy
W jej objęciach tak wiele wzruszeń.

Twoje ręce Teresko jak ptaki w locie wdzięcznym
Dają ciepło w milczeniu tajemnym
Twoje słowa niczym melodia delikatna
W moim sercu światłem delikatna.

Moja Żono Twoje serce jak skarb ukryty
Wielbię Ciebie jak najcenniejszy klejnot złoty
Twoja dobroć jak źródło wypływająca
Ożywia wiecznym deszczem w rosy kroplach.

Życzliwość Tereski płynie z uśmiechu
Tak jak anioł miłości serca ułamki
Żona anioł w ciele dusza czysta
Jej obecność spokojnością świetlista.

Żona moja Tereska towarzyszką życiowej podróży
Podporą w chwilach radości i smutku
W jej sercu są skryte tajemnice miłości
Rozwijające piękne chwile wzajemności.

Teresko kwiatuszku miłością jak świat okryty
Twoje spojrzenie w mojej duszy światło wieczne
Moja Żona nieskończoną pieśnią życia
W tym odnajdujemy miłości w sercach.

Kto jest pierwszy

W świetle dnia i cieniu nocy
Padają pytania na światy
Kto pierwszy pójdzie do nieba
Czy biedny czy bogaty.

Bogaty dumny w chwale tonie
Lecz serce zimne mądrość gubi
Biedny po ziemi stąpa wolno
Serce ma ciepłe miłość jest w nim.

Kto pierwszy pójdzie do nieba
Prosty nasuwa się w tym tekst
Odpowiedź prosta zarazem trudna
Kto sercem bogaty z Bogiem jest.

Cnota miłości dobroć uczciwość
Nie bogactwo nie ziemski skarb

Kto sercem bogaty jest w niebiosach
Osiągnie wieczny duszy marzeń dar.

Niebo nie zważa na bogactwo czy biedę
Lecz na czystość duszy i miłości potrzebę
To pokora miłosierdzie i szlachetność ducha
Wiodą na szczyt w pokorze pokoju i wierze.

Więc kto pierwszy pójdzie do nieba
Niech sercem siebie sam zapyta
Nie pieniądze i dobra lecz miłość i dobroć
Są kluczem do krainy wiecznej rozwiązaniem jedynym.

Dlaczego jestem tutaj i teraz

Głęboko jestem myślami w sercu
W cieniu drzew w szumie wiatru
Szukam odpowiedzi słowem i gestem
Kim jestem - i dlaczego - tutaj jestem.

Czyż to nie jest przypadek mojego losu
W burzliwych falach co w mej duszy drążą
Czy jestem marzeniem lub jakąkolwiek złudą
W bezwymiarowej przestrzeni nudą.

Jestem kroplą w morzu czy gwiazdą na niebie
Liściem drżącym szeptem ciszy wiecznej
Dlaczego jestem - pytam się nieba
Odpowiedzi szukam - tego mi potrzeba.

Może jestem istotą co ślad pozostawił
A może istnieniem co w innym istnieje
W uczuciach do czegoś innego dążeniem
W pieśni odgłosem co w blasku jaśnieje.

Dlaczego jestem - pytam światła i mroku
W kręgu egzystencji w falach nieskończenia
Jestem bo żyję bo czuję i kocham
W tajemniczej strudze światła docenienia.

Dlaczego jestem - i- po co - odpowiedzi wiele
Jak gwiazd na niebie i liści na drzewie
Jestem bo istnieję - bo w życie wierzę
W nieustannej wędrówce w życiowej potrzebie.

Zrozumieć życie

W świetle gwiazd i cieniu księżyca
W duchu głęboko w błękitach nieba
Pytanie wznoszę myślami proszę
Na czym polega mojego życia potrzeba.

Czy w ludzkich gestach czy w miłości czystej
Czy w śpiewie ptaków czy promieniach słońca
Czy liściach drzewa czy nurtach rzeki
Gdzie jest odpowiedź która mnie ocuci.

W poszukiwaniu sensu na drogach życiowych
Wędrówka trwa niczym bezbrzeżna rzeka
Pytam się o sens życia w moim umyśle
Nie rozumiem dlaczego gram rolę człowieka.

Czy w twórczej pracy czy w dziele sztuki
Czy w modlitwie skrytej czy w chwili zadumy
Czy w uśmiechu dziecka czy łzach w oczach matki
Gdzie jest sens tego co we mnie trwa.

W ciszy wieczoru pomruku sławy
Wspomnienia płyną jak czasu przemijanie
Próbuję zrozumieć lecz świat się wymyka

Nie rozumiem życia mojego błagania.

Choć w pustce szukam w milczeniu słucham
Czy znajdę odpowiedź dlaczego jestem
Nie rozumiem życia lecz nadzieja trwa
Może kiedyś się doczekam rozumienia dnia.

Co dalej

Umarłem i zmartwychwstałem
Znalazłem się w dziwnej krainie
Wokół mrok choć światło migocze
W sercu urok i czuję się dziwnie.

Za ziemią tęsknię i co dalej
Czy piekło czy oczyszczenie
Czy człowiekiem jestem czy nicością
W mojej duszy nastało zdziwienie.

Czy anioły mi będą towarzyszyć
W piórach jasnych niczym złoty pył
Czy może cień ciemności wciągnie w sidła
I przypomnę że dalej chciałbym żyć.

Czy dusza znajdzie spokój wieczny
Wśród ogrodów czy żaru piekła
Czy będzie to koniec czy początek
Gdy po życiu jednym dniem postny piątek.

Zmartwychwstanie - co dalej pytam
Czy to dla mnie obiecane jest
Światło do mnie woła z oddali
Wierzę że to droga wyznaczona i test.

W błękicie nieba odnalazłem spokój

W sercu istnienia poczułem cel
Umarłem zmartwychwstałem co dalej
Duch mój wędruje tylko teraz gdzie.

Odpowiedzi nie znamy tylko pytania
Gdzieś za horyzontem czeka nieznane
Niech nadzieja nas dalej prowadzi
Życie po życiu tylko w innym wymiarze.

Walka ze wspomnieniami

Wysnute z mgieł przeszłości wspomnienia
Jak cienie w duszy krążą bez oddechu
Walczyć z nimi to jak bój o istnienie
W sercu walka duchowa w pośpiechu.

Wspomnienia jak złamane lustra
Odbijają ból i szczęście minionych lat
Zaćmione światło gdzie każda pusta chwila
W sercach trwały pozostawia ślad.

Wiatr przeszłości nosi słodkie i gorzkie
Jak liście jesienne w powietrzu krążące
Wspomnienia jak strzały w serca
Żądzą zapomnienia by uwolnić myśli.

Ale jak walczyć z tym co już minęło
Żyć z tym czy zepchnąć w cień bytu
Czy zapomnieć jakby nigdy nie było
A może pielęgnować jak skarby przybytku.

Walka ze wspomnieniem to spory bez broni
To bój z samym sobą z przeszłości chwilami
Ale wśród tych zmagań są iskry nadziei
Ze wspomnień nieskończony maraton pokonamy.

Siła seksu

W krainie serc ludzkich uczucia tętnią
Siła seksu drzemie i żywa tkwi
To nie tylko ciało to duszy pragnienia
Które budzą się by miłość wskrzesić.

W dotyku skrytym spojrzeniach głębokich
Siła seksu rozkwita jak kwiaty w ogrodzie
Nie tylko namacalną lecz duchem obdzielona
Wkracza w nasze życie darem przepełniona.

W kuszących gestach szeptach namiętności
Siła seksu czynem jak burza pełni
Gniewa się łagodzi jak fale brzegowe
Przypominając że jestesmy tylko ludźmi.

Ale w jej mocy tkwi również siła
By łączyć serca i tworzyć więzy
W miłości i bliskości jest przyjaźń
W potędze seksu miłości i przeżyć.

Pielęgnujemy te siły z umiarem
Bo w ich objęciach tkwią marzenia
To jest sztuką i szacunkiem
Siła seksu jest nieoceniona.

Jak dbać o zdrowie

Witamy wszystkich na drodze życia
Gdzie zdrowie jest największą siłą
Dbajmy o własne zdrowie zawsze
Bo to jest skarb co daje życie.

Pierwszy krok do dobrego zdrowia
Jest ruch i aktywność - daj ciału radość
Warzywa owoce ziarna i ryby
W naturalnych smakach zdrowia tchnienie czujesz.

Sen jak kropla dla zdrowia nieoceniony
W regeneracji sił ciało nabiera blasku
Daj sobie snu czas regeneruj życie w spokoju
Zdrowie ci wdzięczne będzie od zaraz.

Zdrowy umysł jak diament błyszczy
Wiedzy umysłem przyszłość się odsłania
Książki sztuka nauka bogactwo bezcenne
Dbaj o umysł bo w nim tkwi zdrowie.

Odpoczynek dla duszy równoważny klucz
W trudzie dnia codziennego w spokoju
Czysta medytacja czy modlitwa wewnętrzna
Wyciszenie serca spokój w duszy skarb.

Pamiętaj w trosce o zdrowie o siebie
Ruch odżywianie sen i umysłowy wysiłek
To fundament dobrego zdrowia
Które w sercu w sercu masz ukryte.

Sens życia

Kiedy w końcu zrozumiem życie
Czy droga jest prosta czy kręta
Czy zrozumiem sens każdej decyzji
Czy znaczenie ukryte w nutach melodii.

Czy w ciszy nocy czy dnia hałasu
Czy w radości chwili czy bólu
Czy w uśmiechu dziecku czy w westchnieniach

Czy wśród gwaru miast czy lasu głębi.

Kiedy w końcu zrozumiem życie
Czy odkryję tajemnice w nim tkwiące
Czy zechce mi się odpowiedzią być
Czy pozwoli mi jeśli mój umysł się gnębi.

Może to droga a nie cel jest kluczem
Może w poszukiwaniu jest odpowiedź
Kiedy w końcu zrozumiem życie
Czy wtedy odnajdę te nowe.

Czy los to tylko układ kart
Może mądra ręka kieruje
Czy warto wierzyć w przyszłość
Czy cichy głos drogę wskazuje.

Kto mieczem wojuje

W krainie gdzie szaleją burze
Gdzie los litości już nie zna
Tam wiatr rozpala ognia ciemnie
Tam serca biją smutkiem cierni.

Kto mieczem wojuje ten z grozy się śmieje
Na polach bitew gdzie płyną łzy
A każdy cios co w gniewie płonie
Zostawia bliznę co w sercu tkwi

Tam płoną lasy góry dymią
Krwawe blaski ognia lśnią
Tam gdzie orły w niebie drzazgą
Tam życie jest w krzywdzie grą.

Kto mieczem wojuje ten zapomina

Że krew co płynie ma swój czas
Że każdy dzień co wojną spina
Zostawia po sobie goryczy ślad.

Czy słyszysz szmer czy czujesz wiatr
To jest kraina zbrodni smak
Gdzie mężni stają się zdrajcami
A śmierć to tylko niemy znak.

Kto mieczem wojuje ten od miecza ginie
Ten ktoś ma w sercu pokój swój
Ten widzi gwiazdy które świecą
Nad krainą gdzie króluje mrok.

Sen i jawa

Czy we śnie jestem taki sam
Czy jak na jawie inny tam
W krainie snów gdzie światła mrok
Czy dusza moja wciąż jest krok w krok.

Wędrując pośród mgieł i marzeń
Gdzie czas zaciera wodą w piasku
Czy to ja tam - czy to mój cień
Czy krzywy zmysł - czy tamten sen.

W snach gdzie myśli mkną nad głową
Czy jestem nowym - czy może sobą
A wciąż pytanie się nowe rodzi
Czy to ja tam - czy to mój cień
O co w tym tak naprawdę chodzi.

Czy światło w mroku czy mgła o świcie
Czy we śnie jestem tak jak na jawie
W krainie snów gdzie czas się zatrzymuje

Czy istnieję - czy tylko złudzenie czuję.

Pytania toną w ciszy nocnej
Gdzie sen gdzie jawa losem splecione
Czy we śnie jestem taki sam
Czy jak na jawie - czy inny tam.

Wieczność

W wieczności cichy spokój panuje
Gwiazdy migocą czas się zatrzymuje
Bez początku bez końca
Bez słów uczucia się czuje.

Wieczność nie zna zmian i granic
Światła i ciemności to jedno
Obietnice spełnione w marzeniach
A czas kwili nieustannie kołysaniem.

Ślady życia toną w nieznanym
Losy splecione w niewidzialnym stanie
Łzy serca zamieniają się w ziarna
I rosną wieczne rośliny ofiarne.

W wieczności są skryte wielkie tajemnice
Nieśmiertelności w niej bierze początek
Wieczność gdzie dusze się spotykają
Jest kresu początek końcem.

Powitanie

Witamy nasze słoneczko o poranku
Rozświetlające nasze nadzieje
Twoje promienie ciepła nas dotyka
Światłem nadziei duchowo ożywia.

Witamy słoneczko z radością
Gdy świat nad horyzontem budzisz
Rozjaśniasz ziemskie krajobrazy
Spoglądając na ziemię się trudzisz.

Witamy słoneczko wieczorem
Twoje ostatnie promienie gasnące
W pożegnaniu ostatka dnia zachodzie
W poczuciu spokoju nadziei.

Witamy słoneczko na niebie
Gdy dni stają się długie a noce krótkie
Twoja moc odgania cienie i smutki
Zapraszając do tańca kwiaty róży.

Witamy słoneczko każdego dnia
Twoja obecność świeża w sercach naszych
Niech twój blask prowadzi przez życia zawiłości
Wołam - słoneczko trwaj w jasności.

Wartości ludzkie

Wartości człowieka maleją
Giną w mroku codziennych trosk
Zagubione w gąszczu złudzeń
Wielkość zatarta w cieniach losu.

Gdzie zniknęła szlachetność ducha
Co kiedyś świeciła jak gwiazda
Udeptana pod stopami zysku
Wyparta przez chciwość i mamonę.

Czyż nie wartości co trwają wiecznie
Jak skała co ulega w czasie

Lecz ludzka siła się nie zgubi
W świecie gdzie miłość traci wartości.

O człowieczeństwo gdzież jest twoje schronienie
Wśród pychy egoizmu i pustki niestatecznie
Szukamy dróg co prowadzą do serc naszych
Tam gdzie wartości trwają wiecznie.

Niech światło cnót rozbłyśnie w naszym życiu
A miłość będzie naszym przewodnikiem
Bo w wartości człowiek odnajduje sens życia
I staje się prawdziwym bojownikiem.

Odkrywam samego siebie

W głębi duszy mojego istnienia
Stąpam ścieżką pełną milczenia
W poszukiwaniu prawdy swojej
Odkrywam siebie krok za krokiem.

Jako podróżnik w nieznanej krainie
Otwieram oczy na nowe dni
W sercu istnienia płomieniem
Światło prawdy prowadzi mnie.

Odkrywam samego siebie
Jak księżyc nocą fale morskie
W ciszy słyszę głos swego serca
W promieniach świtu odnajduje sens.

Odkrywam siebie samego
W bezmiarze wszechmocy Boskiej
W miłości żalu i radości
Odnajduję cel życia istoty.

Niech ta podróż nie ma końca
Bo w odkrywaniu siebie trwa siła
W każdym przeżyciu z każdym rokiem
Odkrywam siebie krok za krokiem.

Niech każdy dzień będzie nową kartą
W tej księdze życia samego
Odkrywam siebie w najgłębszym wnętrzu
W każdym spojrzeniu w każdym westchnieniu.

Różnice

W świecie zawiłości gdzie życia nurt płynie
Głupota i mądrość to przeciwstawne linie
Głupota to ciemność a mądrość to światło
Wnikamy w te różnice choć trudno jest czasem.

Głupota zuchwała mądrość skromna w mowie
Głupota wrzeszczy mądrość działa w ciszy
Głupota strzela mądrość tkwi w milczeniu
W ich różnicy duszy swej drogi szukamy.

Głupota to szyderstwo mądrość to zrozumienie
Głupota rani mądrość leczy rany
Głupota tęskni za chwałą mądrość w ciszy kroczy
W ich różnicy serce nasze odnajdujemy.

Głupota rozprasza mądrość skupia myśli
Głupota żyje chwilą mądrość czasy przetrwa
Głupota zgrzyta zębami mądrość się uśmiecha
W ich różnicy prawdziwe życie poznajemy.

Wiele jest różnic między głupotą a mądrością
Lecz wybór zależy od nas jakim śladem pójdziemy
Czy wybrać jasność czy ciemność

W mądrości żyć czy w głupocie tonąc.

Wymagam od siebie

Wymagam od siebie bym nie zapomniał
O ludzkich wartościach w trwałej przyjaźni
Dla innych ludzi był wsparciem i siłą
A jednocześnie pokorą życzliwości empatią.

Wymagam od siebie bym posiadł odwagę
Stawiać czoło przeciwnościom chwili
By nie stracić wiary i marzeń
W dążeniach do celu następujących zdarzeń.

Wymagam od siebie bym czerpał z życia
To co najlepsze co piękne i mądre
I nie tracić czasu na zbędne sprawy
Wypełniać dni radością i chęcią zabawy.

Wymagam od siebie bym był prawdziwym
Nie grał ról nie udawał nie oszukiwał
Bym miał odwagę na zwykłe szczerości
W poszukiwaniu prawdy w walce sprawiedliwości.

Wymagam od siebie bym się wciąż rozwijał
Nie zastygł w miejscu nie tkwił w rutynie
Lecz szedł z determinacją i pasji potrzebie
W kierunku lepszej wersji i samego siebie.

Wymagam od siebie bym miał siłę wątpić
By wątpliwości głęboko zagłębiać
Bym nie uciekał przed trudami drogi
Lecz mierzył się z nimi bez względu na mroki.

To czego od siebie wymagam jest moim wyzwaniem

Ale wiem że tylko w ten sposób mogę godnie żyć
To jedyny sposób żeby być kimś
Kim warto być.

Kim jestem naprawdę

Wędruję przez życia labirynty
Gubiąc czasem własny znak
Wciąż szukam sensu i pytam
Kim naprawdę jestem - gdzie jest mój raj.

Czy jestem cieniem myśli
Zagubionych w oceanie czasu
Czy może iskrą w nocy
Która znacznie odnajduje w miłości.

A może jestem tylko sumą myśli
Złożonych z marzeń i wątpliwości
Czy może głosem wiatru i drzew
Który płynie w nieskończoności.

Jestem pytaniem bez odpowiedzi
Wciąż szukającym swojego sensu
Jestem podróżnikiem w głąb siebie
Znajdującym prawdę przestrzenną.

Kim jestem naprawdę - odpowiedź płynie
Z głębi duszy z głębi snu
Jestem kimś więcej niż tylko jestem
Jestem istotą marzenia uczuć.

Świat w lustrze

W lustrze świat się odbija
Tajemnic głębokość skrywa

Czy to prawda czy sen
Widzieć w nim siebie czy cień.

Lustra złudne są czarne
Odwrócone czasem jawne
Czy to obrazy czy rzeczywistości
Odpowiedzi czasem trudności.

Świat w lustrze to świat marzeń
Pełen tajemnych złudzeń
Odgłosy dźwięków w odbiciu światła
W nim każdy widzi coś innego.

Świat w lustrze pełen magii
Ukrytych tajemnic i zagadek
Czy to prawda czy iluzja
W nim znajdujesz duszę całą.

Dbanie o zdrowie

W zdrowym ciele zdrowy duch
Tak mówi mądrej myśli słuch
Dbaj o swoje ciało to klucz do radości tysięcy
To opłaci się nam najwięcej.

Ruch to źródło życia unikaj siedzenia
Spacer bieg joga sprawią że ciało
Spełni tak ważną wyrocznię
Będzie sprężyste i mocne.

Jedz z umiarem zdrowe pożywienie
Bogate w witaminy i składniki odżywcze
Warzywa owoce pełnoziarniste produkty
Dla zdrowia drogocenne kaloryczne.

Unikaj nadmiaru słodyczy tłuszczu i soli
A twój organizm będzie działał jak zegarek
Sen to część równowagi dla duszy i ciała
Siedem do ośmiu godzin dla dorosłych
Dla dzieci więcej niż w skali.

Unikaj stresu i szukaj spokoju w codzienności
Zadbaj o higienę rąk i szczotkowanie zębów
To drobne gesty lecz mające wielkie znaczenie
Dla naszego zdrowia w tym zadowolenie.

Medytacje czytanie muzyka to lekarstwo na nerwy
W otoczeniu bliskich wsparcie dla kochających serc
W zdrowiu i chorobie i kłopotach
Towarzystwo bliskich to skarb bezcenny.

Dbajmy o zdrowie w swoich staraniach
W szczęściu i zdrowiu i pełni siły
Przez nasze starania w zdrowym ciele
Dusza znajduje swoje spełnienie.

Dni mijają

Dni mijają jak rzeki płyną
Przez wiosnę lato jesień i zimę
Czy to sen czy jawa przemienia nasz czas
Czy w wieczności jak deszcz na szkła blask.

W świetle poranka odmierzamy kroki
Które prowadzą w mrok albo ku słońcu
Niczym wiatr polny przed nami uciekają
I wśród płomieni czasu płyną do bram raju.

Czy może w tęsknocie biegu marzeń
Znajdziemy odpowiedź dlaczego dni są cieniem

Może w sercu skryta jest tajemna prawda
Z życia tkliwości w dniach naszych zawarta.

Dlatego dni mijają jak strumienie wody
By nas pochłonęły w swoim nurcie biegu
Lecz w nich tkwi prawda i chwile niezwykłe
Które warto chwytać wspaniałe i piękne.

Klucze do nowego domu

Joasia otrzymała klucze do nowego domu
Pełna radości przekroczyła progi
Drzwi otworzyły się przed nią - witamy
W nowym świecie otwartymi ramionami.

W salonie słońce tańczy na podłodze
Joasia uśmiechnięta serce jej głośniej bije
To miejsce zapracowane w ciężkim trudzie
Nasza Joasia radości nie kryje.

Dom niecierpliwie czekał na Joasię i Ramzesa
Ściany niedługo zyskają nowe kolory
Joasia czuje że każdy kącik pozna jej marzenia
W tym domu odnajdzie spokój otoczenia.

Joasia dumnie trzyma klucze w dłoniach
Jako symbol nowego początku
To jest miejsce gdzie jej serce wypocznie
Joasia jest dziś szczęśliwa cieszymy się z nią.

Wiatr tańczy liśćmi a deszcz gra melodię
Joasia z Ramzesem są szczęśliwi
W nowym domu w okolicy bajecznej
Szczęśliwi w nowym czasie bezpieczni.

Nowy dom spełnione marzenia

Oczy Joasi pełne są blasku
Dziś klucze do domu otrzymała w ręce
Nowy świat przed nią księgą otwartą
Pełen radości marzeń i tajemnic.

Dom czekał na ciepło Joasi uśmiechu
Wnętrze wypełnia radość i miłość
Ciężką pracą odkładane grosze na zakup
Serce Joasi tętni głośniej uciechą.

W ogródku kwiaty się cieszą
Gdy Joasia pokropiła je wodą
A w oknach słońce już tańczy
Światłość życia radośnie przynosi.

Joasia z Ramzesem otrzymają teraz
Wszystko czego ich serduszka zapragną
Każdy dzień jest nową przygodą
W nowym domu nowe marzenia się rodzą.

Dom pod słońcem

W krajobrazie pod niebem błękitnym
Joasia marzyła o własnym domu od lat wielu
Pod słońcem złotym w cieple promienistym
Jej marzenia dobrnęły do celu.

W zieleni drzew skrytości piękna
Ciężkiej pracy oszczędności trud
Joasia wierzyła już od dawna
Że kiedyś spełni się ten cud.

W ogrodzie różanym pod błękitnym niebem

Joasia tańczy z Ramzesem
W nowym domu razem świętują
A w ogrodzie im ptaszki przyśpiewują.

Nowy dom Joasi i Ramzesa bajeczny
W sercach wszystkich rozbrzmiewa w pieśni
Cała rodzina jest pełna radości
Życzymy Wam kochani szczęścia zdrowia i pomyślności.

Wymagania

Czy nie za dużo od życia wymagam
Gdy marzę w ciszy o poranku
O uśmiechu co ciepło w sercu zostawia
Bliskości co serce ogrzewa.

Czy nie za wiele oczekuję od losu
Gdy marzę o wieczności
O miłości co nigdy nie gaśnie
O przyjaźni trwającej w niezłomności.

Czy nie za dużo wymagam od świata
Gdy pragnę spokoju w codzienności
Gdy szukam miejsca na odpoczynek
Każdy dzień jest pełen radości.

Czy nie za dużo chcę od istnienia
Gdy pragnę sensu w każdym kroku
A w sercu noszę nadzieję
Na lepsze dni mijającego roku.

Czy nie za dużo od życia wymagam
Gdy chcę być ze sobą w zgodzie
Poszukując prawdy wśród słów
Wierzę że każdy ma swoją rację.

Może to jest zbyt wiele może zbyt mało
Lecz w tym poszukiwaniu sens się kryje
Bo życie jest tęczą w marzeniach
To droga którą kroczę i żyję.

Nierówności społeczne

W krainie świateł w krainie cieni
Losy ludzkie się krzyżują
Nierówności grają mroczne refreny
W sercach i umysłach zostawiają blizny.

Bogactwo świeci złotem bieda w cieniu płacze
Klasztory ołtarzowe śpiewają równością
A na ulicach miast w codziennym życiu
Widać jak nierówności serca niszczą.

Bogactwo się mnoży na wzgórzach
A w dolinach tęsknota gada
W sercach ludzi kłębią się pytania
Czy sprawiedliwość jest tylko nadzieją.

Na ulicach śpiewa się piosenki
A w zakamarkach ból zostaje
Nierówności kroczą dumnie
A nadzieja ciągle się stara.

Choć czasem losu wiatr się odwrócił
A równość we mgle pozostaje
Nierówności społeczne się biją
Jak ciosy które cisną się we mgle.

Czas umyka

O co tak naprawdę w życiu chodzi
Nasz czas bardzo szybko umyka
Czy w pogoni za marzeniami
Czy w prostocie codziennych dni.

Być może w miłości co wybacza
W ciszy chwili gdy serca drżą
Czy w blasku sukcesów które mamy
Czy w złocie i na rękach plany.

Może w chwilach gdy słowa sens tracą
A spojrzenie mówi więcej niż sto fraz
Gdy ktoś poda rękę w potrzebie
A ciepło dłoni łagodzi ból i strach.

A może w życiu chodzi o to
By marzyć kochać być sobą żyć
Znajdować piękno w każdej istocie
Cieszyć się tym co los daje nam dziś.

Może w marzeniach co rodzą się w nocy
I czynach co spełniają się w dzień
Przejściu przez życie z odwagą i mocą
By każda chwila miała swój cień.

Może w uśmiechu dziecka rankiem
W zapachu kawy co budzi świat
W słońcu co znika z horyzontu ramą
W deszczu co spada na domy i sad.

Teraz jestem a co dalej

Teraz jestem myślę oddycham
Rozmyślam w pięknym ogrodzie
Wśród kwiatów rosą skąpanych
Marzę co się stanie - nieznane.

W moim sercu niepewność się wkrada
Przeszłość jest echem przyszłością zagadka
Każdy krok do przodu jest krokiem w nieznane
Teraz jestem a co dalej - czy to jest zapisane.

Teraz jestem patrzę w lustro prawdy
Widzę swoje odbicie i pytam bez obawy
Co dalej jaki los jest mi pisany
Czy znajdę odpowiedź - czy pozostanę nieznany.

Czas płynie nie czeka na nikogo
Dzień za dniem przemyka do przodu
Chwile szczęścia radości i bólu
Tworzą życia pełnię w kalejdoskopie słów.

Przed nami kręte ścieżki się splatają
Jedne wiodą ku światłu inne przerażają
Lecz w każdym kroku w każdej chwili
Znajduję siebie pytając - co dalej.

Teraz jestem - a co dalej zapytam
Czy odnajdę spokój czy zniknę w chaosu chwili
Wiem jedno że w tej podróży wędrownej
Życie to pytanie - odpowiedź jest w nas samych.

Ziemia jest piękna

Ziemia jest piękna w każdej odsłonie
W blasku słonecznym w cieniu spokoju
Od gór wysokich po morskie tonie
Każdy jej zakątek skrywa historię.

Każdy świt nowe cuda przynosi
Gdy świat się budzi z nocnego snu
Chmury na niebie niczym barwne płótno
Malują obrazy na przestrzeni tle.

Szum lasów co koi duszę
Pola zielone pełne dorodnych zbóż
Rzeki płynące spokojnym nurtem
Kwiaty kwitnące w ogrodach.

Wiosna życia tchnieniem koi
Lato żarem słońca na plażach
Jesień zaściela liśćmi lasy
Zima białym puchem wita.

Ziemia jest piękna w marzeniach pełni
Pełna kolorów dźwięków i miłości
Więc doceniajmy strzeżmy naszej Matki
Bo piękno jest źródłem naszej wolności.

Testament biedaka

Gdy już odejdę nie płaczcie nade mną
Moim schronieniem była cisza i prostota
Nie zostawiam skarbów i sztabek złota
Lecz wspomnienia dni otwarte wrota.

W drewnianej skrzyni znajdziecie moje książki

Napisane rzetelnie w uczucia prostocie
Tam wspominam o radości i smutkach codziennych
Każdy drobny uśmiech i gorzkich łez krocie.

Nasz dom był biedny ale pełen ciepła
Przepełniony miłością która w sercach kwitła
Nie miałem wiele lecz tym co posiadałem
Dzieliłem się ze wszystkimi tym co zawsze miałem.

Rodzinie zostawiam serce które było wierne
Życie mi w ciężkich chwilach nie szczędziło zmagań
Sąsiadom zostawiam uśmiech i serdeczność
Przyjaciołom wiarę że warto pomagać.

Nie żałuję że wiodłem życie bardzo skromne
W nim znalazłem pokój ciszę i sens istnienia
Niechaj te słowa ostatnie zostaną w pamięci
Że biedak zostawia ślady i życia wspomnienia.

Pamiętajcie o mnie lecz nigdy ze smutkiem
Lecz w uśmiechach pełnych prostych ciepłych
                              wspomnień listę
Niech moje życie choć skromne i ciche
Pozostawi w waszych sercach iskierki świetliste.

To jest mój testament - ostatnia myśl serdeczna
A w nim jest pokój i nadzieja wieczna
Testament biedaka prosty tak jak życie całe
Zostawiam wam serce - nic więcej nie miałem.

Mijają lata

Lata mijają cichymi westchnieniami
Nie pytają nas czy to jest po drodze
Za oknami słońce gubi promienie

W sercu tylko tęsknota pozostaje.

Dni mkną jak na niebie chmury
Zabierają marzenia donikąd
Pamiętamy jak wiatr nucił pieśni
Ile słów odeszło w zapomnienie.

Strumień czasu w niepowtarzalnym biegu
Tylko ślady po sobie pozostawia
A my patrzymy w dal z nadzieją
Że czas nie zatrze swojego trwania.

W latach mijających jest siła życia
Jak w rzece co promienie słońca pochłania
Lata nie pytają czy chcesz czy nie chcesz
Ale w duszach wspomnienia pozostają.

Powód do życia

Wiatr porusza drzewa szelestem liści
Światło słońca maluje dnia obrazy
W sercu człowieka płoną iskry życia
Rodzi się pytanie co je rozbudza.

Czy to jest miłość co jak światło płynie
Niosąc nadzieję radość i tęsknotę
Czy marzenia co kuszą nieustannie
Prowadząc nas ku nowym celom.

Może to są chwile których omijać nie chcę
Uśmiechy bliskich dojrzewające w sercach
Może to pasja co się rozrasta
Dająca sens życiu jak gwiazdy błyszczą.

Czy to jest przyjaźń co łączy

Dając oparcie gdy trudności przygniatają
Może służba dająca sens istnieniu
Pomagając budować świat piękniejszy.

Pytanie - co jest powodem do życia
Tkwi głęboko w sercu każdego z nas
Odpowiedzi szukamy w codzienności
W małych gestach które tworzy życia czas.

Pokochajmy życie

W świecie pełnym jasnych świateł
Marzenia tańczą wśród gwiazd
Życie płynie jak rzeka
W nurtach czasu prowadzących nas.

Pokochajmy życie jakim jest
W barwach smutku i radości
W każdym dniu znajdujemy ślad
Naszych snów tęsknoty i marzeń.

W codzienności tkwi tajemnica
Życia pełnego cudów i zdarzeń
W codziennych gestach miłości
W promieniach słońca i deszczu.

Pokochajmy życie jakim jest
Z jego troskami spełnieniem i chwilą
Bo w każdym dniu odnajdujemy cele
Naszych serc bijących w życia rytmie.

Nie wszystko

W życiu jest drogowskazów pełna sieć
Gdzie serce czasem ścieżki traci

Nie wszystko można w darze mieć
Choćbyśmy z całych sił pragnęli.

Zapomniane słowa zamknięte drzwi
To niełatwe dla duszy łzy
Choćbyśmy co boli wypieścili
Ran na zawsze nie zagoi.

Darować możemy uśmiech i czas
Serce w swoich rękach
Lecz nie zawsze to wystarcza
By przywrócić spokój w nas.

Gdzieś w sercu ciemności dźwięczy echo
Przeszłości cień co ściga nas
Nie wszystko można wymazać z pamięci
Wyrzec się tego co dał nam czas.

 Zaiste nie wszystko można darować
Choćbyśmy gorąco pragnęli
Lecz mamy w sercach nadzieję
Że w przestrzeni odnajdziemy szczęście.

Krzyś sławny muzyk

W świecie dźwięku w sferze tonów
Krzyś błyszczy muzyczną przyszłością
Jego melodie jak promienie słońca
Oświetlają dusze radością bez końca.

Gra na organach jak w locie ptak
Perkusja bije jak serce życia
Gitara śpiewa nuty tęsknoty
A głos jego strumieniem spływa.

Pod sceną tłumy wiwatują
Składają hołd jego talentom
Krzyś jest gwiazdą tego wieczoru
Sławnym muzykiem w magi humoru.

W ciszy wieczoru gdy gwiazdy świecą
Nuty Krzysia płyną jak rzeka dźwięków
Krzyś jest sławny na tle muzyki
W jego utworach tkwi tło rozrywki.

Spis treści